阅

阅读成就梦想……

Read to Achieve

金融AI算法

人工智能在金融领域的前沿应用指南

ARTIFICIAL INTELLIGENCE IN FINANCIAL MARKETS

Cutting Edge Applications for Risk Management, Portfolio Optimization and Economics

[德] 克里斯蒂安·L. 迪尼（Christian L. Dunis）
[英] 彼得·W. 米德尔顿（Peter W. Middleton）
[希] 康斯坦丁诺斯·西奥菲拉托斯（Konstantinos Theofilatos）
[黎] 安德里亚斯·卡拉萨索普洛斯（Andreas Karathanasopoulos） ◎ 主编
武鑫　张帅　张笑 ◎ 译

中国人民大学出版社
·北京·

图书在版编目（CIP）数据

金融AI算法 ：人工智能在金融领域的前沿应用指南 /
(德) 克里斯蒂安·L.迪尼等主编 ；武鑫，张帅，张笑译
. -- 北京 ：中国人民大学出版社，2021.7
ISBN 978-7-300-29431-5

Ⅰ. ①金… Ⅱ. ①克… ②武… ③张… ④张… Ⅲ.
①人工智能－应用－金融－指南 Ⅳ. ①F830.49-62

中国版本图书馆CIP数据核字(2021)第101573号

金融 AI 算法：人工智能在金融领域的前沿应用指南

［德］克里斯蒂安·L.迪尼（Christian L. Dunis）
［英］彼得·W.米德尔顿（Peter W. Middleton）
［希］康斯坦丁诺斯·西奥菲拉托斯（Konstantinos Theofilatos） 主编
［黎］安德里亚斯·卡拉萨索普洛斯（Andreas Karathanasopoulos）
武 鑫 张 帅 张 笑 译

Jinrong AI Suanfa: Rengong Zhineng Zai Jinrong Lingyu de Qianyan Yingyong Zhinan

出版发行	中国人民大学出版社		
社 址	北京中关村大街 31 号	邮政编码	100080
电 话	010-62511242（总编室）		010-62511770（质管部）
	010-82501766（邮购部）		010-62514148（门市部）
	010-62515195（发行公司）		010-62515275（盗版举报）
网 址	http://www.crup.com.cn		
经 销	新华书店		
印 刷	北京联兴盛业印刷股份有限公司		
规 格	170mm×230mm 16 开本	版 次	2021 年 7 月第 1 版
印 张	20.75 插页 2	印 次	2021 年 7 月第 1 次印刷
字 数	310 000	定 价	89.00 元

清华五道口互联网金融丛书序

廖理教授

清华大学五道口金融学院常务副院长

从20世纪末开始，以互联网为代表的信息技术呈现快速发展的势头，也给人们的生产和生活方式带来巨大的改变。在金融领域，互联网技术和金融业务的结合产生了我们称之为“互联网金融”的产品和业务模式。从目前的发展来看，“互联网金融”大致可以划分如下四类：传统金融业务的互联网化、基于互联网平台开展金融业务、全新的互联网金融模式，以及金融支持的互联网化。

第一类：传统金融业务的互联网化。这一模式包括互联网银行，也叫直营银行（Direct Banking）；互联网券商，也叫在线折扣券商（Online Discount Brokerage）；互联网保险。直营银行的主要特点是没有物理营业网点，依靠互联网、电话和ATM机等手段提供服务。直营银行发源于欧美，是利率市场化和互联网技术发展的直接结果，目前在美国最为发达。如果从独立法人资格、基本没有营业网点以及在美国联邦存款保险公司投保的标准来看，美国总共有16家直营银行。虽然直营银行发展迅速，但是美国的直营银行无论是存款总额还是资产总额在美国银行业的占比均不到5%，总体上还没有对传统银行业造成很大的影响。但是经过20多年的摸索，应该说直营银行开始显现出清晰的商业模式和迅猛的发展势头。以在纳斯达克上市的直营银行BOFI为例。BOFI于2005年上市，股价在2010年前几乎没有太大变化。而从2010年至今，在业绩的带动下，其股价翻了8倍，已拥有100多家机构投资者，这也从另一方面说明直营银行的商业模式开始得到认可。

在线折扣券商的发展也是以美国为代表，是在 20 世纪 70 年代美国证券交易佣金自由化与互联网技术发展相结合的背景下产生的。在线折扣券商以极低的佣金吸引客户，并在此基础上向客户提供财富管理服务，在混业经营的背景下，美国的不少折扣券商也开展直营银行的业务。例如，嘉信理财集团（Charles Schwab）和 E*Trade 都有银行牌照并提供直营银行业务，但是嘉信理财集团本身也有实体营业网点，而 E*Trade 则是相对纯粹的互联网折扣券商。以美国 20 多家在线折扣券商的情况来看，虽然各自在佣金费率、交易工具、研究支持和客户服务等方面都不相同，但是总体的特点是佣金费率低而且收入呈现多元化趋势，主要体现在佣金收入下降、资产管理收入和直营银行收入上升等。

互联网保险在初期主要是指直营保险（Direct Insurance），即基于互联网销售车险和财险产品的业务模式，在欧美各国均有不同程度的发展。在美国，直营保险的代表为 Progressive 和后来被 Allstate 收购的 Esurance。从全球各国的发展情况来看，目前比较突出的互联网保险的创新模式有检测驾驶习惯的传感器结合里程数的互联网车险创新，有基于移动端应用健康数据的互联网健康险创新，以及基于社交网络的互联网保险营销创新。总体上看，互联网保险的商业模式似乎仍在探索之中。

目前在我国，这类互联网金融模式的发展主要还体现为网上银行、证券网上交易以及保险产品的网络和电话销售，众安保险作为第一家互联网保险公司以及前海微众银行作为第一家互联网民营银行开始了积极探索。

第二类：基于互联网平台开展金融业务。这里的互联网平台包括但不限于电子商务平台和互联网第三方支付。这类互联网金融模式主要表现为在网络平台上销售金融产品，以及基于平台上的客户信息和大数据面向网上商户开展的小额贷款和面向个人开展的消费金融业务。前者的典型代表包括早期的 Paypal 货币市场基金和近期发展迅猛的余额宝，也包括众多金融机构在淘宝上开设的网店以及专门销售基金等金融产品的第三方网站和手机应用。后者的典型代表包括阿里小贷和京东白条，以及美国的 Kabbage 和 Zestfinance。需要指出的是：阿里小贷和京东都是基于自己平台的客户开展业务，而 Kabbage 则是完全基于第三方平台的客户信息和全网络数据对网商进行放贷，Zestfinance 更是利用大数据开展金融业务的典范。该公司采用机器学习的方法和复杂的统计手段对大数据进行分析，专门面向美国不能享受银行服务的人群提供贷款业务。应该说，大数据的发展以及其在信用风险模型上的应用，使银行和非银行的贷款业务进入了一个“技术含量较高”的阶段。难怪著名的问答网站 Quora 上有句著名的评论：“未来的银行只是有银行牌照的技术公司！”

从目前的发展情况来看，上述两类互联网金融模式只是现有金融业务的补充，说颠覆还为时尚早。互联网银行规模尚小，互联网券商仅仅是提高了获客和交易的效率。阿里小贷和 Kabbage 主要面向小微企业，Zestfinance 主要面向传统金融没有覆盖的个人等，做的也都是传统银行不做的业务，还不至于很快动摇传统金融的根基。

第三类：全新的互联网金融模式，主要是指 P2P 网络贷款和众筹融资。在美国，P2P 网络贷款的先锋是分别于 2006 年和 2007 年成立的 Prosper 和 LendingClub。这两个网络贷款平台开启了基于互联网的、个人对个人的金融交易时代。这种去中心化的小额借贷平台一推出就受到了普通民众的广泛欢迎。在跟美国证交会进行了深入的沟通之后，用来作为交易载体的本票最终被认定为证券，因此确定了美国证交会作为 P2P 主要监管机构的地位。这样一来，P2P 平台就必须在证交会注册并必须如同发行股票一样进行严格的信息披露。可以说，注册和信息披露构成了美国 P2P 行业的进入壁垒。这个进入壁垒连同完善的个人信用体系，以及完备的证券、借贷和消费者保护方面的法律，构成了保障 P2P 健康发展的三驾马车。

Prosper 和 LendingClub 目前都发展顺利，其中 LendingClub 的累积交易总额已经超过了 60 亿美元并成功上市。

在美国，既有 LendingClub 和 Prosper 这样的综合型 P2P 平台，也有 Sofi 这样专门服务于高校学生而投资人限定于合格投资者的所谓垂直型的 P2P 平台。当然我们也看到综合型平台也开始在借款端引入中小企业，而在投资端引入越来越多的机构投资者。从我们在 2014 年夏天对美国互联网金融的考察来看，P2P 网络借贷并没有在美国经济生活中引起很大的波澜，很多人包括华尔街的从业人员甚至都没有听说过 LendingClub，这可能是因为美国已经形成了多层次的资本市场和高度发达的金融服务体系。随着 P2P 在欧美地区和其他各国逐渐发展，在我国也已经形成燎原之势，目前已经有接近 2000 家 P2P 平台投入运营，P2P 在我国的迅猛发展，跟我国金融环境一直以来的高度管制以及民间金融的规模巨大是分不开的。与此同时，监管机构也在积极制定法规防范风险的发生和扩大，但是由于国内还没有建成完善的个人征信体系，P2P 平台面向个人借贷的服务会遇到很大的瓶颈，而那些面向特定资产的、对投资者资格也有所限定的细分市场的 P2P 平台倒有可能脱颖而出，成为初期发展阶段的赢家。

众筹融资的英文是 Crowdfunding，是指基于互联网面向公众为产品特别是创意产品进行融资的平台。众筹模式最早出现在美国，代表平台为 Kickstarter 和 Indiegogo。众筹融资的方式包括债权、股权、捐赠和预购。其中，债权融资可以通过 P2P 平台进行，股权融资受限于美国证券法对于公开募集和人数的规定也很少进行。因此，除了有少量的捐赠融资之外，目前众筹融资的主要方式还是产品的预购。目前，全球已经出现了数百个众筹平台，大部分集中在欧美国家。在这些众筹平台中，Kickstarter 一枝独秀，已完成的累积融资额超过 15 亿美元。

众筹模式的相应监管又是怎么样的呢？ 2008 年金融危机之后，美国政府一直在努力寻找走出危机的途径，其中的重点之一就是为中小企业融资提供更加宽松的环境和条件。众筹平台在这样的背景下出现，并很快引起了国会和监管层的关注。在经过了一系列的努力之后，奥巴马政府在 2012 年 4 月颁布了《促进创业企业融资法案》(*Jumpstart Our Small Business Act*，简称 JOBS 法案)。该法案第三章专为众筹制定，修改了证券法，使得通过互联网面向公众的股权融资成为可能。因此我们可以看出：美国对 P2P 的监管完全采用了现有的法律，而对众筹的监管则是制定了新法。这反映了金融监管的原则性和灵活性，值得我们借鉴。

我国在 2011 年开始出现了第一拨众筹网站，到目前也发展到了几十家，但是总体形势可以说是不温不火，主要是因为股权众筹的运作模式跟我国的证券法也有冲突，更重要的是，初创企业的高风险特征跟我国普通投资者低水平金融普及教育程度、风险认知程度以及较低的风险承受能力从根本上是错配的，因此我国股权型众筹的出路在于建立合格投资者制度和投资者进入门槛。而预售型众筹被大众接受可能也需要一个过程，这跟我国的创意产业不发达、信用体系不完善以及知识产权保护不到位都有关系。一些众筹平台开始推出基于“粉丝经济”的众筹项目，或许是个好的尝试。同时，类似于 P2P，那些针对界定清晰的创意产品细分市场的预售型众筹平台有可能率先成长起来。

国内的 P2P 和众筹平台出现得都不算晚。P2P 的代表平台有 2007 年创办的拍拍贷和之后的人人贷，众筹的代表平台有 2011 年创办的点名时间和之后的天使汇和众筹网等。但是，由于国内信用体系的不健全以及监管的未及时到位，P2P 平台出现了诈骗、破产等风控缺位和运营不善所带来的诸多风险。因此，信用体系的建设和监管的及时到位已经成为我国 P2P 网络贷款发展的当务之急。不同于 P2P，众筹在我国还处于非常早期的发展阶段，众筹平台的发展和监管还在摸索之中。令人欣慰的是，中国证券业协会于 2014 年 12 月发布了《私募股权众筹融资管理办法（试行）（征求意见稿）》，在互联网金融监管方面迈出了可喜的一步。但是，不管是 P2P 还是众筹，在我国要达到成熟运行的阶段都还有很长的路要走。

第四类：金融支持的互联网化。前三类互联网金融模式在本质上都属于金融业务，也都需要被监管。而这类互联网金融模式不属于金融业务，它们起到了为金融业务提供“支持”的功能，包括但不限于以下几项：金融业务和产品的搜索，比如美国的 Bankrate 和我国的融 360；家庭理财服务，比如美国的 Mint、Personal capital 和我国的挖财网；理财教育服务，比如美国的 Learnvest、Daily worth 和我国的家财网；金融社交平台，比如美国的 eToro、Seekingalpha 等。这些网络平台虽然不提供金融服务，但是却能大大提升人们对于金融产品和业务的认知，从而提高金融体系的运营效率，也是互联网金融的重要组成部分。

互联网改变了我们认识世界和变革世界的方式。在改变了传媒、商业等诸多领域之后，互联网也正在深刻地改变着金融业。在变革来临之际，顽固不化和狂妄自大都是不可取的。面向不可预知的未来，我们应该满怀敬畏。在这样一个变革的时期，观察、学习和思考变得非常必要也非常重要，基于这样一个理念，我们策划出版了互联网金融新知丛书和互联网金融案例丛书，这个工作由基于清华大学五道口金融学院建设的清华大学国家金融研究院下属的两家研究机构，亦即互联网金融实验室和阳光互联网金融创新研究中心共同承担。

让我们共同关注与推动互联网金融在中国的发展！

前言
PREFACE

本书以人工智能（Artificial Intelligence，AI）为关注点，提供了大量AI应用于金融领域的案例。由于人工智能在金融领域的广泛应用和迅速发展，本书作为"量化交易与投资的新发展"系列丛书的第一本由帕尔格雷夫·麦克米兰出版社出版。这一系列丛书的目标受众广泛，包括学者和专业金融分析师等。本书的目标读者是对预测、建模、交易、风险管理、经济学、信用风险和投资组合管理感兴趣的人。我们希望通过提供AI在不同金融领域的实证应用，帮助那些正在寻找最新、最前沿AI技术的学者和从业者。本书旨在为不同的市场和资产类别提供多种应用。此外，我们查找了大量的文献后发现，介绍将人工智能应用于不同的金融领域或广泛的市场和产品的文献很少。

本书分为四个部分，每个部分都汇集了AI领域的专家们的智慧，这些都是最新的原创和未公开发表的内容。由于作者都是世界各地的老师和教授，所以文学硕士、理学硕士和工商管理硕士都可以从这些内容中找到可以借鉴的东西。此外，对于专业的金融预测专家而言，本书中关于AI的全面、可操作和最新的洞察也是无可匹敌的。为了让读者有机会亲自应用这些技术，本书还摘录了一些编程代码。

本书作者至少在三个方面超越了现有的文献：第一，我们加入了AI在时间序列模型、经济学、信用和投资组合管理这四个不同金融领域中的实证应用；第二，我们运用的技术和方法非常广泛，涵盖了AI的所有领域；第三，在每一章中，我们不仅调查了来自不同市场和资产类别的不同数据，而且调查了不同频次的数据，包括每天的、每月的数据以及宏观经济变量，甚至不同来源的文本数据。我们认为，本书介绍的内容非常翔实和实用，同时也挑战了现有金融机构和其他行业仍在使用的传统模式和技术。要特别强调的是，后者非常重要，因为本书介绍的所有应用都清楚地展示了应用 AI 来建模时间序列、提高政府决策能力、评估信用评级、选股和优化投资组合的优势。

本书的主要内容

第一部分

在引言之后，第一部分重点介绍了各种时间序列，包括商品价差、股票和交易所交易基金。这一部分主要关注的是 AI 方法在建模、预测和交易多种金融工具方面的应用。AI 方法包括人工神经网络（artificial neural networks，ANN）、启发式优化算法（heuristic optimization algorithms）和混合技术。这部分内容提供了金融时间序列分析应用于预测和交易的最新进展。我们通过对文献的回顾发现，现有的方法要么过时了，要么范围有限，因为它们每次只关注一个特定的资产类别。而且，大多数文献都只关注对外汇和股票的预测。例如，王（Wang）等人对应用基于小波去噪（wavelet denoising）方法的反向传播神经网络（back propagation neural network，BPNN）预测上海证券综合指数进行了研究和分析。这种神经网络的性能是以传统的反向传播神经网络为基准的。目前，由于 AI 领域的迅速发展，其他研究大多数都被认为是多余的。例如，齐里利（Zirilli）曾经对神经网络在金融市场预测中的实际应用进行了研究，然而当预测金融变量时，他使用的技术就不再有效了。这是因为数据越来越容易获得，输入数据集也越来越丰富，这就使捕捉输入数据集和目标变量之间的关系的方法变得更准确。因此，对于最新的研究和技术革新而言，这种方法已过时了。

尽管很多期刊都刊载了关于将 AI 应用于各类资产的论文，但我们并没有发现关注 AI，特别是其在金融工具和市场中的实证应用的书籍。因此，我们认为用整个章节专门介绍时间序列建模、预测和交易是完全合理的。

第二部分

第二部分侧重于将经济学作为一门更广泛的学科，包括经济变量的预测和行为经济学，其中还提供了宏观和微观经济分析。本部分的目的是为读者展示 AI 在经济建模领域的应用及其作为一种提高企业和政府层面决策能力的方法的案例。现有的各种研究都侧重于基于主体的模拟，例如，莱特纳（Leitner）和沃尔（Wall）使用基于主体的模拟来研究经济和社会体系，泰廖（Teglio）等人也关注于依赖计算机模拟的社会和经济模型，以对复杂的经济和社会现象进行建模和研究。奥新加（Osinga）等人最近发表的另一篇论文也利用基于主体的建模来捕获经济变量之间的复杂关系。尽管这个部分只提供了一个实证应用，但是我们认为，要证明 AI 的优势，尤其是"商业智能"，还有很长的路要走。

由于我们在经济建模领域进行了广泛研究，很显然，第二部分也应专门讨论这方面的内容。事实上，鉴于这是近期的热点，我们预计本书的第二部分会引起很多人的注意。

第三部分

第三部分重点分析了信用和公司结构建模。这可以帮助读者了解在需要做出投资决策时，AI 在评估基础数据和金融报表方面的作用。我们在初步调查后发现，目前很少有专门介绍运用 AI 方法进行信用分析和企业金融分析的书籍。不过，我们发现有一些期刊论文提供了破产预测领域信用分析的观点。例如，劳克瑞斯（Loukeris）和马萨特思尼斯（Matsatsinis）尝试使用 AI 模型预测破产来研究企业金融。从这些期刊论文的研究结果来看，我们认为企业金融能够从第三部分给出的实证结果中获益。

阿尔特曼（Altman）等人在信用分析领域开展了早期研究，他们研究了网络层的使用及其如何导致了现有破产预测模型的重分类率的提高。在这种情况下，人们发现 AI 有助于识别资本结构和企业绩效之间的关系。

在企业金融领域的最新论文中，作者都会将 AI 方法应用于各种信用案例研究。

我们怀疑他们是受到了 2008 年全球信贷危机的启发，因为大多数论文都发表于 2008 年信贷紧缩之后。例如，哈耶克（Hajek）利用神经网络分类和遗传程序对城市信用评级建模来确定他的输入数据集，他的模型旨在根据美国各城市的风险水平来划分它们的信用等级。该模型包括数据预处理、输入变量的选择过程和各种神经网络分类结构的设计。每个解释变量都提取自金融报表和统计报表。这些变量代表了神经网络的输入数据，而穆迪（Moody's）评级机构的评级等级则是输出数据。研究结果表明，即使使用有限的输入变量的子集，神经网络分类为债券发行人给出的评级等级也非常准确。哈耶克进行的进一步研究提出了一种使用基于模糊规则系统进行的信用评级分析。基于模糊规则的前馈神经网络系统可以将美国公司（分为金融、制造业、采矿业、零售业、服务业和交通运输业）和各个城市划分为评级机构提供的信用评级等级。遗传算法再次被当作搜索方法使用，而且也应用了过滤规则。实证结果证实，大部分现有研究对债券发行人的信用评级的分类都非常准确。对所选模糊规则分类器的比较表明，对不同行业使用不同的分类器可以提高分类性能。

莱昂 – 索里亚诺（León-Soriano）和姆诺斯 – 托雷斯（Muñoz-Torres）使用三层前馈神经网络对两个主要机构的主权信用评级进行了建模。即使在使用了一组经过简化的、公开的经济数据的情况下，他们得到的结果也十分准确。钟（Zhong）等人通过分析四种不同的学习算法的有效性为企业信用评级建模。这四种算法分别是反向传播、极限学习机、增量极限学习机和支持向量机（support vector machine，SVM）。结果表明，支持向量机比其他算法更准确。

在破产预测和企业 / 主权信用评级领域进行的研究正日益广泛。我们相信，读者将从第三部分对信用和企业融资进行的研究中获益。事实上，我们在第 1 章介绍了 AI 的一种应用，它可以发现哪些领域的信用最受欢迎。AI 正逐渐出现在对信用分析和企业融资的研究中，以挑战那些现有的方法。然而这些方法也有不完善之处，而且无法消除 2008 年“信贷危机”的负面影响。

第四部分

本书的最后一部分侧重于通过证券选择、投资组合构建和资产配置优化的案例来分析投资组合理论。这无疑是投资组合经理非常感兴趣的内容，因为他们寻求从他们的资产组合中获得最优回报。投资组合优化和证券选择是 AI 应用的重要研究领域之一。然而，我们发现只有少数期刊论文和书籍关注了这一特殊领域。此外，由于 AI 方法不断地更新和改进，这一领域的研究很快就会过时。

现有的期刊论文挑战了马科维茨（Markowitz）的均值 – 方差法。例如，苏布（Subbu）等人引入了一种强大的混合多目标优化方法，该方法将进化计算与线性规划相结合，以同时实现回报最大化、风险最小化和识别满足所有限制条件的投资组合的有效边界。他们得出的结论是，他们的帕累托分类进化算法（pareto sorting evolutionary algorithm，PSEA）能够稳定地识别帕累托前沿（pareto front）在收益和风险空间上定义的最优投资组合。他们还认为这种算法比二维的且被广泛被接受的马科维茨方法更有效。

由特里皮（Trippi）和李（Lee）合著的一本书主要介绍了资产配置、时间决策、模式识别和风险评估。他们检验了马科维茨的投资组合优化理论，并通过将其整合到一个基于知识的系统中而对其进行了调整。总的来说，这本书很有趣，但它已经是 20 多年前出版的了。我们认为，更新的应用 / 方法可能对投资组合经理和机构投资者更有益。

主编介绍

本书的四位主编都具备 AI 领域的学术和专业经验。

首席主编克里斯蒂安 · L. 迪尼教授在学术界和量化投资领域拥有超过 35 年的丰富经验，发表了 75 篇论文。他在金融市场建模和分析方面拥有丰富的专业知识，尤其是在神经网络和高级统计分析方面拥有丰富的经验。

彼得 · W. 米德尔顿博士最近获得了利物浦大学（University of Liverpool）金

融建模和商品价差交易的博士学位，已经发表了五篇论文。他是特许金融分析师（CFA）协会的成员，正在努力通过 CFA 认证（已经通过一级）。目前，他在金融行业从事资产管理工作。

康斯坦丁诺斯·西奥菲拉托斯博士拥有技术和计算方面的专业知识，以及进化编程、神经网络、专家系统和人工智能等学科的学术背景。他在计算机科学领域发表了多篇文章，也是《用于交易和投资的计算智能技术》（*Computational Intelligence Techniques for Trading and Investment*）一书的主编。

安德里亚斯·卡拉萨索普洛斯博士目前是贝鲁特美国大学（American University of Beirut）的副教授，已经在学术界工作了六年。他在国际期刊上发表了多篇关于利用神经网络、支持向量机和遗传编程进行金融预测的文章。另外，他还是《用于交易和投资的计算智能技术》一书的主编。

致 谢

特别感谢那些为本书提供了原创的最新研究成果的作者。感谢那些在本书编写过程中发挥了重要作用的编辑们。感谢出版商帮助我们将本书呈现给读者阅读。

结束语

我们希望这本书的出版将能够促进 AI 在金融界的广泛应用。本书中所展示的模型和方法尚未被更多的受众注意到，部分原因是这些研究成果分散在各种期刊和论文集中。我们希望这本书能够帮助新一代的定量分析师和研究人员更好、更准确地理解和解决复杂的问题。

目 录
CONTENTS

04

信用风险与分析

05

投资组合管理、分析与优化

第 9 章　不确定性下的多周期投资组合选择：一种基于交互的方法

第 10 章　运用多目标遗传算法应对投资组合选择中的模型风险

第 11 章　线性回归与模糊线性回归：在共同基金经理绩效评估中有何区别

第一部分

ARTIFICIAL INTELLIGENCE IN FINANCIAL MARKETS

Cutting Edge Applications for Risk Management, Portfolio Optimization and Economics

人工智能简介

第 1 章 人工智能在金融领域的应用概述

斯文那加·加德雷－帕特瓦尔丹（Swapnaja Gadre-Patwardhan）
维韦克·V. 卡达雷（Vivek V. Katdare）
马尼什·R. 乔西（Manish R. Joshi）

引　言

毫无疑问，金融领域的很多研究人员和管理者所面临的最严峻的挑战是不确定性。这样的不确定性导致了一种无法避免的风险因素，而这种风险因素是金融理论中不可或缺的一部分。风险不仅使金融决策复杂化，而且为那些能够有效且高效地对风险进行管理和分析的投资者创造了盈利机会。为了应对这个问题的复杂性，一种跨学科的方法应运而生。

计算金融学（computational finance）是应用计算机科学的一个分支，用来解决金融领域中的实际问题。它也可以被定义为研究金融领域中使用的数据和算法。这是一个结合了多种计算方法和金融数学的跨学科领域。计算金融学使用的是可以应用于经济分析的数学证明，因此有助于金融模型和系统的发展。这些模型可以应用于投资组合管理、股票预测和风险管理，并且在金融管理中扮演着重要的角色。

过去几年，研究人员一直致力于通过趋势预测、识别投资者的行为、投资组合管理、欺诈检测、风险管理、破产、股票预测、金融目标评估、寻找证券价格变动的规律等为金融行业提供帮助。为了实现这个目标，研究人员使用了参数统计、非参数统计以及软计算等不同的方法，如图 1–1 所示。

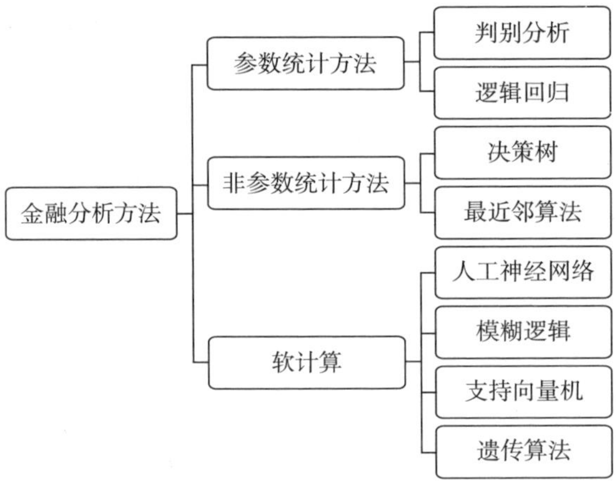

图 1–1　金融应用分析技术

很多研究人员正在探索和比较软计算技术与参数统计方法和非参数统计方法。人工神经网络、模糊逻辑、支持向量机、遗传算法等软计算方法得到了广泛应用和接受，因此，我们做如下回顾。

1. 参数统计方法。参数统计是统计的一个分支。它假设数据来源于不同的分布式系统并被整合，以得到关于分布参数的推论。有两种类型的参数统计方法，即判别分析和逻辑回归。

（1）判别分析。判别分析是在判别函数的帮助下进行的统计分析，用于将数据分配给两个或多个自然发生组中的一个。判别分析用于确定类目成员预测的变量集。判别函数分析是一种分类方法，可以将数据项分配到同一类型的类、组或类别中。

（2）逻辑回归。逻辑回归是一种预测方法，用于因变量和自变量之间的关系建模。它是最适合的模型，也可以确定因变量和自变量之间关系的重要性。逻辑回归用于预估事件发生的概率。

2. 非参数统计方法。这些方法不要求数据服从正态分布。非参数方法提供了一系列可供选择的统计方法，这些方法不需要或限制对数据做出假设。非参数统计方法的技术如下。

（1）决策树。决策树是一种分类器，是一个能够支持决策过程的树状图。它是一种适用于多变量分析的工具。决策树由分支树形状的节点组成。所有节点只有一个输入。终端节点被称为叶。具有传出边的节点被称为测试节点或内部节点。在决策树中，测试节点根据离散函数将实例空间划分为两个或多个子空间。

（2）最近邻算法。最近邻算法是一种应用于回归和分类的非参数方法。最近邻算法也可以称为相似搜索、近邻搜索或最近点搜索，可以用于在特征空间中寻找最近或最贴近的点。K- 近邻算法是一种用于分类和回归的技术。

3. 软计算。软计算是一系列旨在处理不确定性、部分真实性、不精确性和近似性的方法，这些方法基本上都是以人类神经学为基础的。软计算采用的是人工神经网络、模糊逻辑、支持向量机和遗传算法的技术。

（1）人工神经网络。神经元是人工神经网络的一个基本组成部分。这些神经元连接起来，形成了一个图状结构，也被称为网络。这些神经元就像生物神经元。神经元有小分支，即树突，用于接收输入。轴突携带输出，并连接到另一个神经元。每个神经元都携带着从树突接收到的信号。当信号强度超过某个特定阈值时，就会产生脉冲作为输出，这被称为动作信号。

与生物神经元一样，人工神经元接受输入并生成输出，但无法自动建模。在人工神经网络中，信息或数据以加权互连的形式分布和存储在整个网络中。在非线性函数的帮助下，神经元被进行了仿真。人工神经元的互连被称为权重。图 1–2 展示了人工神经元的结构，其中 xi 是神经元的输入，wi 是该神经元的权重。

平均输入按照等式 1.1 计算。

$$a=\sum_{i=0}^{n}xiwi \tag{1.1}$$

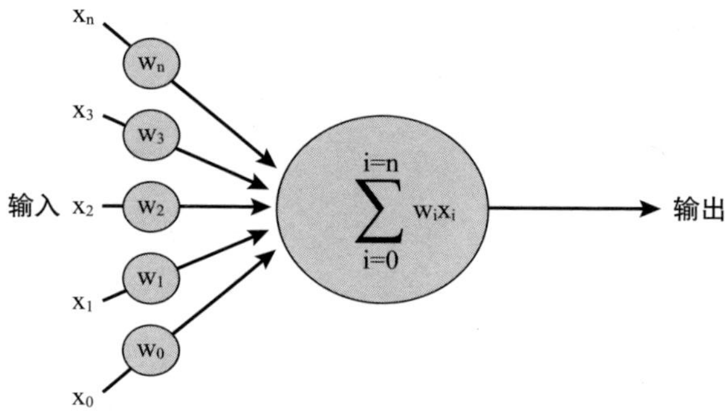

图 1–2　人工神经元的结构

人工神经网络至少有三层人工神经元，即输入、隐藏和输出，如图 1–3 所示。输入层接受输入，并将输入传递给隐藏层。从计算的角度看，隐藏层是最重要的层，所有的复杂函数都在这一层中。

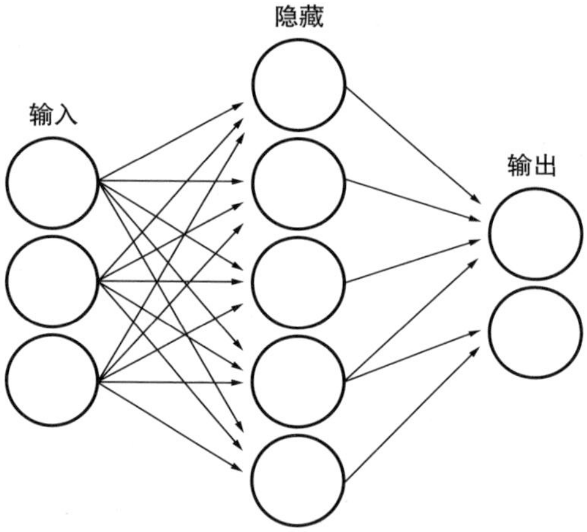

图 1–3　人工神经网络的三层结构

（2）模糊逻辑。模糊逻辑是一种多值逻辑。它可以处理近似值，而不是精确或固定的推理。模糊逻辑是一种基于真实度而不是精确的真假值进行计算的方法。它的真值范围在 0 到 1 之间。

（3）支持向量机。支持向量机是一种具有相关学习算法的监督学习模型，用于分类和回归中的数据分析和模式识别，其决策边界是超平面。决策平面基于类成员资格分离了对象，并能够处理分类变量和连续变量。

（4）遗传算法。遗传算法是一种模仿自然选择过程的 AI 技术。该技术通过使用选择、交叉、变异和继承等操作手段来优化和搜索问题。

本章重点介绍了软计算技术，即人工神经网络、专家系统和混合智能系统（hybrid intelligence system，HIS）在金融管理中的应用。

近些年，一系列计算机技术正在被应用于金融领域，人工神经网络就是其中之一。在一系列可用的 AI 技术中，人工神经网络能够以一种更有效的方式，即通过模式识别和未来趋势分析来处理金融不确定性。在金融分析中，最难分析的是利率变动和货币运动，而人工神经网络可以很好地处理大范围的“噪声”数据，其本质是数值型的。在统计技术（如判别分析与回归分析）中，对输入数据存在分布假设。然而，人工神经网络不需要任何的数据分布假设，因此比起其他统计技术，它适用于解决更广泛的问题。统计技术和符号操作技术是面向批处理的；旧数据和新数据以批处理的方式提交给模型，然后生成新的挖掘结果。相比之下，在人工神经网络中，可以向训练好的人工神经网络中添加新的数据，从而更新已有的结果。由于金融市场本质上是动态的，人工神经网络可以适应新数据而无须重新处理旧数据，因此，它可以被应用于金融管理。

专家系统是一种基于知识的系统，用于解决特定领域中的关键问题。它们是基于规则的系统，具有用于决策的预定义知识集。通用专家系统包含两个模块，即推理引擎和知识库。推理引擎使用与特定问题相关的知识库的块来组合和处理与该问题相关的事实。知识库以系统中的规则、语义网、谓词和对象的形式编码。专家系统的特点是高效、永久、一致、及时，而且它是一种完整的决策系统，因此它可以被用于金融管理。它的特点还有智能，能够推理，从关系中得出结论，并能够处理不确定性等。专家系统能够再现有效、一致和及时的信息，从而促进决策。此外，里奇（Rich）和奈特（Knight）在很久以前就指出，金融分析是专家的任务。

混合智能系统是一种整合了 AI 方法与技术（如模糊专家系统、神经模糊系统和遗传模糊系统等）的软件系统。整合各种学习技术是为了克服单个系统的局限性。由于具备整合技术的能力，该系统能够有效地应用于金融管理。

对于金融市场而言，我们认为投资组合管理、股票市场预测和风险管理是三个最重要的 AI 应用领域。由于投资是金融管理的一个重要方面，因此我们研究了这三个方面。在研究中，我们基于过去 20 年来金融领域研究人员的贡献，研究和比较了人工神经网络、专家系统和混合智能系统的应用与传统方法的异同。

我们在本章附录中列出了常用的数据挖掘工具，其中包括在金融管理中使用 MATLAB 的神经网络技术的一些样本编码。用于实现典型统计功能的代码摘录，包括回归分析、朴素贝叶斯分类（naïve Bayes classification）和从不同的公开的可靠来源提取的模糊 c- 均值聚类也在附录中给出。

人工神经网络在金融领域的应用

人工神经网络是一种计算工具。在不同学科中，它被用于对真实世界中的复杂问题建模。人工神经网络类似于生物神经元，它为涵盖广泛应用领域的各种技术提供了灵感来源。通常，人工神经网络被称为使用收益和泛化能力的信息处理系统，这在本质上是自适应的。由于其自适应性，人工神经网络可以为预测、决策和信息处理等问题提供解决方案。近年来，人工智能已经在预测、平移和决策等方面被证明是应对动态金融市场的有力工具。

在此基础上，研究人员进行了各种研究，以便对人工神经网络在金融领域中的应用进行分类和回顾。其中，对人工神经网络在金融领域的能力的研究已经获得了多种结果。研究人员发现，随着人工神经网络在金融领域中的应用，金融评估、投资组合管理、信用评估和预测等均已得到了显著改善。我们进一步探讨了人工神经网络在金融领域（包括投资组合管理、股票市场预测和风险管理）的应用。这些应用的细节如前所述。

投资组合管理

确定适合金融机构在特定时间段内、以可接受的风险承受能力进行投资的资产（如共同基金、债券、股票）的最佳配置是一项关键任务。现在，投资者更喜欢包含多种证券的多元化投资组合。

莫提瓦拉（Motiwalla）等人应用人工神经网络和回归分析研究了美国股票收益的预测偏差，得出了人工神经网络模型优于回归模型的结论。山本（Yamamoto）等人设计了一个多层反向传播神经网络，借助相关学习算法对抵押贷款的提前还款率进行预测。劳威（Lowe）等人开发了一个模拟神经网络，用于在特定约束条件下构建投资组合。他们还开发了一个前馈神经网络，用于对非线性多通道时间序列预测中的短期股票进行预测。阿德德吉（Adedeji）等人将人工神经网络应用于风险经济项目的分析。潜在投资收益的预测也可以使用神经网络模型。根据从神经网络中获得的结果，金融经理可以通过与传统模型的结果进行比较来选择金融项目。本文对投资组合管理进行调查所得出结论的是，人工神经网络在准确性方面表现更好。将传统的模拟实验与神经网络相结合，无需任何耗时且昂贵的模拟实验就可以获得较高的精确度。

对投资组合管理进行调查的研究论文表明，与其他传统方法相比，人工神经网络的表现更出色，尤其是其中的反向传播神经网络。齐默尔曼（Zimmermann）等人借助于纠错神经网络演示了 Back/Litterman 组合优化算法的应用。投资组合优化包括满足投资者约束的配置和投资组合中可控的风险。这种方法在 G7 国家的 21 个金融市场的国际多元化投资组合中进行了检验。他们表示，他们的方法超越了传统的投资组合预测，如马科维茨的均值 – 方差框架。埃利斯（Ellis）等人通过比较反向传播神经网络与随机选择的投资组合方法和一般属性的方法进行了投资组合分析，结论是人工神经网络的表现更好。

股票市场预测

近年来，在在线交易的帮助下，股票市场成为个人投资者赚取可观利润的途径之一。因此，准确地预测股票市场行为是非常有必要的。有了这种预测，投资者就可以决定投资的时点和时机。由于金融市场具有波动性，建立预测模型是一项具有挑战性的任务。

人工神经网络是一种广泛用于股票市场预测的软计算方法。怀特（White）将人工神经网络应用于对 IBM 股票每日收益的研究，他得出的结论是神经网络表现优于其他方法。木本（Kimoto）等人研究了东京证券交易所价格指数预测系统中的模块化神经网络（modular neural networks，MNN）学习算法和预测方法的有效性。一宏（Kazuhiro）等人研究了先验知识和神经网络在提高预测能力方面的应用。每日股票价格的预测被视为一个现实问题。他们考虑了一些非数字特征（如政治和国际事件）以及一些难以融入网络结构的各种先验知识（包括股票价格和报纸上刊登的关于国内外事件的信息）。结果表明，在显著性水平为 5% 的情况下，事件知识与神经网络相结合的预测效果更好。帕伊（Pai）等人指出，整合移动平均自回归模型（autoregressive integrated moving average model，ARIMA model）和支持向量机可以结合使用来处理非线性数据，利用二者的独特优势可以对股票价格进行更可靠的预测。塔瓦翁（Thawornwong）等人证明，使用基于前馈和概率网络的神经网络模型对股票进行预测能够实现低风险的高收益。中山（Nakayama）等人提出了一种模糊神经网络（fuzzy neural network，FNN），它包含一个用于实现模糊推理系统的特定结构。每个隶属函数由一个或两个用于推理规则的 sigmoid 函数组成。他们的结论是，模糊神经网络表现得更好。杜克（Duke）等人使用反向传播网络对德国政府债券的表现进行了预测。

风险管理

金融风险管理是利用金融工具管理企业的经济价值来管理风险敞口，尤其是市场风险和信用风险的过程，也是识别与投资相关的风险并可能减轻风险的过程。金融风险管理既可以是定性的，也可以是定量的。它侧重于如何以及何时在金融工具的帮助下进行对冲，以管理风险敞口。

特里希（Treacy）等人指出，银行对信用风险评估的传统方法是生成一个内部评级，其考虑因素主要是主观和定性因素（如收入、杠杆和声誉等）。张（Zhang）

等人对制造企业数据库中的逻辑回归、神经网络和五重交叉验证程序进行了比较。他们采用阿尔特曼的五个财务比率和流动资产 / 流动负债比率作为神经网络的输入。他们的结论是神经网络的准确率高达 88.2%。塔姆（Tam）等人引入了一种神经网络方法来完成商业研究中的判别分析。基于银行数据，他们对线性分类和神经方法进行了比较。实证结果表明，在评估银行情况时，神经模型在适应性、鲁棒性和预测准确性方面有更好的应用前景。黄（Huang）等人引入了支持向量机来构建具有较好解释能力的模型。他们以反向传播神经网络为基准，对中国台湾市场和美国市场进行了预测，结论是支持向量机和反向传播神经网络的预测准确性均在 80% 左右。

表 1–1 展示了关于将人工神经网络应用于投资组合管理、股票市场预测和风险管理的文献的详细信息。

专家系统在金融领域中的应用

专家系统是一个由组织良好的知识体系组成的计算机系统，它可以在有限的专业领域中模拟专家解决问题的能力。马萨特思尼斯等人提出了一种获取知识和表述知识的方法，用于开发适用于金融分析的专家系统。他们讨论了 FINEVA[①] 的开发及其应用。对于特定域，可以由人类专家提供一组推理规则。知识库是相关事实、数据、结果和判断的集合。专家系统的组成部分包括知识库、用户界面和推理引擎。知识是通过谓词逻辑、框架和语义网等技术来表示的，但最流行和应用最广泛的技术是 IF-THEN 规则（也称生产规则）。

廖（Liao）等人对 1995 年至 2004 年间专家系统在各种领域（包括金融领域）的使用情况进行了回顾。他们发现，专家系统具有灵活性，并为解决各种问题提供了一种强大的方法，这种方法可以在需要时使用。以下是专家系统在金融领域的应用实例。

① FINEVA 是 financial evaluation 的缩写。它是一个多标准知识库决策支持软件，可用于评估企业的生存能力和绩效。

表 1-1　人工神经网络在投资组合管理、股票市场预测和风险管理中的应用

作者	目的	数据集	预处理	使用方法	对标方法	评价指标
斯德平格莉娅（Stoppiglia H）、伊登（Idan Y）、德雷福斯（Dreyfus G）	为投资组合管理开发一个神经网络辅助模型	398 家公司组成的数据库，其中 A 类公司 172 家，B 类公司 172 家，C 类公司 54 家	15 个财务比率，如营运资本 / 固定资产、税后利润和每年的资产净值	人工神经网络	统计方法	分类
汉斯·季默（Hans Georg Zimmer），拉夫·纽内尔（Ralph Neuneie），拉夫·格罗斯曼（Ralph Grothmann），西门子（Siemens AG）	投资组合优化	G7 国家的金融市场	从所有数据库提取每个月的数据	人工神经网络	均值 – 方差理论	预测
埃利斯、威尔逊（Willson P）	选择投资组合	澳大利亚地产股	未提及	反向传播神经网络	随机选择	性能测量
费尔南德斯（Fernandez A），戈麦斯（Gomez S）	投资组合选择和投资组合管理	香港恒生指数、德国 DAX 指数、英国富时 100 指数（FTSE）、美国标准普尔 100 指数（S&P 100）、日本日经 225 指数（Nikkei 225）	来自数据集的每周价格	人工神经网络、遗传算法和 SA	启发式算法	投资组合选择和优化

续前表

作者	目的	数据集	预处理	使用方法	对标方法	评价指标
弗雷塔斯（Freitas FD）、德索萨（De Souza AF）、德阿尔梅达（De Almeida AR）	投资组合管理和投资组合优化	巴西基准股指 IBOVESPA	选择 52 只长时间序列股票来训练神经网络	反向传播神经网络	均值方差模型	预测
高博昌（Po-Chang Ko）、林晨萍（Ping-Chen Lin）	投资组合选择和投资组合优化	中国台湾证券交易所	未提及	人工神经网络	传统的人工神经网络模型	投资组合优化
蒋（Chiang W-C）、乌尔万（Urban TL）、鲍德里奇（Baldridge GW）	资产预测	美国的共同基金	确定了 15 个经济变量	反向传播神经网络	回归模型	资产净值预测
陈（Chen A-S）、梁（Leung MT）、达乌克（Daouk H）	股指预测	中国台湾证券交易所	数据是根据投资期限提取的	概率神经网络（probabilistic neural network，PNN）	随机游走模型和参数高斯混合模型（gaussian mixed model，GMM）	投资回报率
奥·康纳（O' Connor N），马登（Madden MG）	股市走势预测	纽约证券交易所和纳斯达克（NASDAQ）	道琼斯工业指数的每日开盘价和收盘价	反向传播神经网络	简单的基准测试函数	精准度
德·法丽娅（De Faria EL），马塞洛（Marcelo P）、阿尔布克尔克（Albuquerque J）、冈萨雷斯（Gonzalez L）、卡瓦尔坎特（Cavalcante JTP）、马西奥·阿尔布克尔克（Marcio Albuquerque P）	股市走势预测	巴西股市	未提及	反向传播神经网络	自适应指数平滑法	精准度

续前表

作者	目的	数据集	预处理	使用方法	对标方法	评价指标
廖（Liao A）、王（Wang J）	股指预测	标准普尔 500 指数、SAI、SBI、DJI、HIS 和纳斯达克综合指数	数据标准化和调整，以消除噪音	反向传播随机时间有效神经网络	布朗运动	预测
金贤正（Hyun-jung Kim），沈京植（Kyung-shik Shin）	发现股市的模式	韩国 KOSPI200 指数（Korean Stock Price Index 200）	提取每日股票数据	自适应时延神经网络（adaptive time-delay neural network，ATNN）	时延神经网络（time-delay neural network，TDNN）	精准度
郭（Kuo RJ），陈（Chen CH），黄（Hwang YC）	股市预测	中国台湾股市	未提及	人工神经网络、广义模糊神经网络（Generalized Fuzzy Neural Network，GFCC）	神经网络的定性和定量元素	性能评价
拉斐尔·哈桑（Md. Rafiul Hassan）、贝肯思·纳特（Baikunth Nath）、迈克尔·柯里（Micheal Kirley）	股市预测	www.finance.yahoo.com	提取每日数据	人工神经网络、遗传算法、隐马尔科夫模型（hidden markov model，HMM）	整合移动平均自回归模型	预测

续前表

作者	目的	数据集	预处理	使用方法	对标方法	评价指标
蔡（Chye KH）、谭（Tan WC）、葛（Goh GP）	信用风险评估	澳大利亚和德国的信用数据集	为每个应用程序选择 24 个变量	支持向量机分类器	神经网络、遗传规划和决策树分类器	精准度
埃利安娜·安杰利尼（Eliana Angelini）、贾科莫·托洛（Giacomo di Tollo）、安德烈·罗利（Andrea Roli）	信用风险评估	意大利银行业	示例组分为两组，如债券和违约	人工神经网络	经典的前馈神经网络和专用的前馈结构	类别
范宁（Fanning）、科杰·什里瓦斯塔瓦（Cogger Shrivastava）	使用神经网络建立一个模型，来探查管理舞弊	管理数据库	未提及	人工神经网络	广义自适应神经网络结构（generalized adaptive neural network architectures，GANNA）与自适应逻辑网络（adaptive logic network，ALN）	精准度
费罗兹（Feroz EH）、泰克（Taek MK）、帕斯泰纳（Pastena VS）、帕克（Park K）	测试选定的红旗对调查目标的预测能力	AAER	未提及	人工神经网络	已调查和未调查的形式	预测
科特·范宁（Kurt Fanning）、肯尼斯·考格尔（Kenneth Cogger O）	开发一个用于探查管理舞弊的模型	FFS	未提及	人工神经网络	统计方法	效率

续前表

作者	目的	数据集	预处理	使用方法	对标方法	评价指标
布劳塞（Brause R）、朗斯多夫（Langsdorf T）、赫普（Hepp M）	检测信用卡欺诈	GZS	每笔交易提取 38 个字段	人工神经网络	传统系统	预测
科斯基瓦拉（Koskivaara）	探讨各种预处理模型（用于研究神经网络在金融审计方面的预测能力）的影响	制造业企业	每月盈余	人工神经网络	传统系统	预测
刘芬美（Fen-May Liou）	发现错误的金融报告	中国台湾《经济周刊》资料库和中国台湾证券交易所	未提及	人工神经网络	逻辑回归、神经网络和分类树	预测
楚（Chu）、荣格（Jung）	比较用于预测破产的统计方法和人工神经网络方法	国际证券交易所官方年鉴	数据分配、小组散射（group dispersion）、定向方案	基于多元判别分析（MDA）的人工神经网络	Logit 模型、广义的差距法则（generalized delta rule）	预测
杨（Yang）等人	破产预测	Compustat 数据库	样本来源：（1）在管制行业经营的公司；（2）在美国上市的外资公司；（3）之前已经破产的公司	人工神经网络	多元判别分析、ID3 算法	分类

续前表

作者	目的	数据集	预处理	使用方法	对标方法	评价指标
塔姆（Tam KY）、基昂（Kiang MY）	在商业研究中进行判别分析	银行预设数据	未提及	神经网络	线性分类器、逻辑回归、近邻算法、ID3 算法	预测准确性和适应性
帕特里西亚·卡斯凯罗（Patrícia Xufre Casqueiro）、安东尼奥·罗德里格斯（António JL Rodrigues）	投资组合管理	交易数据	未提及	神经网络、Q 学习算法	神经计算的多种模型	预测、风险优化
徐永胡（Young-Woo Seo）、约瑟夫（Joseph）、基阿姆帕帕·西卡拉（Giampapa Katia Sycara）	投资组合管理	新闻报道	人工将新闻报道分为五类	分类和集群	朴素贝叶斯分类	准确度
王卓文（Wang，Zhuowen）	股市预测	上海证券综合指数和深圳证券交易所成份股价指数	未提及	修正后的反向传播	股票价格之间的关系	预测

投资组合管理

根据基金经理的要求和目标来寻找和分析投资组合是一项艰巨而耗时的任务。埃利斯等人研究了基于规则的专家系统在房地产市场中的应用以及在市场中随机构建的投资组合。他们发现，基于规则的专家系统的表现优于随机的投资组合或基于风险调整回报的市场。

伯汉尼克（Bohanec）等人开发了一个基于知识的投资组合分析工具，用于项目评估。这个专家系统是为斯洛文尼亚共和国开发的。该模型以树状结构进行演示，并辅以 IF-THEN 规则。萨尼娅·沃尼斯（Sanja Vraneš）等人开发了基于平台的专家系统工具包（Blackboard-based Expert Systems Toolkit，BEST），用于结合不同来源的知识，使用不同的知识获取方法。就投资决策而言，来自资深经济学家的关键投资排名的信息可能与从运筹学方法中获得的知识相结合。当基于多种来源的信息做出决策时，就有可能减少冗余，并获得更可信的结果。瓦尼斯（Varnes）等人建议使用投资咨询专家系统（investment advisory expert system，INVEX）进行投资管理，该系统能够帮助投资者和项目分析师选择投资项目。莫格哈里班（Mogharreban）等人开发了投资组合选择（PORtfolio SELection，PROSEL）系统。该系统使用一组规则进行选股，由信息中心、模糊股票选择器和投资组合构造器三部分构成。它有一个用户友好型的界面，可以在运行时更改规则。他们证明该系统表现良好。

股票市场预测

专家系统的另一个有前景的领域是股票市场预测。很多投资顾问都使用这类系统来改善金融和交易活动。伦敦的米德兰银行（Midland Bank）使用专家系统进行利率互换、投资组合和货币管理。

格罗森（Grosan）等人应用多表达式编程（multi-expression programming，MEP）这一遗传编程技术对纳斯达克股票市场的纳斯达克指数和 NIFTY 股票指数进行预测。他们将多表达式编程的性能与支持向量机、Levenberg-Marquardt 算法和

Takagi-Sugenoneuro 模糊推理系统的性能进行了比较，得出的结论是多表达式编程的表现更出色。奎克（Quek）将神经模糊网络和自适应神经模糊系统（adaptive network-based fuzzy inference system，ANFIS）投资者措施预测应用于美国证券交易所，证明其最适合预测股价。特林克莱（Trinkle）使用 ANFIS 和神经网络来预测三家公司的年度超额收益。他将 ANFIS 和神经网络的预测能力与自回归移动平均（autoregressive moving average model，ARMA）模型进行了比较。结果表明，ANFIS 和神经网络能够更好地进行预测。阿夫拉比（Afolabi）等人使用神经模糊网络、模糊逻辑和科霍宁（Kohonen）的自组织计划进行股票价格预测。他们的结论是，与其他技术相比，科霍宁的自组织计划的偏差更小。尤诺思（Yunos）等人在 ANFIS 的帮助下建立了一个混合神经模糊模型来预测吉隆坡综合指数（KLCI）的日常走势。为了进行数据分析，他们选择了四个技术指标。结论表明，ANFIS 表现较好。阿特萨拉基斯（Atsalakis）等人开发了一种神经模糊自适应控制系统，用于预测纽约证券交易所和希腊雅典 ASE 指数第二天的股票价格趋势。实验分析表明，该系统运行良好。

风险管理

在金融风险预测和管理中应用专家系统具有巨大的潜力。马萨特思尼斯等人提出了一种知识获取和表示方法，以促进专家系统更好地发展。FINEVA 是一种基于知识的多标准专家系统，使用 M4 专家系统外壳评估可行性和表现。界面采用了前向和后向链接法。他们得出的结论是，被分析公司的排名取决于其自身的风险类别。

舒尔（Shue）等人为企业的金融评级建立了一个专家系统。这个专家系统是通过整合两个知识库，即 Portege（一个领域知识库）和 JES（一个运营知识库）来开发的。该模型通过输入中国台湾各上市公司的金融报表数据得到了测试和验证。卢克（Luck）等人提出了一个专家系统，即信用评估和解释专家系统（credit evaluation and explanation expert system，CEEES）来决定是否允许信用额度进入已确定的公司。CEEES 在决策过程中使用的是基于规则的语言。他们的结论是，

CEEES 将建议是否考虑或拒绝信贷申请。

表 1–2 展示了关于将专家系统应用于投资组合管理、股票市场预测和风险管理的文献的详细信息。

混合智能在金融中的应用

混合智能系统是一个结合了人工智能方法和技术的软件系统，如模糊专家系统、神经模糊系统和遗传模糊系统等。它是一种有效的学习系统，结合了学习范式的积极特征，并克服了该范式在处理能力和表现形式方面的弱点。它被用于解决不同领域的问题。莱特普兰桑迪（Lertpalangsunti）提出了创建混合智能系统的三个原因：（1）技术增强；（2）应用任务的多样性和（3）实现多功能。模块之间的集成度可能出现从松散耦合的独立模块到完全耦合的不同。混合智能系统在金融领域的应用如下。

投资组合管理

投资组合管理是一项涉及关键决策过程的复杂活动，是很多金融机构和组织的一项重要活动。在过去几年中，混合智能系统已被广泛应用于投资组合选择。

小坂（Kosaka）等人将神经网络和模糊逻辑应用于股票投资组合的选择。他们得出的结论是，提出的模型确定价格调整点的准确率为 65%。陈等人开发了一个投资组合选择模型。在这个模型中，三角模糊数用于表示共同基金的未来收益率和风险。奎克等人在通用自组织模糊神经网络（generic self-organizing fuzzy neural networks，GenSoFNN）的帮助下开发了一个用于投资组合平衡的模糊神经系统。他们在网络中应用监督学习方法来检测股票价格周期中的拐点。余（Yu）等人在径向基函数（radial basis function，RBF）和拉格朗日乘数优化理论的基础上为投资组合开发了一个依赖神经网络的组合均值 – 方差偏度模型。李（Li）等人提出了一种混合智能算法，该算法能够通过同化神经网络、模拟退火算法（imulated annealing algorithm）和模糊模拟技术来解决投资组合选择问题。在该模型中，

表 1–2　专家系统在投资组合管理、股票市场预测和风险管理中的应用

作者	目的	数据集	预处理	使用方法	对标方法	评价指标
肖（Shaw M）、金特里（Gentry J）	管理商业贷款投资组合	商业银行数据	未提及	MARBLE	传统方法	决策规则、分类
伯汉尼克、拉杰科威（Rajkovič V）、塞莫利（Semolič B）、帕加尼科（Pogačnik A）	投资组合选择和管理	斯洛文尼亚科技部	投资组合属性选择和评估	专家系统外壳：DEX	专家意见	规则生成
埃利斯（Ellis C）、威尔逊（Wilson P）	为房地产投资中的投资组合开发一个专家系统	澳大利亚证券交易所、伦敦证券交易所	未提及	专家系统	传统方法	规则生成
金姆（Kim SH）、纯（Chun SH）	股指预测		未提及	反向传播神经网络	案例推理技术（case-based reasoning，CBR）、APN、概率神经网络	预测
王（Wang Y-F）	股价预测	中国台湾证券市场	每五分钟记录的数据	模糊灰色预测	遗传算法	预测
昆塔纳（Quintana D）等人	破产预测	Compustat 数据库中的 525 家美国公司	未提及	人工神经网络和 ENPC	朴素贝叶斯、逻辑回归、C4・5、PART、SVM 多层感知器	分类
莱纳德（Lenard MJ）、阿拉姆（Alam P）	开发一个模糊逻辑模型，用于发展集群，以代表检测欺诈的红旗	未提及	未提及	模糊逻辑和专家推理	统计方法	聚类

神经网络用于逼近模糊收益的期望值和方差。模糊模拟为神经网络生成训练数据。他们将该模型与遗传算法进行了比较。奎阿（Quah）等人比较了 ANFIS、多层感知器神经网络（MLP-NN）和广义生长 – 剪枝径向基函数神经网络（generalized growing and pruning radial basis function，GGAP-RBF）的表现。他们还提出了利用相对操作特性（relative operating characteristics，ROC）曲线来选择股票的方法。

股票市场预测

股票市场的波动性需要多种计算技术。与其他领域相比，混合 AI 系统由于能够将不同系统的功能与其独特的能力结合起来而被广泛用于金融预测。

郭（Kuo）等人开发了一个股票市场预测系统，提出的模型可以同时处理定性和定量因素。该系统采用模糊 Delphi 模型和神经网络分别进行定性和定量分析。该系统对中国台湾股票市场数据库进行了测试，结果表明，该系统具有较好的性能。广间（Romahi）等人提出了一个基于规则的专家系统，用于金融预测。他们将规则归纳和模糊逻辑进行结合，发现他们的系统表现更好。凯莱斯（Keles）等人开发了一个预测国内债务的模型。他们将 ANFIS 应用于土耳其经济的一些微观经济变量。他们观察到，该模型在预测方面表现更好。黄等人将用于预测的平均自回归外生（average autoregressive exogenous，ARX）模型与灰色系统理论相结合和粗略集相结合，对中国台湾证券交易所的股票市场进行自动预测。他们采用 GM（1，N）模型进行数据缩减。在数据缩减之后，通过使用 K- 均值算法形成聚类，并提供给粗略集分类模块，通过应用一些决策规则来选择一组合适的股票。然后，将结果与 GM（1，1）进行比较。他们发现，混合方法对所选股票具有更强的预测能力。

风险管理

风险管理是一项涉及社会、政治、工程和经济因素的决策活动。风险可能以欺诈、破产等形式出现。埃尔默（Elmer）等人提出了一种用于信用风险管理的混合模糊逻辑和神经网络算法。混合模糊逻辑 – 神经网络（hybrid fuzzy logic-neural network，HFNN）模型被用于信用风险评估。达迪奥斯（Dadios）和索利斯（Solis）的结论是，HFNN 模型是稳定、准确和可靠的。利恩（Lean）等人提出了使用粗糙集和支持向量机进行信用风险评估和分析的混合智能系统。支持向量机用于特征提取和噪声过滤。粗糙集充当支持向量机的预处理器。他们得出的结论是，提出的模型表现更好。

玄澈（Hyunchul）等人重点研究了企业破产预测这一重要问题。他们应用统计和 AI 技术，采用各种数据驱动方法来提高预测表现。基于案例的推理（Case based reasoning，CBR）是应用最广泛的数据驱动方法。该模型的建立是基于将 CBR 与遗传算法相结合。结果表明，该模型的计算结果准确，解释合理。佐庞尼迪斯（Zopounidis）等人介绍了知识库决策支持系统（knowledge base decision support system，KBDSS）在金融和管理中的应用。KBDSS 是通过结合专家系统和 DSS 在很多领域中的特征而开发出来的，如金融分析、破产风险评估和金融规划。他们描述了 KBDSS 在投资组合管理、金融分析和信贷获取问题等方面的应用。他们发现，KBDSS 是通过解释系统的运作及其产生的结果来临时决定决策过程的。华（Hua）等人将支持向量机应用于破产预测，并证明了它与神经网络、逻辑回归和线性多重判别分析相比更具竞争力。他们开发了一个用于金融困境预测的综合二元判别规则（integrated binary discriminant rule，IBDR）。实验结果证明，与传统支持向量机相比，IDBR 的表现更好。

表 1–3 展示了关于将混合智能系统应用于投资组合管理、股票市场预测和风险管理的文献的详细信息。

总　结

在本章中，我们对 AI 在金融管理中的应用进行了简要的回顾。回顾主要是根据技术类型、应用领域、目标和评估指标等来组织的。回顾表明，传统方法不足以处理和分析大量金融数据。因此，我们需要应用现代方法。

表 1–3　HIS 在投资组合管理、股票市场预测与风险管理中的应用

作者	目的	数据集	预处理	使用方法	对标方法	评价指标
李（Li X）、张（Zhang Y）、王（Wong H-S）、秦（Qin Z）	开发用于投资组合选择的模型	《理论和不确定的程序试验》（*Theory and Practice of Uncertain Programming Physica-Verlag*）一书	未提及	人工神经网络、遗传算法和模糊模拟	遗传算法	稳定性和有效性
陈（Chen Y）、大川（Ohkawa E）、马布（Mabu S）、岛田（Shimada K）、平泽（Hirasaa K）	开发用于投资组合优化的模型	日本证券市场	未提及	控制节点的国民生产总值、技术分析规则	遗传算法和 B&H 方法、传统的基于国民生产总值的方法	有效性
黄宪章（Shian-Chang Huang）	股票指数预测	纳斯达克（美国），NK225（日本），TWSI（中国台湾），KOSPI（韩国）	股票指数转换成每日回报	混合模型	传统时间域模型	预测
王（Wang Y-F）	股票价格预测	中国台湾证券市场	每五分钟记录的数据	模糊灰色预测	遗传算法	预测
林（Lin S-H）	信用风险	台湾银行	未提及	逻辑回归、人工神经网络	人工神经网络、对数逻辑回归、逻辑回归	预测

续前表

作者	目的	数据集	预处理	使用方法	对标方法	评价指标
阿明戈（Arminger G）、埃纳凯（Enache D）、邦内（Bonne T）	分析信用风险		根据年龄、性别、工作等提取数据	反向传播神经网络、线性判别分析（linear discriminant analysis，LDA）	判别技术	分类
李坤昌（Kun Chang Lee）、韩盈高（Ingoo Han）、权阳西（Youngsig Kwon）	建立破产预测的混合神经网络模型	韩国证券交易所	将数据集分为两类，比如失败的公司和成功的公司	Hopfield 神经网络（HNN）	多元判别分析、ID3 算法、SOFM 算法	准确性、适应性
加西亚·阿尔曼扎（Garcia-Almanza）、阿尔玛·莉莉娅（Alma Lilia）、比利安娜·卡布乔瓦（Biliana Alexandrova- Kabadjova）、塞拉芬·贾拉米洛（Serafin Martinez Jaramillo）	破产预测	美国联邦存款保险公司（Federal Deposit Insurance Corporation，FDIC）数据	未提及	MP-EDR	机器学习	预测
沈京植、李永周（Yong-Joo Lee）	预测企业倒闭		528 家外部审计的制造企业	遗传算法	传统统计方法	规则抽取
陈雪如（Hsueh-Ju Chen）、黄劭彦（Shaio YanHuang）、林琦珍（Chin-Shien Lin）	开发破产预测模型	美国证券交易委员会（the U.S. Securities and Exchange Commission，SEC）	未提及	模糊逻辑	传统方法	准确度

续前表

作者	目的	数据集	预处理	使用方法	对标方法	评价指标
米城焕（Sung-Hwan Mina）、李志民（Jumin Leeb）、韩盈高（Ingoo Hanb）	破产预测	韩国的商业银行	财务比率分析，如稳定度、盈利能力、增长、活动和现金流	基于支持向量机的方法	神经网络和逻辑回归	特征子集选择和参数优化
莱纳德·沃特金斯（Lenard Watkins）、阿拉姆（Alam）	发现财务报表中的欺诈	零售和制造业	未提及	模糊逻辑	外部机构	准确度
德斯穆克·罗明（Deshmukh，Romine）、西格尔（Siegel）	提供一个模糊集模型来评估管理欺诈	商业账户	未提及	模糊逻辑	传统系统	评估
尤什恰克（Juszczak）等	发现财务报表中的欺诈	D1 和 D2	未提及	监管和半监管分类	未监管分类	分类
莱纳德·沃特金斯、阿拉姆	开发一个模糊逻辑模型	未提及	未提及	模糊逻辑和专家推导	统计方法	聚类
杰瑞·林（Jerry W Lin）、马克·黄（Mark I Hwang）、杰克·贝克（Jack D Becker）	风险管理	在美国公开交易的、1980 年—1995 年期间被美国证券交易委员会监管的公司	公司分类	模糊神经网络	人工神经网络、统计模型	预测，准确度达到 97.5%

AI 技术是当代研究的一个重要领域。从这项研究中得出的一个重要结论是，研究人员需要采用各种 AI 技术，以有效地解决与金融管理相关的问题。比较研究表明，人工神经网络在金融预测方面取得了成功。然而，确定一个神经网络的结构和大小来解决给定的问题是非常困难的。人工神经网络的主要困难在于它们使用过去的数据进行训练，这可能不会被重复。另一种方法可能是专家系统，因为它们可以生成预测。而专家系统的问题在于，它们不会从经验中学习，而且无法处理非线性数据。为了克服这些问题，我们可以借助能够处理线性和非线性数据的混合智能系统。这种系统可以结合各种系统的能力，来克服单个技术的局限性。我们发现，介绍专家系统和混合智能系统在金融领域的应用的文献有限。

计算金融是计算能力和机器学习技术的结合，用以处理金融领域中的实际利益问题。这是一项以应用为导向的研究，能够提出解决金融领域问题的创新技术。虽然我们专注于与投资组合管理、股市预测和风险管理相关的问题，但实际上，所有类型的金融问题都可以通过计算机技术，特别是 AI 技术来解决。AI 技术也可以用于建立金融市场模型。研究领域的新方法可以融合不同的技术。例如，很多不同的研究机构的研究人员都正在这个领域工作，如华盛顿大学、伊利诺伊理工大学（Illinois Institute of Technology）和埃塞克斯大学（University of Essex）的机构和学生。

本章的目的是介绍计算金融领域和 AI 技术如何被用于处理金融领域的实际利益问题，以及投资组合管理、股票市场预测和风险管理领域存在的一些困难，包括在缺乏主要信息的情况下进行资源平衡和决策。这些问题可以通过初步和详细调查、源容量分析、整合投资组合管理等方法来解决。此外，我们希望详细说明研究人员如何探索某些 AI 技术的优势，以克服仅仅依靠统计技术而无法解决的问题。我们认为这部分内容对研究各种 AI 技术有一定的指导作用，并希望研究人员能够尝试某些技术的缺陷，利用不同技术的优势和互补特点，尝试开发出具有影响力的集成系统。

附　录

常用的数据挖掘工具如下。

Weka 是一组用于数据挖掘技术的机器学习算法，这些算法可以直接或间接地应用于数据集。Weka 包括用于预处理数据、回归、分类、关联规则、聚类和可视化工具。它是开源软件。

Scilab 是一种可以有效地用于科学和工程应用的开源软件。Scilab 包含很多数学函数、优化、2D 和 3D 可视化和统计等。Scilab 可用于 MacOS、GNU/Linux-Windowsvista/XP/7/8 等平台。

R 是用于图形和统计计算的免费软件。它可以在 Windows、Unix 和 MacOS 等各种平台上运行。

SPMF 是一个用 Java 开发的模式挖掘专用开源软件。SPMF 实现了顺序规则挖掘、关联规则挖掘、序列预测、项集挖掘和聚类等 109 种数据挖掘算法。

以下是一些数据挖掘技术的示例代码。

回归分析

回归是将模型拟合到可用数据的过程。以下是一个使用 MATLAB 的线性回归模型的例子。

```
% init params
N = 1000; % sample size
muX = 12; % params explanatory variable
sigmaX = 2.3;
coeff = 0.8; % regression coefficient
intcept = 4.3; % regression intercept
% simulate explanatory variable
X = normrnd(muX,sigmaX,N,1);
% simulate standard normally distributed innovations
epsilon = randn(N,1);
% calculate Y according to linear model
Y = intcept + coeff*X + epsilon; % do not use for loop
```

```
Parameters are estimated on the basis of values simulated.
% because of intercept, expand matrix of explanatory variables
X = [ones(N,1) X];
% OLS estimation, naive way
paramsHat = inv(X'*X)*X'*Y; % usual estimation formula
% avoiding single matrix inversion as mlint warning suggests
paramsHat2 = (X'*X)\(X'*Y); % faster way
paramsHat3 = X\Y; % best way
% calculate regression line
xLimits = [floor(min(X(:,2))) ceil(max(X(:,2)))]; % use nearest
% neighbouring integer numbers
grid = xLimits(1):0.1:xLimits(2);
vals = paramsHat(1)+paramsHat(2)*grid;
% plotting data
close
scatter(X(:,2),Y,'.'); % used for visualizing points cloud
% include regression line
hold on; % plot in same figure
plot(grid,vals,'LineWidth',2,'Color','r') % larger line width
set(gca,'xLim',xLimits)
xlabel('regressor variable')
ylabel('dependent variable')
title(['Linear model: estimated beta is ' num2str(paramsHat(2))])
```

分类

可以在朴素贝叶斯分类器、判别分析和决策树的帮助下完成分类。数据集包括观察以及各种变量的测量，其也可以称为预测变量及其预定的类别标记。可以在获得的新观察的帮助下识别预测者的类别，并可以借助以下技术进行分类。

- **费舍尔的虹膜数据（Fisher's Iris Data）**

费舍尔的虹膜数据的示例代码：

```
load fisheriris
gscatter(meas(:,1), meas(:,2), species,'rgb','osd');
xlabel('Sepal length');
ylabel('Sepal width');
N = size(meas,1);
```

- **线性和二次判别分析**

线性和二次判别分析的示例代码：

```
lda = fitcdiscr(meas(:,1:2),species);
ldaClass = resubPredict(lda);
ldaResubErr = resubLoss(lda)
```

- **朴素贝叶斯分类器**

朴素贝叶斯分类器的示例代码：

```
nbGau = fitcnb(meas(:,1:2), species);
nbGauResubErr = resubLoss(nbGau)
nbGauCV = crossval(nbGau, 'CVPartition',cp);
nbGauCVErr = kfoldLoss(nbGauCV)
labels = predict(nbGau, [x y]);
gscatter(x,y,labels,'grb','sod')
```

- **决策树**

决策树的示例代码：

```
t = fitctree(meas(:,1:2), species,'PredictorNames',{'SL' 'SW' });
[grpname,node] = predict(t,[x y]);
gscatter(x,y,grpname,'grb','sod')
```

聚类

```
Cluster Creation
  close all, clear all, clc, format compact
  % number of samples of each class
  K = 100;
  % define 4 clusters of input data
  q = .6; % offset of classes
  A = [rand(1,K)-q; rand(1,K)+q];
  B = [rand(1,K)+q; rand(1,K)+q];
  C = [rand(1,K)+q; rand(1,K)-q];
  D = [rand(1,K)-q; rand(1,K)-q];
  % plot clusters
  figure(1)
  plot(A(1,:),A(2,:),'k+')
  hold on
  grid on
  plot(B(1,:),B(2,:),'bd')
```

```
plot(C(1,:),C(2,:),'k+')
plot(D(1,:),D(2,:),'bd')
% text labels for clusters
text(.5-q,.5+2*q,'Class A')
text(.5+q,.5+2*q,'Class B')
text(.5+q,.5-2*q,'Class A')
text(.5-q,.5-2*q,'Class B')
```

模糊 c- 均值聚类

```
data = load('fcmdata.dat'); % load some sample data
n_clusters = 3;            % number of clusters
[center,U,obj_fcn] = fcm(data, n_clusters);
```

MATLAB 中的反向传播算法代码

```
% BACKPROPAGATION ALGORITHM: ONLY FOR SINGLE HIDDEN
LAYER
pattern=[0.1 0.1 0.1
0.1 .95 .95
.95 0.1 .95
.95 .95 0.1];

eta = 1.0;                          % Learning rate
alpha = 0.7;              % Momentum
tol = 0.001;              % Error tolerance
Q = 4;                              % Total no. of the patterns to be input
n = 2; q = 2; p = 1;      % Architecture
Wih = 2 * rand(n+1,q) - 1;          % Input-hidden weight matrix
Whj = 2 * rand(q+1,p) - 1;          % Hidden-output weight matrix
DeltaWih = zeros(n+1,q);            % Weight change matrices
DeltaWhj = zeros(q+1,p);
DeltaWihOld = zeros(n+1,q);
DeltaWhjOld = zeros(q+1,p);
Si = [ones(Q,1) pattern(:,1:2)];    % Input signals
D = pattern(:,3);                   % Desired values
Sh = [1 zeros(1,q)];                % Hidden neuron signals
Sy = zeros(1,p);                    % Output neuron signals
deltaO = zeros(1,p);                % Error-slope product at output
deltaH = zeros(1,q+1);    % Error-slope product at hidden
sumerror = 2*tol;                   % To get in to the loop
```

```
while (sumerror > tol)   % Iterate
  sumerror = 0;
  for k = 1:Q
    Zh = Si(k,:) * Wih;  % Hidden activations
    Sh = [1 1./(1 + exp(-Zh))];       % Hidden signals
    Yj = Sh * Whj;                    % Output activations
    Sy = 1./(1 + exp(-Yj));           % Output signals
    Ek = D(k) - Sy;                   % Error vector
    deltaO = Ek .* Sy .* (1 - Sy);   % Delta output
    for h = 1:q+1
      DeltaWhj(h,:) = deltaO * Sh(h); % Delta W: hidden-output
    end
    for h = 2:q+1                        % Delta hidden
      deltaH(h) = (deltaO * Whj(h,:)') * Sh(h) * (1 - Sh(h));
    end
    for i = 1:n+1                        % Delta W: input-hidden
      DeltaWih(i,:) = deltaH(2:q+1) * Si(k,i);
    end
    Wih = Wih + eta * DeltaWih + alpha * DeltaWihOld;
    Whj = Whj + eta * DeltaWhj + alpha * DeltaWhjOld;
    DeltaWihOld = DeltaWih;                 % Store changes
    DeltaWhjOld = DeltaWhj;
    sumerror = sumerror + sum(Ek.^2); % Compute error
  end
  sumerror  % Print epoch error
end
```

用 MATLAB 进行金融管理的神经网络示例代码

所需函数

```
hist_stock_data
   processData
   LPPL
   LPPLfit
   constrFunc
   LPPLinteractively
```

下载历史 DAX 价格

以下代码是一个使用 hist_stock_data 函数的一个例子。该函数将雅虎财经用于下载股票价格的历史数据。

```
% specify ticker symbol as string variable
tickSym = '^GDAXI'; % specify stock data of interest
% specify beginning and ending as string variables
dateBeg = '01011990'; % day, month, year: ddmmyyyy
```

Dynamic date selection is also possible with the hep of MATLAb command "today"

```
% display date of today
fprintf(['\nToday is ' num2str(today) '.\n'])
% Note: fprintf is able to display a string to the command
% window, without having to assign it to a variable or
% MATLAB's placeholder for answer "ans" first. In order to
% get the input string, in this case we first have to
% concatenate smaller strings into one large string.
```

绘制金融数据

在绘制金融数据时，x 轴表示日期，可以使用"datetick"命令完成。

```
figure('position',[50 50 1200 600]) % create gray window, left
% corner at latitude 50,
% height 50, with width 1200
% and height 600
subplot(1,2,1); % Include two different white windows within
% the gray figure window. 1,2 denotes
% arrangement (one row, two columns of white
% windows), while the last number (1) denotes
% the currently used window.
% use plot command without further adjustments
plot(DAX.prices) % since no x-values are specified, MATLAB
% automatically numbers observations from 1 to
% numel(DAX.dates).
subplot(1,2,2);
plot(DAX.dates,DAX.prices)
datetick 'x' % exact format of date labels can be chosen with
% additional input, e.g. try datetick('x',29) and
% datetick('x',10)
xlabel('dates')
ylabel('prices')
title('historic DAX values')
% crop x-axis to relevant size only
set(gca,'xLim',[DAX.dates(1) DAX.dates(end)])
```

资本资产定价模型

资本资产定价模型（capital asset pricing model，CAPM）描述的是资产价格。它基于的是假设。为了找到股票在市场中的位置，我们可以使用每日收益进行线性回归。

```
betas = zeros(1,29);
for ii=1:29
betas(ii) = regress(DAX_stocks.disRet(:,end),...
DAX_stocks.disRet(:,ii)); % no intercept involved
end
% plot betas with expected returns
close
scatter(betas,expRets(1:end-1),'.')
% estimate regression coefficients with intercept
betaHat = [ones(numel(betas),1) betas']\expRets(1:end-1)';
% include regression line
xLimits = get(gca,'XLim');
grid = linspace(xLimits(1),xLimits(end),200);
yVals = [ones(numel(grid),1) grid']*betaHat;
hold on;
plot(grid,yVals,'r')
xlabel('estimated beta coefficients')
ylabel('estimated mean returns')
title('CAPM disproved?')
```

基于曲线拟合（Curve Fitting）的股价预测

以下是股票价格预测的示例代码：

```
% get log prices
DAX.logPrices = log(DAX.prices);
% specify subperiod as strings
begT = '01-Jun-1993';
endT = '29-Jul-1998';
% find indices associated with considered period
indS = find(DAX.dates>datenum(begT,'dd-mmm-yyyy'),1);
indE = find(DAX.dates>datenum(endT,'dd-mmm-yyyy'),1);
% create figure window
close
figure('Position',[50 50 1200 600])
% plot DAX prices with subperiod highlighted ax(1) = subplot(2,1,1);
```

```
plot(DAX.dates,DAX.prices,'Color',[1 0.8 0.8]);
hold on;
plot(DAX.dates(indS:indE),DAX.prices(indS:indE));
datetick 'x'
title('linear scale')
% plot log DAX prices with subperiod highlighted
ax(2) = subplot(2,1,2);
plot(DAX.dates,DAX.logPrices,'Color',[1 0.8 0.8]);
hold on;
plot(DAX.dates(indS:indE),DAX.logPrices(indS:indE)); shg
datetick 'x'
title('logarithmic scale')
% connect axes of both graphs: zooming in applies to both plots
linkaxes([ax(1) ax(2)],'x');
```

第二部分

ARTIFICIAL INTELLIGENCE IN FINANCIAL MARKETS

Cutting Edge Applications for Risk Management, Portfolio Optimization and Economics

金融预测和交易

第 2 章

交易富时 100 指数：“自适应”建模和优化技术

彼得 · W. 米德尔顿

康斯坦丁诺斯 · 西奥菲拉托斯

安德里亚斯 · 卡拉萨索普洛斯

引 言

对市场参与者而言，建模和交易金融指数是一项具有挑战性和高要求的任务。预测金融时间序列可能非常困难，因为它们会受到大量变量的影响。大部分分析数据都显示出不稳定的行为周期，因此数据系列中会出现急剧的下降和峰值。现有的线性方法局限于只关注一个时间序列。由于架构过于僵化，一些较老的机器学习模型难以产生准确的盈利预测。在本章中，我们提出的模型改善了这些低效，使模型更具动态性，更类似于它们预测的时间序列。这在危机时期显得尤其重要，因为不同资产类别和时间序列之间的相关性增强了。学术界已经对这些不足之处进行了深入研究，并提出了很多方法来克服以前模型的缺点。

现有的非线性金融预测和交易方法的主要缺点是，大多数方法都在寻找全局最优估计。这种方法的问题在于，由于金融时间序列的动态性，大多数时候，全局估计量并不存在。此外，用于对金融时间序列建模的算法有很多参数需要调整，如果在没有仔细考虑的情况下执行该过程，提取的预测模型的准确性就将受到影响，而且在某些情况下还将导致数据窥探效应。在现有模型中，预测模型的训练通常也与交易信号的生成分开执行，人们发现这会降低整体性能。例如，大多数为预测金融时间序列设计的机器学习算法仅对其训练阶段的优化步骤部署统计指标，而不应用优化步骤来改善其交易性能。在这里，多目标算法被用于优化统计特性和交易性能。

本章旨在提出一种能够克服上述局限性的新方法。这种方法基于滑动窗口法，对富时 100 指数单日收益率进行预测。为了在每个时间步骤提供预测，该模型使用解释变量的滑动窗口来训练机器学习模型。因此，该方法可以搜索每天的最优预测值。使用的机器学习模型是粒子群优化（particle swarm optimization，PSO）算法的自适应版本的混合组合。现有的很多论文都利用粒子群优化径向基函数（particle swarm optimization radial basis function，PSO RBF）神经网络对金融时间序列进行建模，然而其中很多模型在应用上都受到限制，因为它们既没有优化隐藏神经元的数量，也没有输入序列的选择标准。应用的自适应 PSO（aPSO）算法被丁（Ding）等人所采用。他们使用自适应 PSO 算法选择最优特征子集和优化 RBF 神经网络的结构。此外，多目标方法被用来计算统计和交易业绩。特别是，两个适应度函数被组合在一起，以最小化误差并最大化年化收益。这种方法首先成功应用于外汇汇率的建模和交易。现有的建模和交易金融时间序列的方法有另一个重要限制，那就是只有一小部分自回归输入和技术指标被用作解释变量。这个调查评估了包括 50 个输入的富时 100 特定超集。

该方法的新颖之处在于将滑动窗口机器学习方法应用于富时 100 指数的预测和交易，以及这种机器学习技术的优越性。据我们所知，这是第一次将自适应 PSO 算法与 RBF 神经网络结合起来使用对股票指数进行建模和预测。我们提出的机器学习方法也应用于 PSO 算法，以便在每个时间步骤选择更相关的输入。这与现有的很多非线性模型不同，因为大多数神经网络在训练过程中以加权计算所有输入的形式提供一种预测。因此，我们提出的模型具有定位最优特征子集的能力，而该最优特征子集应该用作输入。这使得从业者能够引入更广泛的输入，而无须担心训练时间明显缩短或功能冗余。此外，特征选择是一个动态过程，而不是在不同时间步长中选择不同的特征子集的静态过程。在回溯测试旧数据时，这也有助于消除生存偏差的风险，因为所有主要股票都可以作为输入。在回溯测试期间，对于交易，算法记录输入被选择的次数，这表明在测试时间段内哪些变量比其他变量更有影响力。

我们对该方法的性能和大量线性和自适应方法进行了比较。为了公平，我们对比较分析中包括的所有非线性方法都使用相同的滑动窗口方法进行了训练。此外，部署的 PSO 算法也被用于优化 ARMA 模型中的自回归（AR）项和移动平均项。

本章的其余部分安排如下：第 2 节回顾了有关预测方法，特别是神经网络和富时 100 指数的文献；第 3 节介绍了用于实验和描述性统计的数据集；第 4 节描述了提出的 PSO RBF 方法；第 5 节介绍了实证结果，概述了基准模型；最后一节是结束语以及未来的目标和要进行的研究。

文献综述

很多研究传统的统计和机器学习等方法的人士都对富时 100 指数进行了建模和预测。最早的一些研究是由魏格纳（Weigend）、劳威（Lowe）、塔米兹（Tamiz）和奥姆兰（Omran）等人进行的。这些早期论文确立了神经网络在预测富时 100 每日收盘价的变化等方面的价值。他们得出的结论是，神经网络具有很强的预测能力，因为它们优于线性方法。值得注意的是，对于所有上述研究而言，只有富时 100 的滞后收盘价的 AR 回报被用于输入数据集来训练网络。

李（Lee）和高（Ko）最近进行的研究主要关注 RBF 神经网络。他们提出了一种非线性时变演化粒子群优化（non-linear time-varying evolution particle swarm optimization，NTVE-PSO）方法，该方法比较现有的 PSO 方法，在对中国台湾电力系统（台电）实际负载类型进行预测时，分别采用提前一天和五天进行预测。严（Yan）等人利用实际数据集进行实验，为 RBF 神经网络的应用做出了贡献。实验结果表明，RBF 神经网络的预测性能明显优于传统的反向传播神经网络模型。

马尔塞克（Marcek）等人估计并应用自回归条件异方差－广义自回归条件异方差（autoregressive conditional heteroscedasticity-generalized autoregressive conditional heteroscedasticity，ARCH-GARCH）模型来预测斯洛伐克通用信贷银行（Všeobecná úverová banka，VUB）提供的债券价格序列。根据这些模型的估计，他们使用 RBF 神经网络来预测债券的价格。卡奥（Cao）和泰一（Tay）比较了支持向量机模型、RBF 模型和通用反向传播神经网络模型。他们使用自己的方法分析了在芝加哥商品交易所（Chicago Mercantile Exchange，CME）交易的五个期货合约。分析结果表明，RBF 神经网络优于反向传播神经网络，其产生的结果与 SVR 神经网络的结果相似。总的来说，与上述任何基准模型相比，RBF 的预测能力明显更强，而且在某些情况下，其性能几乎是其他同类型号的两倍。

随着新技术的出现和处理能力越来越强，金融在 AI 领域已经取得了很多进步。因此，这些模型的准确性和实用性使 AI 被应用于不同的资产类别和交易策略。恩克（Enke）和塔瓦翁认为，与买入并持有策略相比，机器学习方法可以提供更高的回报。德弗雷塔斯（De Freitas）等人提出了一种使用序贯蒙特卡罗（Monte Carlo，MC）算法和一种新的混合梯度下降 / 采样重要性重采样（hybrid gradient descent/sampling importance resampling algorithm，HySIR）算法来训练神经网络的新策略。在应用于预测富时 100 的收盘价之后，该模型的有效性得到了验证。HySIR 模型在交易表现方面优于所有其他基准。他们的新技术是通过权重值来固定的，这些权重产生了一个有 200 个输入和输出的数据测试，输入的测试数据（使用的是第 200 个时间步长估计的权重）用于训练模型。希腾科普（Schittenkop）等人、帝诺（Tino）等人、萨兰斯（Sallans）等人、杰斯克（Jasic）和伍德（Wood）、本奈尔（Bennel）和萨特克里夫（Sutcliffe）得出的结论是，对于所有市场而言，非线性模型预测的改善显著且准确率高。此外，埃尔德曼（Eldeman）提出了混合卡尔曼滤波 RBF 模型，用于提前一天预测富时 100 和爱尔兰综合指数（ISEQ）。这项研究使用前几天的滞后回报作为输入。埃尔德曼得出的结果有利于 RBF 模型，因为它优于买入并持有策略、移动平均模型，甚至传统的递归神经网络（recurrent neural network，RNN）。唐凌兵（Lingbing Tang）等人在过去几年继续对 AI 进行了研究，他们分析了小波支持向量机在波动率预测中的应用和有效性。对股票数据进行的计算机模拟和实验结果表明，支持向量机的核函数无法准确预测波动率的聚类特征。米亚辛斯卡亚（Miazhynskaia）等人尝试用多种模型来预测波动性。他们的结论表明，统计模型解释了非正态性和条件分布中的大多数肥尾效应。因此，他们认为不太需要复杂的非线性模型。在实证分析中，他们研究了道琼斯工业平均指数、富时 100 指数和日经 225 指数在 16 年间的收益序列。每个市场的结果都各不相同。

最近，迪尼等人用 AI 模型预测了富时 100 指数的波动性。在他们的分析中，高阶神经网络（higher order neural networks，HONN）优于其他神经网络。此外，耐尔（Nair）等人提出了一种混合遗传辅助神经网络。当与基准模型相比时，这种神经网络表现出卓越的准确性和整体性能。他们在前一天进行预测，并使用富时 100 指数、印度孟买指数（BSE Sensex）、日经 225 指数、印度 Nifty50 指数（NSE-NIFty）和道琼斯工业平均指数（DJIA）的收盘价作为其模型的输入。最后，卡拉萨索普洛斯等人使用滑动窗口方法，结合自适应差分进化法和支持向量回归来预测和交易富时 100 指数。

相关金融数据

我们进行了一项稳健的回溯测试，将市值最大的股票纳入神经网络训练，作为富时 100 指数在所考察时间段内权重最大的股票的代表。在五年的回溯测试中，虽然权重略有变化，但整体情况相当一致。然而，有两个著名的"拖后腿者"，那就是巴克莱银行（Barclays Bank）和苏格兰皇家银行（Royal Bank of Scotland）。因此，金融机构和银行股从 27.64%[①] 跌至 19.16%[②]。

富时 100 指数是根据市值进行加权的。目前，该指数由在伦敦证券交易所上市

① 数据截至 2007 年 8 月 31 日。来源：富时集团（2007 年）。

② 数据截至 2013 年 3 月 29 日。来源：富时集团（2013 年）。

的 101 只大盘股组成。为了进行交易模拟，iShares FTSE100（ISIN：IE0005042456）交易所交易基金以捕捉富时 100 指数的每日走势为目的。交易信号基于每个模型产生的预测生成。当模型预测负回报时，假设在每天结束时做空头寸（卖出）；当模型预测正回报时，假设执行多头头寸（买入）。盈利 / 亏损由每日的头寸决定，在预测到连续出现负或正回报变化的情况下，持有头寸作为第二天的交易决定。

算术回报用于计算每日收益，使用等式（2.1）估算。鉴于价格水平为 P1，P2，…，Pt，所以在 t 时刻的算术回报如下：

$$R_t = \frac{P_t - P_{t-1}}{P_{t-1}} \tag{2.1}$$

表 2–1 列出了检查过的数据集。

表 2–1　数据集总量

时期名称	交易天数	开始	结束
所有的数据集	1629	2007 年 1 月 1 日	2013 年 3 月 28 日
样本数据集	1119	2001 年 1 月 1 日	2011 年 4 月 14 日
样本集外	510	2011 年 4 月 15 日	2013 年 3 月 28 日

作为算法的输入，算数回报、移动平均数、固定收益回报、商品回报、股权回报、股票指数回报和波动率时间序列的组合都被包括在内。然而，选择可靠输入的方法没有被优化，但应用了一个逻辑元素。对于个别股票时间序列，只选择那些市值最大的股票，因为这些股票在富时 100 指数中权重更大。选定股票在富时 100 指数中所占权重之和超过了富时 100 指数的 50%。稍后介绍的实证结果显示了样本期内各输入项的重要性。

根据公式（2.1），每个输入都被使用其收盘价转换为一个回报系列。

最终，解释变量集都在 [-1，1] 的区间内归一化，以避免过高估计绝对值较高的输入。

提出的方法

该算法采用了自适应 PSO 方法来定位 RBF 神经网络的参数 C_i，同时并行定位网络隐藏层的最佳数量。该方法被扩展到所提出的算法中，允许其应用于滑动窗口方法，以优化特征子集。然后，使用自适应 PSO 方法将所选择的候选对象作为模型的输入，并通过使用标准的简单神经网络拓扑来降低算法的复杂度。该拓扑能够提高模型的泛化特性。

由埃伯哈特（Eberhart）和肯尼迪（Kennedy）提出的 PSO 算法是一种基于种群的启发式搜索算法，该算法基于对种群中鸟类的社会行为的模拟。在 PSO 算法中，被称为粒子的个体最初被随机地放置在超维搜索空间中。粒子在搜索空间中的位置变化是基于个体模仿其他个体成功的社会心理倾向。对这种社会行为建模的结果是，搜索过程使粒子随机地返回到搜索空间中先前成功的区域。

RBF 神经网络的性能在很大程度上取决于其结构和 RBF 函数的中心 C_i、宽度 σ 和网络权重的有效计算。如果正确地估算了 RBF 的中心，那么它们的宽度和网络权重就可以使用如下所述的、现有的启发式和分析方法准确地计算。在这种方法中，PSO 算法仅搜索参数 C_i 的最佳值和应当用作输入的最优特征子集。这时可以使用滑动窗口方法，可以使基于每日重新优化的模型的参数和输入数据集的预测成为可能。对于隐藏神经元的数量（RBF 神经网络结构），我们没有进行进一步的优化，而是选择了简单的 10 节点架构。这种简单的拓扑使我们能够降低优化过程的计算成本，并保持派生模型的简单性，以实现更好的泛化性能。

每个粒子 i 被随机初始化为 10 个隐藏神经元（在从输入数量开始到 100 的预定义间隔内，100 是我们应用的最大隐藏层大小），并且如等式（2.2）所示：

$$C^i = \begin{matrix} C^i_{1,1} & C^i_{1,2} & \cdots & C^i_{1,d} \\ \cdot & \cdot & \cdot & \cdot \\ \cdot & \cdot & \cdot & \cdot \\ \cdot & \cdot & \cdot & \cdot \\ C^i_{10,1} & C^i_{10,2} & \cdots & C^i_{10,d} \end{matrix} \quad \begin{matrix} \text{输入 } 1 & \text{输入 } 2 & \cdots & \text{输入 } d \end{matrix} \tag{2.2}$$

其中，N 是一个很大的数值，表示它不代表 RBF 中心。变量 Input1 到 Input d 取从 -1 到 1 的值，值大于 0 表示该特征应被用作输入。

在我们的 PSO 算法变体中，最初，我们创建了一个随机粒子群，候选解如等式（2.2）所示，每个候选解都有一个初始随机速度矩阵在搜索空间内移动。正是这个速度矩阵驱动了优化过程，并反映了粒子的经验知识和来自粒子邻域的社会交换信息。每个粒子的速度矩阵形式可以用等式（2.3）描述。根据等式（2.2）中描述的粒子中心，我们使用 Moody-Darken 方法，使用等式（2.3）计算 RBF 宽度：

$$\sigma_j^i = \left\| c_j^i - c_k^i \right\| \tag{2.3}$$

其中，c_k^i 为中心 c_j^i 的最近邻。我们采用欧式距离（euclidean distance）来估算最近邻，该距离是针对每对中心计算的。

此时，我们计算出了 RBF 神经网络的中心和宽度。我们可以通过求解等式（2.4）来计算其最优权重：

$$w^i = \left(H_i^T \cdot H_i\right)^{-1} \cdot H_i^T \cdot Y \tag{2.4}$$

其中，

$$H_i = \begin{bmatrix} \phi_1^i(x_1) & \varphi_2^i(x_1) & \ldots & \phi_{10}^i(x_1) \\ \phi_1^i(x_2) & \phi_2^i(x_2) & \ldots & \phi_{10}^i(x_2) \\ . & . & . & . \\ . & . & . & . \\ . & . & . & . \\ \phi_1^i\left(x_{n_1}\right) & \phi_2^i\left(x_{n_1}\right) & \ldots & \phi_{10}^i \ x_{n_1} \end{bmatrix}$$

其中，n_1 是训练样本数。

当 H_i 的行高度独立时，$(H_i^T \cdot H_i)^{-1}$ 的计算是计算密集型的。为了解决这个问题，我们对样本内的数据集进行过滤，当两个训练样本的平均绝对距离小于 10^{-3}（距离其输入值的平均值）时，随机选择其中一个包含在最终的训练集中。结果，算法在保持了准确性的同时提高了速度。这种用于估算 RBF 神经网络权重的分析方法优于元启发式方法（如 PSO 算法、遗传算法和群鱼算法），因为它消除了陷入局部最优的风险，并且保证了最终的解对于训练集的一个子集是最优的。

该算法是一种解决两个主要元素的多目标算法：一是误差最小化算法，如等式（2.5）所示；二是用于优化和提高交易业绩。等式（2.6）优化了森普尼斯（Sermpinis）等人首次提出的年化收益：

$$E\left(C,\sigma,w_t\right)=\frac{1}{T}\sum_{t=1}^{T}\left(y_t-\tilde{y}_t\left(w_t,C,\sigma\right)\right)^2 \tag{2.5}$$

其中，y_t 是目标价值；T 是交易天数。

$$R^{\mathrm{A}}-MSE-\left(n*10^{-2}\right) \tag{2.6}$$

其中，R^{A} 为年化收益；MSE 为均方误差；n 为输入数量。

通过加入每个粒子的速度矢量迭代地来改变其位置，并且使用等式（2.7）来改变每个粒子的速度矩阵：

$$V^{\mathrm{i+1}}=w*V^{\mathrm{i}}+c1*r1*\left(C_{pbest}^{i}-C^{i}\right)+c2*r2*\left(C_{gbest}^{i}-C^{i}\right) \tag{2.7}$$

其中，w 是一个正值参数，显示了每个粒子保持自身速度的能力；C_{pbest}^{i} 是到目前为止为该特定粒子找到的最佳解，C_{gbest}^{i} 是到目前为止为所有粒子找到的最佳解；$C1$ 和 $C2$ 用于平衡为一个特定粒子到目前为止找到的最佳解和为所有粒子到目前为止以一个粒子的速度找到的最佳解的影响；$r1$、$r2$ 是从均匀分布中采样的 [0，1] 范围内的随机值。

理想情况下，PSO 算法应该在第一次迭代中彻底探索搜索空间，因此变量 w 和 $c1$ 的值应保持较高。在最后的迭代中，群体应该收敛到一个最优解，并且应该彻底探索最佳解周围的区域。因此，$c2$ 应该以相对较高的值来估算，而 w、$c1$ 的值应该较低。为了达成 PSO 算法而实现所描述的行为，并避免在算法的早期阶段陷入局部最优状态，我们开发了一个使用参数 w、$c1$ 和 $c2$ 的自适应值的 PSO 算法实现。等式（2.8）、等式（2.9）和等式（2.10）从数学上描述了如何通过 PSO

算法的迭代来改变这些参数的值，这有助于我们在我们的方法中赋予所需的行为：

$$w(t)=\left(0.4/n^2\right)*\left(t-n\right)^2+0.4 \tag{2.8}$$

$$c1(t)=-2*t/n+2.5 \tag{2.9}$$

$$c2(t)=2*t/n+0.5 \tag{2.10}$$

其中，t 为当前迭代；n 为迭代总次数。

对于初始粒子群，我们可以使用 30 个粒子的小值（回溯实验发现的文章数量），并结合收敛准则使用迭代次数 200。使用该终止标准，当粒子群被认为收敛时，算法停止。当当前粒子群的平均适应度与当前粒子群的最佳适应度的差距小于 5% 时，粒子群被认为是收敛的。具体地说，当当前种群的平均适合度与种群的最佳适合度之间的差距小于 5% 时，种群的多样性会非常低，如果再进化几代，就不可能产生比现有或者前几代被算法检验过的更多、更好的个体。

总之，该算法的新颖之处在于以下几点：（1）特征选择优化步骤允许使用大量候选输入，并使最终模型仅使用最重要的变量，以便基于富时 100 指数建模和交易；（2）滑动窗口方法允许动态时间序列的近似，就像在实时交易条件下一样；（3）通过单次运行对模型参数进行自适应估算，有助于交易者避免过度拟合和数据窥探效应；（4）问题特定的适应度函数允许提取具有高统计和交易性能的模型。

实证分析

基准模型

我们可以使用三个线性基准模型和五个非线性模型来评估所提出的 PSO RBF 模型的有效性。一个朴素的交易策略、移动平均收敛差异（moving average convergence divergence，MACD）策略和买入并持有策略都被用于产生第二天的交易信号。五个非线性模型包括通用 MLP 模型、“自适应”ARMA 模型、PSO ARMA 模型、GA MLP 模型和 PSO RBF 模型。后者与提出的 PSO RBF 具有相同的方法，但只使用 AR 作为解释变量。

当采用买入并持有策略时，从业者只需在样本期开始时买入指数，并在样本期结束时卖出，然后记录交易统计数据和业绩即可。然而，朴素的策略是一种基于前一天的回报产生交易的策略。因此，对 R_{t+1} 的预测是通过使用 R 产生的。MACD 策略基于长期和短期移动平均线。当这两条移动平均线相交时就会产生交易信号。当短期移动平均线从下方与长期移动平均线相交时会触发多头头寸，而当短线移动平均线从上方与长期移动平均线相交时会触发空头头寸。

这些非线性模型的参数每天都是使用"x"天的移动窗口重新估计的。例如，ARMA 模型中的 AR 和 MA 项是基于"x"天的窗口重新估计的；PSO ARMA 模型通过 PSO 算法进行优化，以找到 AR 和 MA 的最佳组合；MLP 模型在预测第二天收益时，采用传统的反向传播算法来调整权重；GA MLP 模型使用遗传算法来优化权重，同时还在每个时间步骤施加输入选择标准；PSO RBF 神经网络使用 PSO 算法从一组富时 100 指数的 AR 返回中选择最佳输入。

在文献中，神经网络有多种形式。最流行的架构是 MLP。它们最主要的问题是需要一个特征选择步骤，且参数很难优化。根据西奥菲拉托斯等人给出的原因，遗传算法被用于选择合适的输入。在训练过程中，Levenberg-Marquardt 反向传播算法用于调整学习速率参数。

在第二个基准机器学习模型中，提出者提出了混合遗传算法模型，因为它旨在克服人工神经网络的一些局限性。更具体地说，在这种方法中，遗传算法用于优化 MLP 参数，并且并行地找到最优特征子集。此外，该方法使用了针对特定问题的适应度函数，这被认为可以产生更有利可图的预测模型。

交易表现

所有模型的统计和交易业绩如表 2–2、表 2–3 和表 2–4 所示。所有模型的交易策略都是根据每个模型产生的预测进行交易。如果模型预测收益为正，那么交易者就买入 iShares 富时 100ETF；如果模型预测为负，那么交易者就卖出 iShares 富

表 2-2　统计结果

交易表现	朴素	异同平均线	自适应自回归滑动平均	PSO 自回归滑动平均	MLP	GA MLP	PSO RBF 自回归输入	PSO RBF 混合输入
平均绝对误差	0.0155	0.0106	0.0108	0.0141	0.0177	0.0153	0.0125	0.0103
平均绝对百分比误差（MAPE）	464.88%	178.37%	175.93%	432.66%	720.34%	531.21%	378.37%	242.46%
均方根误差	0.0218	0.0155	0.0156	0.0201	0.0240	0.0218	0.0172	0.0146
赛尔不等式系数	0.7212	0.8406	0.7857	0.6664	0.6788	0.6701	0.6581	0.7319
正确方向的变化	48.03%	48.79%	47.96%	51.88%	51.54%	52.78%	52.71%	56.39%

表 2–3　交易结果（未筛选）

交易表现	朴素	异同平均线	自适应自回归滑动平均	PSO 自回归滑动平均	MLP	GA MLP	PSO RBF 自回归输入	PSO RBF 混合输入
滑动训练窗口	固定	固定	252	252	252	252	252	252
生产总值年回报率	−11.68%	−3.70%	−5.19%	25.81%	15.25%	23.11%	34.82%	51.02%
年化波动	20.97%	21.30%	21.30%	21.27%	22.38%	22.38%	22.38%	22.38%
最大累计回撤	−77.81%	−60.97%	−64.47%	−31.99%	−42.52%	−25.58%	−23.39%	−16.71%
平均最大回撤	−40.88%	−27.74%	−31.15%	−6.02%	−14.01%	−6.27%	−5.46%	−2.86%
最大回撤持续期（天）	1353	1160	1227	261	596	369	327	136
平均回撤持续期（天）	560	417	462	64	174	79	65	21
回撤比率	−0.15	−0.06	−0.08	0.81	0.36	0.90	1.49	3.05
信息比率	−0.56	−0.17	−0.24	1.21	0.68	1.03	1.56	2.28
# 交易（年化）	137	32	140	131	97	124	109	131
交易总天数	1329	1329	1329	1329	1329	1329	1329	1329
交易成本	6.85%	1.60%	7.00%	6.55%	4.85%	6.20%	5.45%	6.55%
年化收益（包括成本）	−18.53%	−5.30%	−12.19%	19.26%	10.40%	16.91%	29.37%	44.47%
排名	8	6	7	3	5	4	2	1

表 2–4 交易结果（筛选）

交易表现	朴素	异同平均线	自适应自回归滑动平均	PSO 自回归滑动平均	MLP	GA MLP	PSO RBF 自回归输入	PSO RBF 混合输入
滑动训练窗口	固定	固定	252	252	252	252	252	252
阈值交易过滤（基点）	90 bps	15 bps	30 bps	45 bps	30 bps	40 bps	30 bps	30 bps
生产总值年回报率	−9.59%	0.20%	13.72%	27.03%	19.32%	30.87%	59.45%	74.73%
年化波动	16.25%	18.25%	15.49%	17.76%	20.28%	19.48%	18.44%	16.84%
最大累计回撤	−53.48%	−46.35%	−24.84%	−24.40%	−26.69%	−20.54%	−17.08%	−14.73%
平均最大回撤	−23.42%	−18.19%	−6.26%	−5.59%	−8.51%	−4.82%	−3.48%	−1.60%
最大回撤持续期（天）	1353	1160	987	470	579	369	342	176
平均回撤持续期（天）	560	415	307	117	170	78	48	22
回撤比率	−0.18	0.00	0.55	1.11	0.72	1.50	3.48	5.08
信息比率	−0.59	0.01	0.89	1.52	0.95	1.59	3.22	4.44
# 事务（年化）	201	48	211	179	110	162	149	199
交易总天数	1329	1329	1329	1329	1329	1329	1329	1329
事务成本	10.05%	2.40%	10.55%	8.95%	5.50%	8.10%	7.45%	9.95%
年化收益（包括成本）	−19.64%	−2.20%	3.17%	18.08%	13.82%	22.77%	52.00%	64.78%
排名	8	7	6	4	5	3	2	1

时 100ETF。对于连续的正面信号或负面信号，交易者可以持有前一天的交易，以使交易成本最小化。由于提出的模型是使用多目标算法训练的，因此第二个目标侧重于优化年化收益。因此，表 2–4 显示了一个经过过滤的交易模拟的结果。只有当每个模型的预测强度大于"x"基点时，这些模型才会交易。

这就使交易者能够利用指数中更重要的变动，同时避免在不太重要的时期进行交易。当预测值小于其滑动窗口期的最佳确认阈值时，确认过滤器会限制交易模型。最后，由于非线性方法本质上是随机的，因此单次预测并不足以代表可信的预测。出于这个原因，为了使方差最小化，要平均执行 10 次估计。

通过观察可以看出，本文提出的混合输入 PSO RBF 模型在统计上是最强的。它还预测了最大数量的正确方向变化。正如预期的那样，所提出的方法明显优于现有的模型，并且在所有考察的指标中都获得了领先的结果。另一个有趣的发现是，当将提出的 PSO RBF 模型与仅使用 AR 输入训练的 PSO RBF 模型进行比较时，对交易者而言，考察一个更大、更广泛的解释变量范围显然是有益的，因为它可以减少波动性、最大限度地回撤和提高年化收益。

在过滤交易模拟中，PSO RBF 始终是最优模型。此阈值过滤器在样本内进行优化，并应用于考察的数据集。在交易过滤器的监督下，随着整体年化收益的增加，结果得到改善。此外，总体波动性和最大回撤率也得到了改善。总体排名略有不同，因为 PSO ARMA 模型现在在未经过滤的交易场景中排名第四，而不是第三。

将输入选择 PSO 算法和遗传算法进行比较时得出的结论是，PSO 算法能够在更大的百分比范围内、以更高的准确度区分每个输入在样本期内的重要性；而遗传算法倾向于在每个时间步骤选择更多的输入，这是更密集的计算，因此当选择"更重要"的变量时，它并不是那么精确。

通过对表 2–5 的观察，当查看 PSO 算法的输出时，输入越重要就越清晰。遗传算法的结果并没有太大区别，但是它确实突出了一些"更重要"的输入。值得注意的是，遗传算法选择了落后三天的富时 100 指数的收益、沃达丰公司（Vodafone Plc）、阿斯利康公司（AstraZeneca Plc）、英镑［芝加哥商品交易所（CME）］连续交易以及标准普尔 500 指数回报作为变量，这些变量最能解释富时 100 指数的每日变化。然而，PSO 算法在所检查的滑动窗口上突出了一些更多的解释变量，其中包括 SNP500、必和必拓公司（BHP Billiton PLC）、阿斯利康公司、摩根士丹利世界指数（the MSCI World Index）、摩根士丹利资本国际全球指数（the MSCI All Country World index）和芝加哥期权交易所 VIX 指数。

表 2–5 输入选择遗传算法和 PSO 算法

解释变量	滞差	回测期间百分比选择 GA MLP	回测期间百分比选择 PSO RBF
自回归收益	1	55.12	50.54
自回归收益	2	54.76	46.71
自回归收益	3	57.45	45.55
自回归收益	4	56.27	48.39
自回归收益	5	56.59	44.97
自回归收益	6	57.40	45.68
汇丰控股	1	55.38	47.04
沃达丰公司	1	57.10	48.40
英国石油公司	1	55.89	50.57
荷兰皇家壳牌 A 级	1	54.02	47.41
葛兰素史克公司	1	55.18	49.81
英美烟草公司	1	56.23	47.30
荷兰皇家壳牌 B 级	1	54.88	48.72
英国天然气集团	1	56.26	44.45
帝亚吉欧公司	1	55.73	47.54
必和必拓公司	1	56.63	53.22
力拓矿业集团	1	54.85	49.93
阿斯利康公司	1	57.01	53.35
黄金（NYM$/ 盎司）连续	1	55.14	51.13

续前表

解释变量	滞差	回测期间百分比选择 GA MLP	回测期间百分比选择 PSO RBF
银（NYM$/ 盎司）连续	1	55.81	48.79
英镑（CME）连续	1	57.19	49.09
英镑兑欧元	1	53.82	48.43
欧元兑英镑	1	53.40	48.65
英镑兑瑞士法郎	1	53.50	49.13
瑞士法郎兑英镑	1	55.60	49.58
日元兑英镑	1	53.73	50.00
英镑兑日元	1	54.60	49.63
美元兑英镑	1	55.38	48.15
英镑兑美元	1	55.04	48.77
欧洲斯托克 50 指数	1	56.30	50.40
标准普尔 500	1	57.07	71.01
摩根士丹利欧澳远东指数	1	55.40	50.23
摩根士丹利世界指数	1	55.48	56.92
摩根士丹利全球指数	1	56.10	55.98
芝加哥期权交易所市场波动指数	1	56.78	54.10
原油（NYM$/ 桶）连续	1	56.29	46.89
布伦特原油（ICE$/ 桶）连续	1	55.21	37.93
美国基准债券—6 个月	1	55.02	48.53
美国基准债券—5 年	1	55.76	48.62
美国基准债券—30 年	1	55.35	50.40
美国基准债券—3 个月	1	53.85	48.70
美国基准债券—2 年	1	56.42	43.14
美国基准债券—10 年	1	53.76	47.03
美国基准债券—1 个月	1	54.05	47.70
21 天移动平均	21	54.04	43.90

续前表

解释变量	滞差	回测期间百分比选择 GA MLP	回测期间百分比选择 PSO RBF
50 天移动平均	50	49.93	41.36
100 天移动平均	100	49.61	50.19
150 天移动平均	150	48.46	49.03
200 天移动平均	200	49.36	50.40
250 天移动平均	250	48.17	51.23

结论和未来的工作

本章介绍了一种在建模和交易富时 100 指数时获取有利且准确的交易结果的新方法。所提出的 PSO RBF 方法是自适应 PSO 与 RBF 神经网络的滑动窗口组合。它不仅解决了现有非线性模型的局限性，而且展示了使用自适应混合方法来应用两种算法的好处。此外，这项研究还通过在训练每个神经网络之前将输入选择标准作为预选系统，填补了目前金融预测和交易文献的空白。此外，遗传算法和 PSO 算法的任务都是优化输入，基于大量的文献回顾，这是前所未有的。将 PSO 算法应用于传统 ARMA 模型中也是一种创新。最后，森普尼斯等人首次将优化统计和交易业绩的多目标方法应用于股票指数。

实验结果证明，提出的技术在信息比率和净年化收益率方面明显优于线性和机器学习技术。当应用于预测主要股票指数时，这种技术已被证明是一种有效的技术。未来的应用将重点关注其他股票指数，以测试 PSO RBF 模型和其他资产类别的稳健性。此外，输入的滞后结构将在关注未来的应用中更加突出，因为交易者也可以受益于这些参数的“优化”。解释变量的范围可以得到进一步丰富，以包括更多技术时间序列，如成交量加权平均价（volume weighted average price，VWAP）、高价、低价和开盘价。其他模型输出也可以包括在输入数据集中，以受益于现有的传统模型和其他非线性方法的信息内容。

第3章

裂解价差的建模、预测和交易：一种用于训练神经网络的滑动窗口方法

克里斯蒂安·L. 迪尼

彼得·W. 米德尔顿

康斯坦丁诺斯·西奥菲拉托斯

安德里亚斯·卡拉萨索普洛斯

引 言

炼油企业在炼油的过程中都面临着价格波动的风险，这可能会降低利润率。它们的主要风险在于投入（原材料）价格上涨，而氧化混调型精制汽油（reformulated gasoline blendstock for oxygen blending，RBOB）和燃料油等产出价格保持不变或同时下降。这将导致价差缩小，而且随着原油价格变得高于产出价格之和，可能暂时导致负价差。为了对冲这种风险，交易裂解差价是为了维持利润率。将原油转化为“精炼”产品［包括石油气、汽油、煤油、柴油、工业燃料油（燃料油）、润滑油、石蜡和沥青］的过程被称为“裂解”。原油被裂解，产生了各种副产品。炼油行业广泛使用两种裂解率，因为每家炼油企业的对冲交易会因产能和操作性能等变量的不同而不同。此外，投入（原油等级）和产出因地区而异，这取决于交付要求和成品需求。此外，在纽约商品交易所交易的 RBOB 无铅汽油合约相对较新，因为 2005 年汽油等级发生了变化，将乙醇纳入其中。

第一种对冲基于 3：2：1 的比率，这意味着裂解两桶汽油和一桶馏分燃料油需

要三桶原油。炼油企业交易的另一个比率称为 5∶3∶2 比率。在这种情况下，五桶原油被裂解为三桶汽油和两桶燃料油。那些汽油产量低于馏分油的炼油企业更可能使用两种组合中的后者进行交易。

当副产品的总和大于采购原油的成本时，价差是正的，因此这时是有利可图的。由于对冲是基于价差的产出方执行的，炼油企业通常会买入原油期货，以对冲原油价格上涨，同时出售汽油和燃料油期货以对冲产出价格的下降。这将被视为“做空”或卖出价差。此外，这些对冲头寸允许市场参与者“锁定”预定的保证金。就本次调查的目的而言，原油、汽油和燃料油之间的价差是通过交易三份原油期货合约、两种 RBOB 无铅汽油期货合约和一份燃料油期货合约形成的。这种价差最接近于 WTI Cushing/NYH RBOB 3∶2∶1 裂缝，如图 3–1 所示。

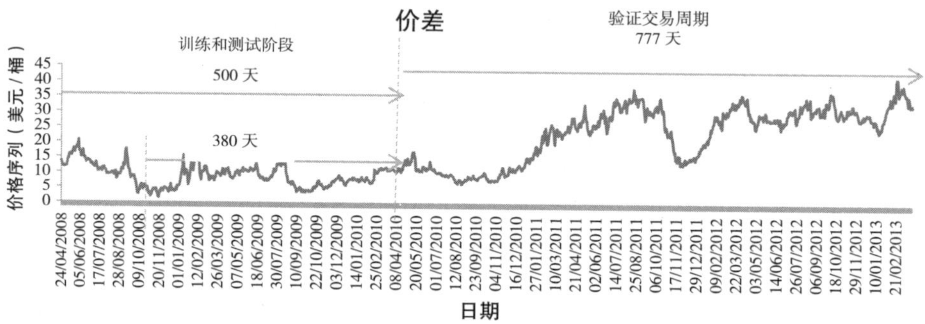

图 3–1　3∶2∶1 裂解价差全样本价格序列

这项研究的动机源于迪尼等人进行的初步分析。他们对纽约商品交易所西得克萨斯中间基原油（WTI）与纽约商品交易所无铅汽油（GAS）之间的裂解价差进行了建模。结论表明，神经网络提供了有趣的结果，其目的是通过扩展解释变量的范围，使用 PSO 算法和传统的方向传播算法在不同的滑动窗口上训练网络，更深入地了解使用非线性建模的好处。而且，每个模型都使用阈值确认过滤器进行过滤，以提高性能。此外，此处研究的价差还包括作为输出的燃料油，而以前的研究并没有包括燃料油。因此，由于燃料油直到 2008 年才开始交易，裂解价差使用三个变量计算，而不仅仅是迪尼等人交易的石油和汽油。在这里，我们研究了神经网络更深入的应用，以更准确地预测裂解价差的每日变化。

裂解价差使用三个变量计算。输入变量为原油（CL），以每桶美元计价；输出变量为汽油（RBOB）和燃料油（HO），两者均以每加仑美分计价。为了创建价差，需要转换单位。由于原油合约的数量为每份合约 1000 桶，而汽油和燃料油的数量均为每份合约 42 000 加仑，那么后两者乘以 0.42。这是基于每桶 42 加仑石油计算得出的。使用这种单位换算，输出可以换算成每桶美元，如等式（3.1）所示。

$$3:2:1\text{裂解价差}\ \mathrm{S}t=\frac{(2\times\mathrm{RBOB}\times 0.42)+(1\times\mathrm{HO}\times 0.42)-(3\times\mathrm{CL})}{3} \quad (3.1)$$

在整个研究中，为了计算裂解价差的回报率，可以采用如等式（3.2）所示的方法。这种方法是由巴特沃斯（Butterworth）和霍姆斯（Holmes）和迪尼等人提供的：

$$\triangle S_t=\left[\left(\frac{\left(P_{RBOB(t)}-P_{RBOB(t-1)}\right)}{\left(P_{RBOB(t-1)}\right)}+\frac{\left(P_{HO(t)}-P_{HO(t-1)}\right)}{\left(P_{HO(t-1)}\right)}\right)-\left(\frac{\left(P_{CL(t)}-P_{CL(t-1)}\right)}{\left(P_{CL(t-1)}\right)}\right)\right] \quad (3.2)$$

其中，$\triangle S_t$ 为裂解价差在 t 时刻的收益变化百分比；$P_{RBOB(t)}$ 为 t 时刻 RBOB 的价格（美元 / 桶）；$P_{RBOB(t-1)}$ 为 t–1 时刻 RBOB 的价格（美元 / 桶）；$P_{HO(t)}$ 为 t 时刻燃料油的价格（美元 / 桶）；$P_{HO(t-1)}$ 为 t–1 时刻燃料油的价格（美元 / 桶）；$\mathrm{P}_{CL(t)}$ 为 t 时刻原油的价格（美元 / 桶）；$\mathrm{P}_{CL(t-1)}$ 为 t–1 时刻原油的价格（美元 / 桶）。

规模较大的炼油企业包括埃克森美孚公司（Exxon Mobil Corp.）、道达尔公司（Total S.A.）、荷兰皇家壳牌公司（Royal Dutch Shell Plc.）、雪佛龙公司（Chevron Corp.）、康菲国际石油公司（ConocoPhillips）和英国石油公司（BP Plc.），如图 3–2 所示。另一方面，图 3–3 主要关注中小型炼油企业，如西方炼油公司（Western Refining Inc.）、美国阿隆能源公司（Alon USA Energy Inc.）、赫斯公司（Hess Corp.）、美国特索罗洛石油公司（Tesoro Corp.）和瓦莱罗能源公司（Valero Energy Corp.）。图 3–2 和图 3–3 显示了与 2010 年 4 月 9 日至 2013 年 3 月 28 日期间交易的裂解价差相比，每家公司的价格表现（重置为 100）。

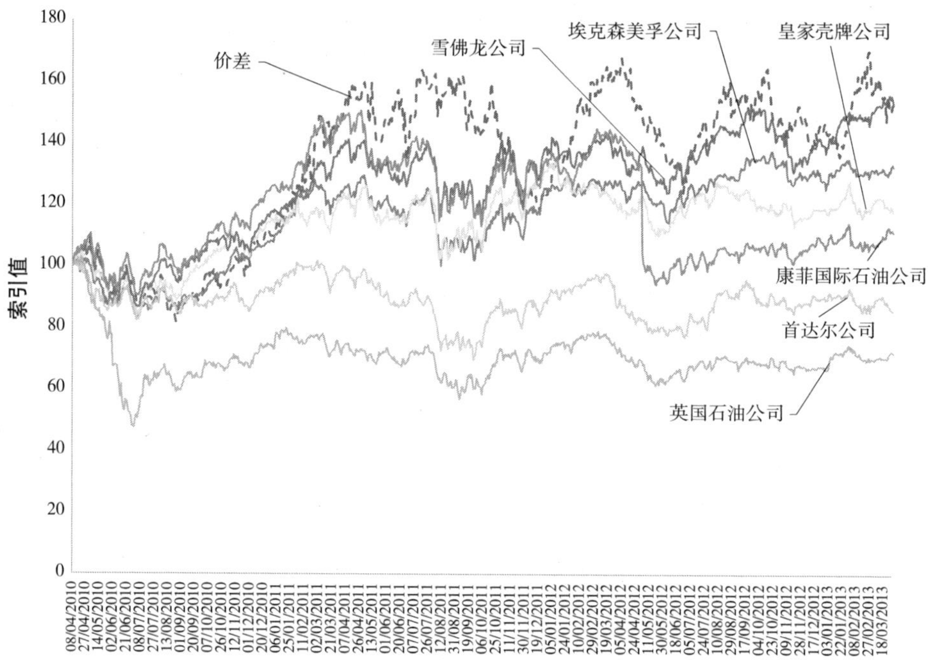

图 3–2　交易数据集价格表现（重置为 100），以及裂解价差与大型炼油企业的股票的对比

通过观察，图 3–2 显示了与每家炼油企业权益清晰而紧密的关系。炼油企业的权益会随着价差的扩大而增加，随着价差的缩小而减少。这种关系唯一的例外是在 2010 年夏天，当时英国石油公司的股价由于墨西哥湾的石油泄漏事件而下跌。然而，这表明除了内生因素（比如经营效率）以外，还有很多其他因素也会影响利润率。炼油利润也会受到固定成本的侵蚀，一般情况下，炼油企业的目标是在确定的盈亏平衡点运营，以避免产能过剩带来的低效率。此外，正如迪尼等人所解释的那样，上行调整的幅度往往比下行损失的幅度更大、更有利。这可能表明，规模较大的炼油企业对裂解价差的影响更大，有些甚至可能操纵利润率，以提高其盈利。

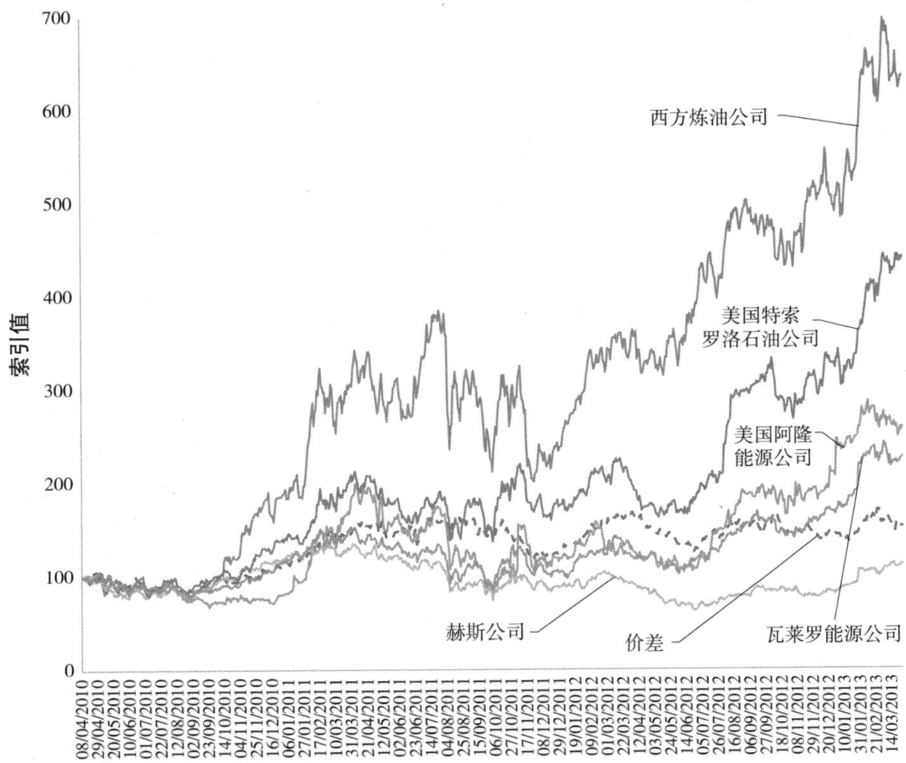

图 3–3　交易数据集价格表现（重置为 100），以及裂解价差与中 / 小型炼油企业的股票的对比

这种研究并没有将提出的 PSO RBF 和 MLP 模型与经常受到批评的线性模型进行比较，而是利用了传统模型中的信息内容。在文献中，有很多比较传统方法与神经网络和其他 AI 模型的例子，而这里的重点在于比较两个使用不同配置的竞争的神经网络。传统模型包含在输入范围内，以产生一种混合模型方法，试图提高每个神经网络的准确性和交易性能。特别是 GARCH 波动时间序列被证明是合理的，因为它通过降低波动率和最大回撤率来提高性能。

当使用神经网络作为预测商品价差时间序列的方法时，初步研究已经导致了很多未解的问题。例如，训练窗口应该有多大？是否应对输入进行预处理（即标准化或去除异常值）？网络应该如何配置（比如隐藏神经元的数量、层数等）？

应使用什么算法来训练数据（反向传播、PSO 算法、遗传算法等）？为了回答这些问题，本章的剩余结构如下："文献综述"部分会对目前所有与裂解价差和其他汽油价差建模相关的文献进行回顾，而且借鉴先前关于滑动窗口作为训练网络的技术的研究；"描述性统计"部分介绍了用于对价差建模的数据；"方法"部分介绍了 PSO 算法、RBF、神经网络和 MLP 神经网络的方法和估计参数；"实证结果"部分提供了对实证结果和交易表现进行了评价；最后一部分是结束语和研究的局限性。

文献综述

为裂解价差建模

很多线性方法被应用于建模和交易各种汽油价差组合以及本文研究的裂解价差。例如，奥古蒂（Al-Gudhea）等人使用阈值协整模型来捕捉 1998 年 12 月至 2004 年 1 月期间原油、现货批发和零售汽油价格调整之间的关系。他们分析了四种价差：第一种价差是原油价格和零售汽油价格的价差；第二种价差是原油价格和现货汽油价格的价差；第三种价差是现货汽油价格和批发汽油价格的价差；第四种价差是批发汽油价格和零售汽油价格的价差。每个价差的测试统计数据都证实，它们都是与向长期均衡方向进行不对称调整的证据相结合的。

陈等人在研究原油和汽油价格价差的价格调整时也使用了阈值协整模型。他们利用期货数据和现货价格发现了短期和长期调整不对称的证据。特别是，结论显示，零售汽油价格对原油价格变化的反应是不对称的。

在对裂解价差进行建模的类似方法中，迪尼等人使用了上述恩德斯（Enders）和格兰杰（Granger）的阈值协整技术以及大量的神经网络结构。他们将高阶神经网络（higher order neural network，HONN）、递归神经网络（RNN）和 MLP 神经网络应用于预测次日利差收益。所有这些都是用最常见的 BP 算法进行训练的。为了避免"过度拟合"，我们使用固定的训练周期来训练每个网络，并将训练集分为训练和测试数据集。由于每次生成预测时，训练窗口都会将每个时段分为训练和测试数据集的“x”天数进行滑动，因此，这在很大程度上避免了这个应用程序中的过度拟合。关于这一点，我们稍后会进行更详细的讨论。迪尼等人的结论显示，价差确实会表现出不对称调整。他们还观察到，远离公允价值的波动在下行方向上几乎是上行时的三倍。整体而言，公允价值协整模型产生了最有利可图的交易业绩。在这三种神经网络中，HONN 产生的利润超过了 RNN 和 MLP 神经网络所实现的利润。

神经网络的训练

多年来，很多人已经探索了训练神经网络的不同方法，近年来更是如此。卡斯特拉（Kaastra）和博伊德（Boyd）讨论了用于训练神经网络的各种技术。最流行和最广泛使用的方法是从业者为训练和验证数据集选择固定窗口的方法。例如，迪尼等人就采用了这种训练方法，并对裂解价差进行了建模。通过使用固定的训练和测试数据集，他们使用 80% 的数据训练网络，然后验证剩余 20% 的数据集（样本外交易）的神经参数。训练数据集通常占样本期的 70%~90%，而验证数据集的覆盖率在 10%~30%。另一种方法是从业者随机选择通常在训练数据集内的验证数据集。然而，当使用更大的样本外数据集验证训练时，这可能会使测试偏差，降低准确性。因此，从业者通常会青睐第一种方法。此外，同时选择样本内和样本外数据集的第一种方法允许从业者在较新的数据上测试“训练”神经网络的参数，这些数据通常比旧数据更相关。卡斯特拉和博伊德提出的最后一种方法是在本研究中用于训练 PSO RBF 和 MLP 神经网络的滑动窗口方法，他们将这种方法称为“前进”测试程序，商品交易系统通常会采用该方法，用于在动态和不断变化的市场条件下建模和交易数据。为了适应这些变化的条件，他们借助滑动窗口提出了一种更稳健和时变的方法。此外，人们会使用较新的数据更频繁地训练神经网络。因此，该技术不断更新训练数据集，也为金融资产交易提供了更实际和现实的方法。

最近，蔡（Tsai）和王利用不同的滑动窗口的平均值来预测中国台湾电子股的次日回报率。他们运行了四个不同的滑动窗口，然后取这四个训练集的平均值来生成预测。张（Chang）等人发现，当使用集成和混合技术（如结合可变滑动窗口的多个预测）时，神经网络的性能得到了提高。塔瓦翁和恩克利用滑动窗口训练技术，使用从 24 年的数据中获得的 31 个输入值来预测标准普尔 500 指数的每月的时间序列。特别是他们使用了四个不同的滑动窗口来捕捉不同的趋势，同时还在每个窗口中记录了输入的重要性。他们发现，在四个训练阶段中，有六个输入始终被选择，其中包括所有城市消费者的消费者物价指数、货币供应量、三个月期国库债券费率、一个月期存款利率、BAA 和 AAA 信用评级之间的违约价差、BAA 和 T120 之间的违约价差，以及 BAA 和 T3 之间的违约价差。因此，假设这些变量作为预测每月 S&P500 时间序列的解释变量有“合理的”意义。

在人工神经网络和遗传进化算法的比较分析中，科特斯（Cortez）等人讨论了选择滑动窗口持续时间时可能出现的影响。例如，大的滑动窗口可能会增加神经网络的复杂性，从而最终降低模型的学习能力。另一方面，较小的窗口可能无法包含足够多的信息，使神经网络无法训练数据，并做出意义重大的预测。

描述性统计

所有数据均来自彭博社（Bloomberg）2008 年 4 月 24 日至 2013 年 3 月 28 日期间的 WTI 原油、RBOB 无铅汽油和燃料油期货合约。RBOB 无铅汽油合约对交易所来说是相当新的，因为它取代了旧的无铅汽油合约，因为甲基叔丁基醚（methyl tert-butyl ether，MTBE）在 2005 年被淘汰了。[①] 数据集的分类如表 3–1 所示。

如表 3–1 所示，PSO RBF 和 MLP 神经网络的建模和交易基于两个滑动训练窗口，其中最短周期使用 380 天的数据点，而较长周期使用 500 天的数据点。第一个代表的是一年半的工作日，第二个代表的是两个整年的工作日。任何少于 380

① 它被认为不如其替代物——乙醇环保。因此，这种新的混合物现在含有 10% 的乙醇。

天的测试结果都不令人满意，因此可以假设训练期间没有足够的数据点来准确捕获数据中的模式。

表 3–1 数据集

时期	样本训练 / 测试天数	交易时间	开始	结束
全部数据集	510[a] 390[b]	777	24/04/2008 10/10/2008	28/03/2013
380 天训练（初始窗口）	380	380	10/10/2008	08/04/2010
500 天训练（初始窗口）	500	500	24/04/2008	08/04/2010
验证集（样本外）	0	777	09/04/2010	28/03/2013

a. 除自回归输入外，所有输入均为 500 天；滞后 10 个回归时间的自回归输入为 10 天。

b. 除自回归输入外，所有输入均为 300 天；滞后 10 个回归时间的自回归输入为 10 天。

对于提出的 PSO RBF 和 MLP 模型，处理过度拟合可以采用双管齐下的方法。首先，将每个滑动窗口分成训练数据集和测试数据集。训练集占滑动窗口的 66.66%，其余的 33.33% 用于测试。在样本内回测期间测试第二个控件，并在验证期间完成，它在隐藏层中使用固定且恒定数量的神经元。例如，对于 PSO RBF 模型，在样本内回检时，共有 10 个神经元可以产生足够的结果，同时避免过度拟合。在没有“特征选择方法”的情况下，所有输入都是在 MLP 模型的训练过程中选择的。网络的复杂度是根据等式（3.3）中显示的输入数量计算的①：

$$h=(n+1)/2 \tag{3.3}$$

其中，h 为隐藏的神经元数量；n 为输入数。

PSO 算法可以用于计算 RBF 神经网络的隐藏神经元的数量。该算法被编程，以适应、搜索和识别“最优”数量的神经元。这些实验的结果在隐藏层中会产生 25~30 个神经元。在这种情况下，一个神经元数量达到 30 个的网络的复杂性会“过度拟合”数据集。因此，可以使用更少的（如 10 个）神经元，以减少与不那

① 在 MLP 训练过程中，总共使用了 30 个隐藏神经元。

么复杂的网络拓扑过度拟合的风险。

每个训练阶段都会提前一天做出预测。在一个类似的方法中，冯·梅滕海姆（Von Mettenheim）和布莱特纳（Breitner）在为各种股票和 ETF 建模时，使用了 128 天的滑动窗口来预测它们未来 10 天（t，t_{+1}，$t_{+2}\cdots t_{+10}$）的走势。随着训练过程的进行，预测也在进行。例如，该模型经过了 380 天的训练，除了从 2008 年 10 月 10 日（即 2010 年 4 月 9 日验证期开始前 390 天）开始的 10 个自回归价差收益系列外，还使用了 380 个数据点。这将提供对 $_{t+1}$ 的预测。为了获得预测的 $_{t+2}$ 输出，窗口向前滑动一天，将预测 $_{t+1}$ 包含在用于预测 $_{t+2}$ 的训练期间。然后，在训练窗口中使用 $_{t+1}$ 和 $_{t+2}$ 来生成 $_{t+3}$，依此类推。因此，滑动窗口方法是训练 PSO RBF 和 MLP 网络，使其使用序列的最后 k 个值（$t_{n-k}\cdots t_n$）来预测 t_{n+1} 处的下一个值。实际上，这意味着模型只需要每隔"x"天进行一次训练，具体取决于人们预测的未来有多远。在这种情况下，神经网络每天都会被重新训练，以产生在样本外验证期间交易的预测。对滑动窗口进行更频繁的再训练并没有什么问题，因为再训练和生成预测只需要几分钟的时间。这可以在周末或交易时间之外（比如上午开市前）完成。

这里使用的两个模型是经过训练的，它们利用来自 59 个不同解释变量的历史回报率来预测裂解价差（S_{t+5}）中的第二天变化。S_t 本质上是价差的每日变化，可以使用等式（3.2）计算。简单回报被用作输入，因为它们能够使神经网络比价格序列数据更快地收敛。此外，很多简单的回归时间序列是平稳的，这是较快收敛的主要原因。然而，当某些时间序列显示单位根时，情况并不总是这样的。

输入变量的选择是一个建模决策，可以极大地影响模型的性能。迪尼等人也对裂解价差进行建模和交易，但他们只使用价差的自回归收益来产生非线性预测。然而为了应用，他们考虑了一组更全面和更重要的输入，目的是通过使用更多的解释变量丰富输入数据集，从而准确地捕获和预测价差的方向变化。最初，在每个训练窗口的持续时间内评估了更大范围的输入。经过大量的回溯测试，共有 59 个输入被保留，用于样本外交易。这 59 个输入包括基于 21 天、50 天、100 天、150 天、200 天和 250 天的各种移动平均时间序列，以及使用芝加哥期权交易所

（Chicago Board Options Exchange，CBOE）VIX 指数计算的每日隐含波动率的变化，五个 ARMA 模型和两个 GARCH 模型也被纳入训练过程中。迪尼等人进行的研究发现，将 ARMA 模型作为“混合神经网络”的输入可以提高统计准确性和交易表现，因为神经网络的训练得到了强化。因此，将线性模型作为神经网络训练的输入是合理的。在大多数情况下，在这个应用中，纳入波动率模型可以有效地降低总体波动率，同时提高训练期间的最大回撤率。

大多数现有的神经网络文献在样本内数据集中使用的是固定的训练窗口，这是不现实的，尤其是当数据集是连续的或当它经历过各种状态变化的时候。此外，对于提出的 RBF 神经网络，PSO 算法在输入选择中的应用也让我们更深入地了解了每个输入的重要性，在滑动窗口期间，每个输入被选择的时间百分比也被记录下来，如表 3–2 所示。这使从业者能够了解哪些解释变量在 2010 年 4 月 9 日至 2013 年 3 月 28 日期间（共 777 个交易日）更具影响力。380 天和 500 天滑动窗口的结果差异可能表明，每个滑动窗口识别数据的不同趋势，不同的输入有时比其他输入更重要。

表 3–2　　在训练窗口中选择 PSO RBF 输入

		按照训练窗口 A% 选择	
		380 天 PSO RBF 滑动窗口	500 天 PSO RBF 滑动窗口
神经输入 = 总数 59	滞后	一天预测	
自回归收益	1	46.26	47.01
自回归收益	2	68.06	65.92
自回归收益	3	47.91	49.15
自回归收益	4	45.19	47.01
自回归收益	5	46.37	48.83
自回归收益	6	44.45	45.19
自回归收益	7	48.82	48.72
自回归收益	8	50.54	46.26
自回归收益	9	50.43	53.10

续前表

		按照训练窗口 A% 选择	
		380 天 PSO RBF 滑动窗口	500 天 PSO RBF 滑动窗口
神经输入 = 总数 59	滞后	一天预测	
自回归收益	10	46.69	39.74
埃克森美孚公司股票价格回报	1	43.70	43.91
全部 S.A. 股价回报	1	47.65	51.50
荷兰皇家壳牌股价回报	1	52.35	50.85
雪佛龙公司股价回报	1	46.15	52.03
康菲石油的股价回报	1	51.39	44.44
英国石油公司股价回报	1	52.46	52.78
美国阿隆能源公司股票价格收益	1	48.61	54.28
赫斯公司股票价格回报	1	53.10	52.89
美国特索罗石油公司股价回报	1	50.43	51.28
瓦莱罗能源公司的股票	1	49.57	45.94
价格的回报	1	50.43	55.02
原油（NYM$/ 桶）回报	1	50.97	50.96
布伦特原油（ICE$/ 桶）回报	1	34.08	26.71
纽约 Harb RBOB（NYM $/ 加仑）回报	1	47.97	49.25
燃料油（NYM$/ 加仑）回报	1	47.12	45.41
天然气（NYM$/ 英热）回报	1	48.82	51.28
芝加哥期权交易所市场波动率收益系列	1	48.18	51.71
黄金（NYM$/ 盎司）回报系列	1	47.76	47.54
银（NYM$/ 盎司）回报系列	1	48.51	52.67
英镑回报系列	1	46.15	46.90
美元兑欧元回报系列	1	48.18	45.09
美元兑日元回报系列	1	48.83	46.15
美元兑瑞士法郎回报系列	1	47.65	47.33
美元兑加元回报系列	1	47.86	46.90

续前表

神经输入 = 总数 59	滞后	按照训练窗口 A% 选择 380 天 PSO RBF 滑动窗口	500 天 PSO RBF 滑动窗口
		一天预测	
美元兑澳元回报系列	1	46.69	46.15
美元兑英镑回报系列	1	50.00	47.22
欧元斯托克 500 回报系列	1	50.75	48.08
标准普尔 500 回报系列	1	48.29	50.64
FTSI100 指数回报系列	1	49.79	47.44
摩根士丹利欧澳远东回报系列	1	48.83	49.47
摩根士丹利世界指数回报系列	1	49.36	49.47
摩根士丹利全球指数回报系列	1	50.54	50.43
2 年美国国债回报系列	1	51.39	48.93
5 年美国国债回报系列	1	51.82	51.07
10 年美国国债回报系列	1	54.81	49.89
30 年美国国债回报系列	1	53.31	48.18
21 天移动平均回报系列	21	53.74	49.57
50 天移动平均回报系列	50	51.39	48.72
100 天移动平均回报系列	100	53.95	48.61
150 天移动平均回报系列	150	50.32	47.65
200 天移动平均回报系列	200	50.11	51.49
250 天移动平均回报系列	250	54.38	54.06
ARMA1 回报	(10,10)	43.80	48.29
ARMA2 回报	(8,8)	45.62	44.55
ARMA3 回报	(13,13)	55.99	63.57
ARMA4 回报	(4,4)	47.65	47.76
ARMA5 回报	(12,12)	55.63	52.99
GARCH1 回报	(16,16)	59.61	59.40
GARCH2 回报	(15,15)	59.08	68.27

每个输入在所有训练期间被选择的时间百分比是基于等式（3.4）估算的：

$$输入选择百分比 = N / R^* \qquad ^*\text{with } R = \left(S - X\right) / S_{t+n} \tag{3.4}$$

其中，N 为重复选择一个输入的滑动窗口的次数；R 为重复选择数；S 为全部数据集；X 为滑动窗口天数；S_{t+n} 为价差预测期。

表 3–3 总结了最重要的 PSO RBF 神经输入。尤其是，ARMA 和 GARCH 输入被证明是最有价值的解释变量之一。

表 3–3　　　　最重要的解释变量

解释变量	滞后（天数）	380 天滑动窗口（%）	500 天滑动窗口（%）
分散回报系列	2	68.06	65.92
英国石油公司股价回报	1	52.46	52.78
西方炼油企业股价回报	1	48.61	54.28
美国阿隆能源公司股价回报	1	53.10	52.89
瓦莱罗能源公司的股票价格的回报	1	50.43	55.02
10 年美国国债回报	1	54.81	49.89
30 年美国国债回报	1	53.31	48.18
250 天移动平均回报系列	250	54.38	54.06
ARMA（13，13）	13	55.99	63.57
ARMA（12，12）	12	55.63	52.99
GARCH（16，16）	16	59.61	59.40
GARCH（15，15）	15	59.08	68.27

通过纳入 ARMA 和 GARCH 时间序列，模型的交易表现和统计准确度得到了显著提高。此外，裂解价差的建模中还包括了价差收益的自回归时间序列。来自滞后 1~10 天的滞后价差收益的最重要的输入是两天的滞后，在 380 天的滑动窗口期内，这一点有 68.06% 的时间被选择；在 500 天的滑动窗口期内，65.92% 的时间被选择。其他影响更大的输入包括一些炼油企业股价的每日变化，如相对于其

他炼油企业，英国石油公司、瓦莱罗能源公司、美国阿隆能源公司和西方炼油公司均被视为更重要。每一项输入都滞后一天。此外，在美国国债利率的每日变化中，10 年和 30 年的利率分别被选择了 54.81% 和 53.31%。有趣的是，布伦特原油商品指数是最少被选择的投入，因为它只有 26.71% 的时间使用 500 天滑动窗口。

图 3–4 显示了整个样本期内价差收益序列的柱状图。图中显示出一个具有正高峰度的尖峰分布。然而，当观察收益序列的正态分布时，这是很常见的，因为数据点往往高度集中在均值周围。此外，所有价差均被确认为非正态（经 Jarque-Bera 检验统计，在 99% 的置信水平得到确认）。

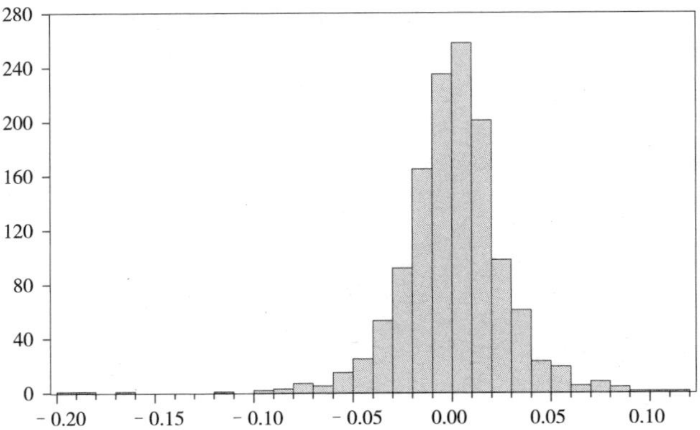

系列：收益	
样本 1　1286	
观察　1286	
均值	0.000316
中位数	0.000000
最大	0.111510
最小	–0.193183
标准偏差	0.026197
偏度	–0.729236
峰度	9.586575
Jarque–Bera 检验	2438.584
概率	0.000000

图 3–4　价差收益（样本外）

本文后的附录展示了 ARMA 模型和 GARCH 模型的等式和估计输出。所有 ARMA 模型在 95% 置信水平上都具有显著性，因为它们的 p 值对于每个估计的（p，q）项都小于 0.05。GARCH 模型被认为是稳定的，而且两种模型的各项在 95% 置信水平上也是显著的。平方残差检验被用于对残差进行序列相关性检验，该检验揭示了两个模型中都不存在序列相关性。因此，估计的模型被认为是足够的，并作为神经网络的训练滑动窗口过程中包含的两个解释变量，用于估计价差的变化。

方　法

MLP 模型

多层感知器（MLP）允许用户选择一组激活函数（包括恒等式、逻辑、双曲正切、负指数和正弦）来进行探索。① 这些激活函数可用于隐藏神经元和输出神经元。MLP 还使用各种算法训练网络，如梯度下降、共轭梯度法和 BFGS 算法（broyden–fletcher–goldfarb–shanno algorithm）。此处使用了逻辑激活函数和梯度下降算法。

传统 MLP 网络的网络架构如图 3–5 所示。

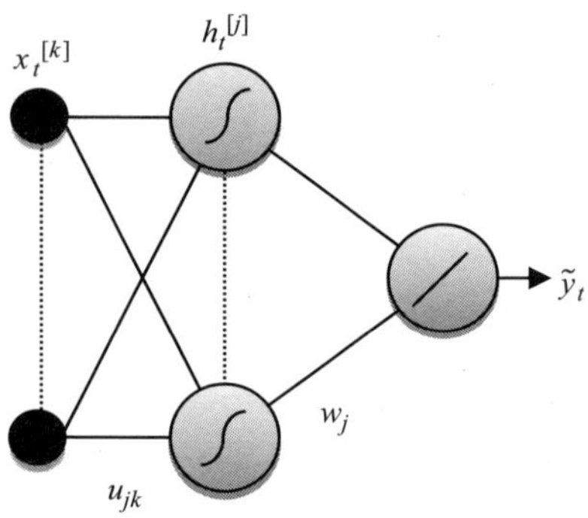

图 3–5　单一输出、相互连接的 MLP 模型

其中，$x_t^{[n]}$ $(n = 1, 2, \cdots, k + 1)$ 为在 t 时刻的模型输入（包括输入偏置节点）；$h_t^{[m]}$ $(m = 1, 2, \cdots, j + 1)$ 为隐藏节点输出（包括隐藏偏置节点）；$\tilde{y}_t$ 为 MLP 模型的输出；u_{jk} 和 w_j 为网络权重。

 为非线性传递函数：

$$S(x)=\frac{1}{1+e^{-x}}, \tag{3.5}$$

① 这种激活函数被认为是非单调的，因为它很难使权值从其初始位置充分变化。这可能导致在误差面上导致更大量的局部极小值。

✓ 为线性输出函数：

$$F(x)=\sum_{i}x_{i} \tag{3.6}$$

最小误差函数为：

$$E\left(u_{jk},w_{j}\right)=\frac{1}{T}\sum_{t=1}^{T}\left[y_{t}-\tilde{y}_{t}\left(u_{jk},w_{j}\right)\right]^{2} \tag{3.7}$$

其中，y_t 是目标值；T 为交易天数。

在样本内测试期间，一旦利润（以年度回报的形式）实现最大化，网络的训练和选择就会停止。

PSO RBF 模型

RBF 神经网络是一种前馈神经网络，其隐藏层不执行激活函数，而是径向基函数。正如帕克等人所述，RBF 网络中的输入值分别被分配给输入层中的节点，然后直接传递到无权重的隐藏层。另一方面，传统神经网络（如 MLP）将输入传递到隐藏层进行加权计算。

PSO 算法引入了一种混合方法来训练网络，因此可以将其预测准确度的改进与遗传编程算法（genetic programming algorithms，GPA）进行比较。PSO 算法是由肯尼迪和艾伯哈特在神经网络训练过程中作为一种随机优化器引入的。他们基于在自然界中发现的观察结果（如在一群鸟或一群鱼中发现的社会行为）开发了 PSO 算法。以这些观察为基础，该算法被用于搜索固定空间，并试图在这个空间内确定最佳位置，以最好地解决预定义的问题。尤其是该算法通过简化传统神经网络中的复杂计算并确定最优隐藏层数，减少了训练神经网络所需的时间。①很多

① 为了进行预测，提出的 PSO RBF 模型使用了一个常数层的 10 个神经元。使用该算法进行的测试是为了搜索隐藏神经元的“最佳”数量。这些测试产生的结果远远超过 10 个神经元，因此，人们发现 PSO RBF 模型在大多数情况下“过度拟合”数据。这可以通过观察最佳权值输出，并将使用较少固定神经元的训练与该算法用于识别“最佳”神经元数量的训练进行比较来加以验证。考虑到这一点，很多实验会使用不同数量的隐藏神经元进行。我们将在附录中提供所有的 PSO RBF 参数以及每个模型的最佳权重。

学者都已经研究过标准的 RBF 神经网络，但是 PSO 算法和神经网络的结合在时间序列分析中是相对较新的。正如陈（Chen）和钱（Qian）所解释的那样，PSO 算法优化了传统的 RBF 中的参数，尤其是这种优化有助于克服与标准反向传播算法相关的低效率。

正如康斯坦丁诺斯等人所详细讨论的那样，RBF 神经网络通过非正交的径向对称函数的叠加来逼近期望函数。其网络架构如图 3–6 所示。

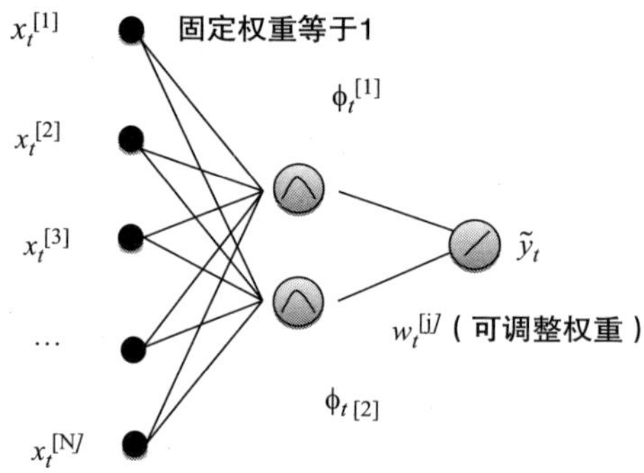

图 3–6　RBF 神经网络（两个隐藏节点）

此处，隐藏层使用的是高斯径向基函数，如等式（3.8）所示，它是现有金融时间序列文献中最常见的一种函数。

其中，$x_t\,(n = 1, 2, \cdots, N + 1)$ 为输入值（包括输入偏置节点）；$\tilde{y}_t$ 为 RBF 模型的输出；$x_t^{[N]}(j = 1, 2)$ 为可调整权重；为是高斯函数：

$$\phi_t^i(x) = e^{-\frac{\|x-C_i\|^2}{2\sigma_i^2}} \qquad (3.8)$$

在该函数中，C_i 表示高斯函数中心的向量；σ_i 表示其宽度的值。C_i、σ_i 和权重 W_i 是在训练 RBF 神经网络的学习阶段由 PSO 算法优化的参数。

是线性输出函数：

$$U(x) = \sum_i x_i \qquad (3.9)$$

最小误差函数为：

$$E(C,\sigma,w_t)=\frac{1}{T}\sum_{t=1}^{T}\left[y_t-\tilde{y}_t(w_t,C,\sigma)\right]^2 \tag{3.10}$$

其中，y_t 是目标值；T 是交易天数。

为了使年化收益最大化，可以采用额外的适应度函数，如等式（3.11）所示。这种方法最早由森普尼斯等人提出。

最大化的年化收益函数是：

$$R^A-MSE-\left(n*10^{-2}\right) \tag{3.11}$$

其中，R^A 是年化收益；MSE 为等式（3.10）中定义的均方误差①；n 为输入值的数量。

R^A 项在 −0.4 ~ 0.5 之间，而实验结果表明，MSE 项的最大值为 0.01。建立这些参数使该算法可以主要搜索盈利预测，而统计性能成为次要因素。

最初，PSO 与 RBF 神经网络组合的相结合的混合方法是受到了李（Li）和希奥斯（Xios）的启发，同时也是森普尼斯等人提出的 PSO RBF 方法学的拓展。PSO 算法用于定位 RBF 神经网络的参数 C_{i}，同时定位作为 RBF 网络输入的最优特征子集。

应用 PSO 算法来优化训练过程降低了传统神经网络的复杂性。康斯坦丁诺斯等人提出，PSO 算法将网络权重值编码为粒子分量，每个粒子基于最小化等式（3.10）中的误差函数来评估输入。PSO 参数也是“自适应的”，如等式（3.12）、等式（3.13）和等式（3.14）所示。这被证明对更广泛的用户有利。因此，最初由肯尼迪和艾伯哈特描述的“速度”适用于保留输入（粒子）在群体（群）中最佳位置的算法。

① 隐藏神经元的数量乘以 10^{-2} 是因为与其他两个目标（年化收益最大化和最小化均方误差）相比，导出的神经网络的简单性是次要的。

$$W_{(\mathrm{T})}=\left(0.4/N^{2}\right)*\left(T-N\right)^{2}+0.4 \tag{3.12}$$

$$\mathrm{c}1_{(\mathrm{T})}=\left(-2\right)*T/N+2.5 \tag{3.13}$$

$$\mathrm{c}2_{(\mathrm{t})}=\left(2\right)*T/N+0.5 \tag{3.14}$$

其中，T 为当前的迭代；N 为迭代总数。

使用 PSO 算法，传统的神经网络权重矩阵可以被重组为随机初始化粒子的阵列，从而开始优化过程。在搜索过程中，PSO 算法评估的是“全局”变量和“局部”变量。局部变量是单个粒子迄今为止获得的最佳解，而全局变量是在整个粒子群中获得的最佳解。此外，穆哈格吉（Mohaghegi）等人指出，粒子有重复它们过去的行为（认知）和遵循那些被认为“适合”（社会化）的行为的倾向。这种行为的最终结果是粒子群聚集在一起，从而产生一个最优解。在完成迭代后，粒子返回其最佳位置，这个位置在搜索 / 训练过程中被识别出来。PSO 算法的预定义参数参见附录中的表 3–12 和表 3–13。更详细的解释请参阅埃伯哈特和康斯坦丁诺斯等人的论文。

在训练阶段，权重值从 1.0 减少至 0.4，以寻找提出的问题的解决方案。在选择合适的训练集时，PSO 算法的终止准则为 10^{-3}。最终，当迭代次数达到 100 次或者年化收益的利润达到最大值时，训练就会停止。

实证结果

一般的交易规则是在有正面预测时做多价差，在有负面预测时做空价差。当产生连续的正信号或负信号时，则头寸将保持在前一个信号时。当 WTI 原油被卖出，同时买入燃料油和 RBOB 汽油时，就会出现做多价差或买入价差。当购入 WTI 原油，同时卖出燃料油和 RBOB 汽油时，就会出现做空价差或卖出价差。

统计的准确性

统计数据是通过取 10 次执行的平均值来计算的，以减少每次预测的方差。由于神经网络本质上是随机的，因此使用从众多模型中得到的平均值对从业者来说是最有利的。由于预测都是由大量的计算机完成的，所以计算并不太耗时。如表 3–4 所示。

表 3–4　样本外交易统计

统计性能	PSO RBF 模型		MLP 模型	
滑动训练窗口	380	500	380	500
预测	5 天前	5 天前	5 天前	5 天前
平均绝对误差	0.0147	0.0148	0.205	0.0203
平均绝对百分比误差	166.87%	158.46%	420.05%	442.12%
根均方误差	0.0194	0.0196	0.0263	0.0260
泰尔 U	0.8369	0.8349	0.6877	0.6974
正确的方向变化（CDC）	52.38%	51.87%	50.32%	50.84%

从统计的角度来看，在预测 $_{t+5}$ 回报时，经过超过 380 天训练的 PSO RBF 模型是最准确的，尤其是正确的方向变化（CDC）统计超过 50%。与 PSO RBF 模型相比，两种 MLP 滑动窗口模型的精确度都较低。对于所有其他统计数据，它们越低，模型就越准确。正如迪尼等人所解释的那样，均方根误差（root mean squared error，RMSE）和平均绝对误差（mean absolute error，MAE）统计数据是“尺度相关”的度量。这些数据为建人员提供了统计数据，以便将每个模型与实际的裂解价差数据进行比较。泰尔 U 统计量是介于 0 到 1 之间的一个统计量，产生 0 的模型被认为是“完美的”模型。尽管统计的准确性很重要，但最终的测试是模型在可接受的风险水平下产生利润。因此，很多交易者会对模型如何交易更感兴趣。

交易表现

在训练过程中，每个 PSO RBF 模型的最佳权重都会被记录下来，这些数据可以在本章附录中找到（如表 3–14 和表 3–15 所示）。由于每个模型都是基于五个基础模型的平均值，所以总共有 10 组最佳权重。

大量的滑动窗口会进行回溯测试，然后进行交易，以预测裂解价差。如前所述，任何观察时间少于 380 天的窗户都会产生令人不满意的结果。

表 3–5 显示了 380 天和 500 天滑动训练窗口的未过滤结果。该表显示，使用 380 天滑动窗口训练的 PSO RBF 实现了最高的年化收益和最佳的风险收益平衡。这一点受到了经过超过 500 天训练的 PSO RBF 模型的严峻挑战。也经过 380 天和 500 天训练的 MLP 模型连续排名第三和第四。另一个有趣的观察结果是，使用 380 天滑动窗口训练的 PSO RBF 和 MLP 模型与各自的 500 天模型相比，具有更差的最大回撤。然而，为了使最大回撤最小化，我们使用在训练期间被优化的阈值滤波器来过滤每个模型。

表 3–5　　样本外未过滤的交易表现

交易表现	PSO RBF 模型		MLP 模型	
滑动训练窗口	380	500	380	500
预测范围	5 天前	5 天前	5 天前	5 天前
年化总收益	32.99%	28.84%	22.02%	18.86%
年波幅	23.92%	23.94%	23.94%	23.95%
最大累计回撤率	−44.90%	−29.10%	−46.31%	−30.09%
平均日回撤率	−6.13%	−6.50%	−7.07%	−5.22%
最大回撤持续期（天）	248	234	318	191
平均回撤持续期（天）	29	44	50	30
卡玛比率	0.73	0.99	0.48	0.63
信息比率	1.38	1.21	0.92	0.79
# 交易量（年化）	109	94	104	113
总交易天数	777	777	777	777
交易成本（年化）	10.83%	9.37%	10.38%	11.29%
净年化收益	22.16%	19.47%	11.64%	7.31%
排名	1	2	3	4

注：使用盈透证券提供的 10 个基点（bps）往返交易成本。

表 3–6 列出了经过过滤的交易模拟结果。利用该阈值过滤器，模型仅在 PSO RBF 和 MLP 神经网络模型产生大于 x 或小于 x 的预测时进行交易。这些 x 参数在样本期内被优化，作为每个模型交易的阈值。[①]当比较每个预测的收益序列时，很明显，MLP 模型更不稳定，因为它们不包括等式（3.11）中定义的可以使年化收益最大化的额外适应度函数。使用这个过滤器，只有更大、更重要的预测被交易，而价差中较小、不太重要的变化都被过滤掉了。这可以最大限度地减少资金投入，降低波动性，同时增加年化收益。PSO RBF 模型的模型排名保持不变，该模型经过了超过 380 天的滑动窗口训练，产生了最高的年化收益和最佳风险 / 收益均衡。

表 3–6　　样本外过滤的交易表现

交易表现	PSO RBF 模型		MLP 模型	
滑动训练窗口	380	500	380	500
预测范围	5 天前	5 天前	5 天前	5 天前
年化总收益	33.26%	28.60%	19.84%	21.08%
年波幅	18.19%	17.77%	13.28%	14.72%
最大累计回撤率	−19.70%	−19.35%	−16.68%	−16.72%
平均日回撤率	−2.75%	−3.16%	2.63%	−2.78%
最大回撤持续期（天）	102	162	194	148
平均回撤持续期（天）	19	22	32	22
卡玛比率	1.69	1.48	1.19	1.26
信息比率	1.83	1.61	1.49	1.43
# 交易量（年化）	90	88	55	71
总交易天数	777	777	777	777
交易成本（年化）	8.98%	8.79%	5.48%	7.04%
净年化收益（包括成本）	24.28%	19.81%	14.36%	14.05%
年化收益过滤效果	2.12%	0.34%	2.72%	6.74%

① 对于 RBF 380 天和 500 天模型，x 参数 =0.20%。对于 MLP 380 天模型，x 参数 =1.90%。对于 MLP 500 天模型，x 参数 =1.45%。

续前表

交易表现	PSO RBF 模型		MLP 模型	
滑动训练窗口	380	500	380	500
预测范围	5 天前	5 天前	5 天前	5 天前
波幅降低	5.73%	6.17%	10.66%	9.23%
回撤率降低	25.20%	9.75%	29.63%	13.37%
排名	1	2	3	4

注：使用透盈证券提供的 10 个基点（bps）循环交易成本。

在交易期货合约时，交易者必须指导利润率。目前，每份合约的利润率都是 9% 左右，但大多数经纪人都是在总体水平上计算利润率的，在这种情况下，利润率将根据 WTI 原油、RBOB 汽油和燃料油的价差表现来计算。考虑到这一点，交易者可以将卡玛比率（Calmar Ratio）作为一个指标，用以衡量一个模型在一个单位的压降中产生多少回报，以此作为他们选择合适模型的标准之一。因此，与信息比率类似，产生一个以上的比率的模型将被视为“好”模型。用于计算卡玛比率的公式见附录。在这种情况下，交易者将使用 380 天交易过滤的 PSO RBF 模型来训练网络，以便预测未来五天。卡玛比率提供了风险调整性能的指示，对于提出的 PSO RBF 过滤（380 天滑动窗口）模型而言，它的值为 1.69。因此可以假设，一个单位的回撤将产生 1.69 个单位的收益。这是未经过滤的性能的两倍多，而未经过滤的性能的卡玛比率仅为 0.73，因为过滤器的最大回撤率明显更高。在波动性方面，PSO RBF 模型（380 天滑动窗口）也产生了最具吸引力的风险/收益情况，因为它以 1.83 的信息比率进行交易。模型的交易频率经常因为过滤器较低，从而降低了交易成本的影响。高交易成本是迪尼等人强调的主要缺点之一，交易成本的年平均值为 17.03%，MLP、循环神经网络和高阶神经网络模型每年触发 93 至 106 次交易。

图 3–7 和图 3–8 显示了每个滑动窗口在样本外交易期的两个最佳的未经过滤的交易表现。通过观察，两种 PSO RBF 模型都经历了长时间的压降，特别是从 2012 年 4 月 18 日到 2013 年 3 月 28 日。然而，500 天的滑动窗口略有恢复，并于

2013 年 2 月 27 日创下新高。

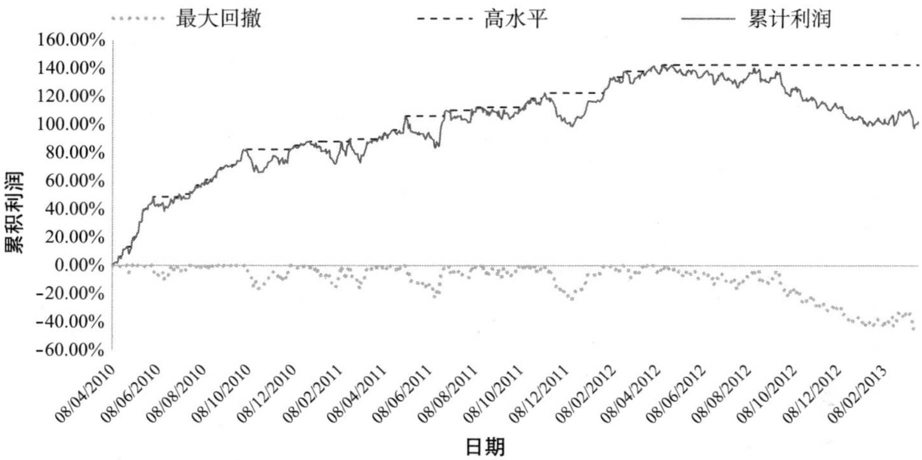

图 3–7　PSO RBF 模型未经过滤的交易表现（380 天滑动窗口）

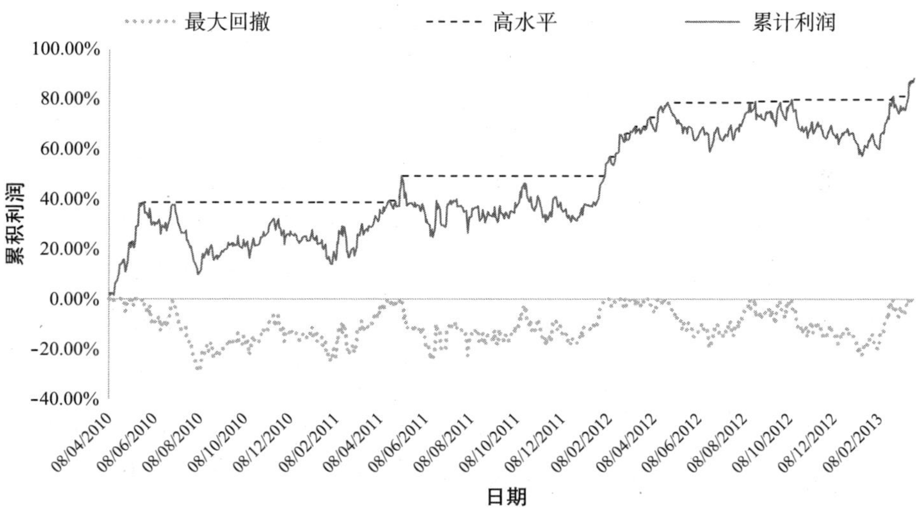

图 3–8　PSO RBF 模型未经过滤的交易表现（500 天滑动窗口）

图 3–9 和图 3–10 显示了两个最佳的经过滤的交易表现。值得注意的是，由于更频繁地达到了高水平线，未经过滤的模拟过程中所提到的长时间的压降时间缩

短了。这些模型中的每一个都那么稳定，这使波动率降低了 1.51%~5.82%。

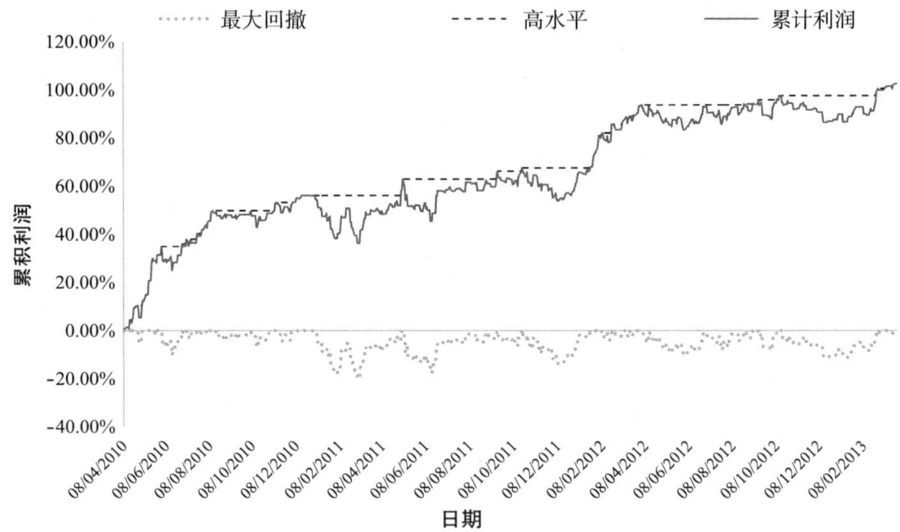

图 3-9　PSO RBF 模型经过滤的交易表现（380 天滑动窗口）

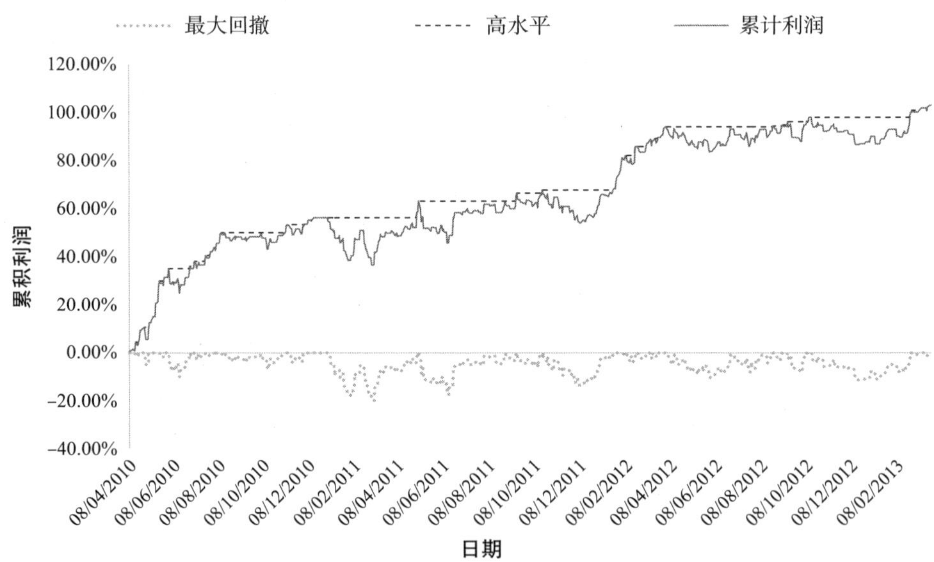

图 3-10　PSO RBF 模型未经过滤的交易表现（500 天滑动窗口）

应用阈值过滤器可降低交易频率，同时减少波动和最大回撤。迪尼等人发现，高交易成本会显著降低每个神经网络的盈利能力。

结束语和研究的局限性

实证分析的结果清楚地表明，用于训练提出的 PSO RBF 神经网络的滑动窗口技术提供了混合的正向结果。对于 MLP 神经网络也是如此。此外，加入线性模型作为输入也有助于提高 PSO RBF 模型和 MLP 模型的性能。这一点得到了马克里德基思（Makridakis）、克莱门、（Clemen）、纽博尔德（Newbold）和格兰杰以及帕姆（Palm）和泽尔林（Zellne）等人的证实，他们都认为，与单个预测相比，组合不同的线性预测方法可以改善预测。对于 PSO RBF 模型，研究人员提出了一种利用 PSO 算法对输入进行优化的特征选择方法。在两个滑动窗口中，仅选择更重要的输入来训练 PSO RBF 神经网络。每次选择输入时，算法都会生成一个“1”，而且当一个输入没有被选择时，就会生成一个“0”。在交易期结束时，算法会计算出每个输入的总数，作为每个输入被选中的时间的百分比。在 380 天和 500 天的滑动窗口中，出现了一些更重要的解释变量。表 3–3 中总结了这些时期内比较重要的投入。总之，长期移动平均输入与 ARMA 和 GARCH 输入是最重要的。另一方面，MLP 使用所有输入进行训练，因为在输入选择阶段没有使用优化算法。

未经过滤的交易模拟是从 380 天和 500 天的滑动训练窗口生成的。这些模型中的每一个都使用 59 个解释变量来训练 PSO-RBF 和 MLP 模型，以提前五天进行预测。实证结果表明，RBF 神经网络的年化回报率分别为 22.16% 和 19.47%。对于 380 天窗口，RBF 模型的信息比率为 1.38；对于 500 天滑动窗口，RBF 模型的信息比率为 1.21。卡玛比率略低，分别为 0.73 和 0.99。MLP 模型的年化收益率分别为 11.64% 和 19.47%，信息比率为 0.92 和 0.79，卡玛比率为 0.48 和 0.63。每种情况的交易成本都非常高，因为即使在变化很小的时候，模型也经常交易。迪尼等人也发现了这种情况，他们最初对裂解价差进行了建模。因此，设置了一个阈值确认过滤器。

阈值确认过滤器只在每个预测大于 x% 或小于 −x% 时产生交易信号。这样，每个模型仅在预测表明价差有更明显的变动时才会进行交易。结果，信息比率和卡玛比率明显提高。经过 380 天滑动窗口训练的 RBF 模型现在的信息比率为 1.83，卡玛比率为 1.69。另一个使用 500 天滑动窗口训练的 RBF 模型产生的信息比率为 1.61，卡玛比率为 1.48。380 天和 500 天 MLP 滑动窗口模型的过滤收益率也分别提高了 14.36% 和 14.05%。与 RBF 模型类似，信息比率和卡玛比率也显著提高。总之，每种模拟的风险收益比和最大回撤收益比都得到了改善。所有模型对于每一个风险单位（年化波动率）都回报超过一个单位的回报（年化收益率）。由于期货合约的价差交易通常要求市场参与者满足追加保证金的要求，交易者必须注意价差的不利变化。考虑到这一点，交易者的目标是选择一个相对于回撤能够产生最高收益的模型。在这种情况下，交易者会选择 PSO RBF 380 天滑动窗口模型，因为该模型在交易时的卡玛比率高达 1.69。

本研究中存在一些局限性。例如，只有少数滑动窗口被分析和交易，其中两个最合适的时期显示在实证结果中。从组合滑动窗口获得的结果可以提高性能，并将在未来的应用中得到研究。还可以进行进一步的研究，以便根据梅滕海姆和布莱特纳提出的多个模型的集合来生成预测。最后，提出的 PSO RBF 模型也可以应用于其他资产类别，如股票、外汇、衍生品和固定收益，以测试其稳健性。

附 录

性能测量

如表 3–7 所示。

补充信息

如表 3–8 所示。

表 3–7 统计和交易业绩指标

根均方误差（RMSE）	$RMSE=\sqrt{(1/N)*\sum_{t=1}^{t+N}(\bar{\sigma}_t-\sigma_t)^2}$
平均绝对误差（MAE）	$MAE=(1/N)*\sum_{t=1}^{t+N}\lvert\bar{\sigma}_t-\sigma_t\rvert$
平均绝对百分比误差（MAPE）	$MAPE=(1/N)*\sum_{t=1}^{t+N}\left\lvert\frac{\bar{\sigma}_t-\sigma_t}{\sigma_t}\right\rvert$
THEIL 不等式系数 U	$THEIL-U=\sqrt{(1/N)*\sum_{t=1}^{t+N}(\bar{\sigma}_t-\sigma_t)^2}\Big/\left[\sqrt{(1/N)*\sum_{t=1}^{t+N}(\bar{\sigma}_t)^2}+\sqrt{(1/N)*\sum_{t=1}^{t+N}(\sigma_t)^2}\right]$
正确的方向变化（CDC）	$\mathrm{CDC}=(100/N)*\sum_{t=1}^{t+N}Dt$ *Where* $Dt=1$ if $(\sigma_t-\sigma_{t=1})*(\bar{\sigma}_t-\sigma_{t=1})>0$, Else $Dt=0$.
年化收益	$R^A=252*\frac{1}{N}\sum_{t=1}^{N}R_t$ *with* R_t *being the daily return*
累计收益	$R^C=\sum_{t=1}^{N}R_t$ *with* R_t *being the daily return*
年波幅	$\sigma^A=\sqrt{252}*\sqrt{\frac{1}{N-1}*\sum_{t=1}^{N}(R_t-\bar{R})^2}$
信息比率	$IR=\frac{R^A}{\sigma^A}$

续前表

最大回撤率	*Maximum negative value of* $\sum\left(R^{c}{}_{t}\right)$ *over the period* $\text{Max}\,DD=\text{Min}\left[R_t-\text{Max}\left(\sum_{t=1}^{N}R_t\right)\right]$
卡玛比率	$CR=\frac{R^A}{\lvert\text{Max}\,DD\rvert}$

表 3–8　　炼油企业的市值

炼油企业	市值（单位：百万美元）	As at:	Source
埃克森美孚公司	384 819	2013-03-05	FactSet (2013)
雪佛龙石油公司	222 559	2013-03-05	FactSet (2013)
荷兰皇家壳牌集团	134 994	2013-03-05	FactSet (2013)
英国石油公司	84 283	2013-03-05	FactSet (2013)
道达尔公司	83 399	2013-03-05	FactSet (2013)
康菲国际石油公司	69 458	2013-03-05	FactSet (2013)
赫斯公司	22 959	2013-03-05	FactSet (2013)
瓦莱罗能源公司	21 190	2013-03-05	FactSet (2013)
美国特索罗石油公司	6737	2013-03-05	FactSet (2013)
西部炼油公司	2629	2013-03-05	FactSet (2013)
美国阿隆能源公司	1056	2013-03-05	FactSet (2013)

ARMA 等式与预测

ARMA 模型假设时间序列的未来值由其历史值（自回归分量）与之前的残值（移动平均分量）决定。典型的 ARMA 模型采用等式（3.15）的形式：

$$Y_t = \phi_0 + \phi_1 Y_{t-1} + \phi_2 Y_{t-2} + \ldots + \phi_p Y_{t-p} + \varepsilon_t - w_1 \varepsilon_{t-1} - w_2 \varepsilon_{t-2} - \ldots - w_q \varepsilon_{t-q} \qquad (3.15)$$

其中，Y_t 为时间 t 的因变量；Y_{t-1}、Y_{t-2}、Y_{t-p} 为滞后因变量；ϕ_0、ϕ_1、ϕ_2 和 ϕ_p 为回归系数；ε_t 为残差；ε_{t-1}、ε_{t-2}、ε_{t-p} 为残差的先前值；w_1、w_2、w_q 为权重。

使用相关图作为训练和测试子周期的指引，选择以下受限的 ARMA 模型来交易每个价差。所有系数在 95% 的置信区间内都具有显著性。因此，如表 3–9 所示，在 95% 置信区间，所有系数（除常数外）与零无显著差异的零假设被驳回。

表 3–9　ARMA 等式

ARMA 模型	等式	
(10,10)	$Y_t=5.22*10^{-4}-0.583Y_{t-1}+0.458Y_{t-6}-0.481Y_{t-9}-0.568Y_{t-10}-0.575\varepsilon_{t-1}+0.450\varepsilon_{t-6}-0.516\varepsilon_{t-9}-0.595\varepsilon_{t-10}$	(3.16)
(8,8)	$Y_t=4.79.10^{-4}-1.161Y_{t-1}-0.208Y_{t-4}+0.122Y_{t-8}-1.067\varepsilon_{t-1}-0.257\varepsilon_{t-4}+0.159\varepsilon_{t-8}$	(3.17)
(13,13)	$Y_t=3.91.10^{-4}-0.605Y_{t-1}+0.503Y_{t-5}+0.220Y_{t-13}-0.603\varepsilon_{t-1}+0.551\varepsilon_{t-5}+0.222\varepsilon_{t-13}$	(3.18)
(4,4)	$Y_t=4.33.10^{-4}-0.510Y_{t-1}+0.109Y_{t-2}-0.558Y_{t-3}-0.891Y_{t-4}-0.519\varepsilon_{t-1}+0.113\varepsilon_{t-2}-0.569\varepsilon_{t-3}-0.953\varepsilon_{t-4}$	(3.19)
(12,12)	$Y_t=4.80.10^{-4}+0.551Y_{t-1}-0.699Y_{t-3}-0.345Y_{t-7}-0.177Y_{t-12}+0.554\varepsilon_{t-1}-0.709\varepsilon_{t-3}-0.283\varepsilon_{t-7}-0.171\varepsilon_{t-12}$	(3.20)

GARCH 等式与预测

每个 GARCH 模型（16，16）和（15，15）在 95% 的置信水平都被认为是稳定和显著的。在对有效项进行初步预测之后，可以通过平方残差检验、Jarque-Bera 检验和 Arch 检验来检验残差的可靠性。为了简洁起见，我们没有给出这些测试的输出。这些数据可以从相应作者那里获取。这两个模型都不存在自相关，因此在训练所提出的 PSO RBF 神经网络时，每个模型的收益都被用作输入，如表 3–10 所示。

表 3–10　GARCH 模型 1

GARCH 模型 #1（16,16）				
因变量：收益				
方法：ML-ARCH				
样本（调整后）：4/22/2008 3/29/2012				
包括观察结果：1028 调整后				
变量	系数	标准误	Z 统计量	概率
C	0.001335	0.000660	2.023991	0.0430
AR(1)	−0.114106	0.016479	−6.924442	0.0000

续前表

变量	系数	标准误	Z 统计量	概率
AR(2)	−0.069719	0.013631	−5.114936	0.0000
AR(10)	−0.019143	0.007719	−2.480175	0.0131
AR(16)	−0.879046	0.013540	−64.92089	0.0000
MA(1)	0.120446	0.016908	7.123546	0.0000
MA(2)	0.065817	0.012455	5.284208	0.0000
MA(10)	−0.018657	0.008031	−2.323231	0.0202
MA(16)	0.897817	0.012306	72.95477	0.0000
		方差方程		
C	1.42E-05	4.07E-06	3.478155	0.0005
RESID(-1)^2	0.083038	0.012924	6.425038	0.0000
GARCH(-1)	0.896013	0.014846	60.35321	0.0000
r^2	0.046906	因变量均值		0.000433
调整后 r^2	0.039424	因变量标准差		0.027925
回归标准误	0.027369	赤池信息准则		−4.622048
残差平方和	0.763277	施瓦兹准则		−4.564436
对数似然函数值	2387.733	汉南 – 奎因准则		−4.600181
Durbin-Watson 统计量	1.987245			

观察

AR（1）、AR（2）、AR（10）、AR（16）、MA（1）、MA（2）、MA（10）和 MA（16）项在 95% 的置信水平下均被视为显著的。由于 GARCH（−1）和 RESID（−1）^2 之和小于 1，该模型也被认为是稳定的。在这种情况下，0.896013 + 0.083038 = 0.979，如表 3–11 所示。

观察

AR（1）、AR（4）、AR（15）、MA（1）、MA（4）和 MA（15）项在 95% 的置信水平下均被视为显著的。由于 GARCH（−1）和 RESID（−1）^2 之和小于 1，

该模型也被认为是稳定的。在这种情况下，0.883565 + 0.091396 = 0.974961。

表 3–11 GARCH 模型 2

GARCH 模型 #2（15,15）				
因变量：收益				
方法：ML-ARCH				
样本（调整后）：4/21/2008 3/29/2012				
包括观察结果：1029 调整后				
变量	系数	标准误	Z 统计量	概率
C	0.001178	0.000697	1.691729	0.0907
AR(1)	−0.994472	0.026416	−37.64675	0.0000
AR(4)	−0.289867	0.024123	−12.01638	0.0000
AR(15)	0.153101	0.020739	7.382238	0.0000
MA(1)	1.016204	0.017594	57.75922	0.0000
MA(4)	0.322259	0.016612	19.39862	0.0000
MA(15)	−0.170083	0.014273	−11.91625	0.0000
		方差方程		
C	1.75E-05	5.09E-06	3.437281	0.0006
RESID(-1)^2	0.091396	0.016350	5.589899	0.0000
GARCH(-1)	0.883565	0.020421	43.26752	0.0000
r^2	0.005203	因变量均值		0.000431
调整后 r^2	−0.000638	因变量标准差		0.027911
回归标准误	0.027920	赤池信息准则		−4.594528
残差平方和	0.796679	施瓦兹准则		−4.546556
对数似然函数值	2373.885	汉南 – 奎因准则		−4.576321
Durbin-Watson 统计量	2.051188			

PSO 参数

如表 3–12 和表 3–13 所示。

表 3–12　　PSO RBF 参数

特性	380 天滑动创库	500 天滑动窗口
迭代次数	100	100
粒子数	30	30
惯性常数（w）	适应	适应
认知加速常数（C1）	适应	适应
社会加速常数（C2）	适应	适应
最大速度	2/ 粒子数	2/ 粒子数
神经元个数（1 层隐藏层）	10	10
隐藏层常规大小	是	是
输入节点	59	59
输出节点	1	1

表 3–13　　神经系统特征

参数	RBF	MLP
学习算法	PSO	梯度下降
学习率	不适用	0.001
动力	不适用	0.003
迭代步	100	5000
权重初始化	不需要初始化。确定性方法找到它们	$N(0,1)$
输入节点	59	59
隐藏节点（1 层）	10	30
输出节点	1	1

训练集的最佳权重

如表 3–14 和表 3–15 所示。

表 3–14 从 380 天训练窗口获得的最佳权重

模型 1		模型 2		模型 3		模型 4		模型 5	
输入权重 (59)	神经元权重 (10)	输入权重 (59)	神经元权重 (10)	输入权重 (59)	神经元权重 (10)	输入权重 (59)	神经元权重 (10)	输入权重 (59)	神经元权重 (10)
1.9767	−0.0080	1.4888	0.8273	1.0584	−0.9852	0.8129	−0.0870	1.3663	0.0686
1.2275	−0.5489	1.5138	0.0075	1.2021	−0.1254	1.2912	0.1183	1.4555	0.0094
1.2147	0.2786	0.5293	0.2896	1.0792	−0.3226	0.8654	−0.0422	0.9676	−0.0908
1.2037	−0.9810	1.4406	−0.1087	1.4536	−0.1381	1.0240	−0.2030	1.4662	0.4919
0.5465	0.7071	1.5420	−0.4135	0.6496	1.1087	1.1924	−0.1213	1.1912	−0.4026
1.7877	−0.6872	1.4698	−1.0310	1.6624	0.3610	0.3727	−0.1485	0.8524	0.2388
1.2847	0.1213	0.2456	−0.5791	0.0439	0.6602	1.1430	−0.3494	0.6324	0.2551
0.9546	0.8774	1.1454	0.5787	1.7873	0.1058	1.2559	0.1910	0.4705	0.1141
1.3211	0.8775	0.5560	0.6667	0.9773	0.0443	0.9835	−0.1413	1.3414	−0.4315
1.6836	−0.7672	0.9511	−0.1383	0.7939	−0.5638	0.7293	0.8557	1.4916	−0.2457
0.7538	#N/A	1.2515	#N/A	1.2831	#N/A	0.9263	#N/A	0.2890	#N/A
1.1182	#N/A	0.8281	#N/A	0.3945	#N/A	1.4340	#N/A	0.8577	#N/A
1.3411	#N/A	0.6596	#N/A	1.6227	#N/A	0.6905	#N/A	0.6781	#N/A
1.0868	#N/A	1.1913	#N/A	1.6811	#N/A	1.0471	#N/A	0.8857	#N/A
0.1301	#N/A	0.8083	#N/A	0.3740	#N/A	1.7155	#N/A	0.3531	#N/A
1.3963	#N/A	1.5124	#N/A	0.4884	#N/A	1.2705	#N/A	0.9914	#N/A
1.5567	#N/A	1.6089	#N/A	0.7847	#N/A	0.6418	#N/A	0.7139	#N/A

续前表

模型1		模型2		模型3		模型4		模型5	
输入权重(59)	神经元权重(10)	输入权重(59)	神经元权重(10)	输入权重(59)	神经元权重(10)	输入权重(59)	神经元权重(10)	输入权重(59)	神经元权重(10)
1.5600	#N/A	1.1842	#N/A	1.3060	#N/A	0.6828	#N/A	1.0258	#N/A
1.4989	#N/A	1.3692	#N/A	0.6556	#N/A	0.9276	#N/A	0.9841	#N/A
0.6817	#N/A	0.3603	#N/A	1.3789	#N/A	0.9137	#N/A	0.5429	#N/A
1.1011	#N/A	1.6180	#N/A	1.0049	#N/A	0.9241	#N/A	1.5708	#N/A
0.2932	#N/A	0.4895	#N/A	1.4075	#N/A	1.0258	#N/A	0.7604	#N/A
1.2537	#N/A	0.6291	#N/A	0.0129	#N/A	1.0547	#N/A	0.5180	#N/A
1.4219	#N/A	1.4403	#N/A	0.2804	#N/A	1.4634	#N/A	1.2458	#N/A
1.4897	#N/A	0.8672	#N/A	1.3861	#N/A	0.9816	#N/A	1.0990	#N/A
1.6812	#N/A	0.6399	#N/A	1.6276	#N/A	1.1977	#N/A	0.9839	#N/A
1.4353	#N/A	1.2362	#N/A	0.9870	#N/A	0.8731	#N/A	1.4542	#N/A
1.9373	#N/A	1.2822	#N/A	0.4746	#N/A	1.2274	#N/A	0.5208	#N/A
0.7310	#N/A	0.9915	#N/A	1.6292	#N/A	0.9713	#N/A	1.2539	#N/A
1.0500	#N/A	1.7610	#N/A	0.9946	#N/A	0.7712	#N/A	0.4589	#N/A
0.5196	#N/A	1.1448	#N/A	0.8270	#N/A	1.1352	#N/A	0.8601	#N/A
1.1944	#N/A	0.3551	#N/A	1.0830	#N/A	1.6924	#N/A	0.4033	#N/A
1.7218	#N/A	1.5575	#N/A	1.2248	#N/A	0.5942	#N/A	1.5243	#N/A
1.4142	#N/A	0.3726	#N/A	0.4434	#N/A	0.9198	#N/A	1.1583	#N/A

续前表

模型 1		模型 2		模型 3		模型 4		模型 5	
输入权重 (59)	神经元权重 (10)	输入权重 (59)	神经元权重 (10)	输入权重 (59)	神经元权重 (10)	输入权重 (59)	神经元权重 (10)	输入权重 (59)	神经元权重 (10)
1.0300	#N/A	0.4051	#N/A	0.3318	#N/A	1.7501	#N/A	0.5996	#N/A
1.3445	#N/A	0.4431	#N/A	0.4533	#N/A	0.9295	#N/A	0.9293	#N/A
1.2052	#N/A	0.5780	#N/A	0.8925	#N/A	1.3986	#N/A	0.9627	#N/A
1.5575	#N/A	0.4983	#N/A	0.8876	#N/A	1.2384	#N/A	0.5914	#N/A
1.5098	#N/A	0.6500	#N/A	1.4789	#N/A	1.0788	#N/A	0.3870	#N/A
0.5978	#N/A	1.2786	#N/A	0.5971	#N/A	0.7477	#N/A	1.0267	#N/A
0.6767	#N/A	1.5096	#N/A	1.5781	#N/A	1.1139	#N/A	1.0592	#N/A
1.3888	#N/A	0.8247	#N/A	0.8714	#N/A	1.3540	#N/A	0.9540	#N/A
0.9817	#N/A	1.3836	#N/A	0.9597	#N/A	1.8071	#N/A	0.9369	#N/A
0.8911	#N/A	0.4707	#N/A	1.4192	#N/A	0.4874	#N/A	1.1501	#N/A
1.2582	#N/A	1.0670	#N/A	1.3436	#N/A	0.5496	#N/A	1.1824	#N/A
1.2932	#N/A	1.3856	#N/A	0.6297	#N/A	1.1938	#N/A	1.1921	#N/A
0.2583	#N/A	0.7562	#N/A	0.6838	#N/A	1.5778	#N/A	1.1152	#N/A
1.0916	#N/A	0.5513	#N/A	0.8909	#N/A	1.0532	#N/A	0.9206	#N/A
2.0000	#N/A	1.3917	#N/A	0.2423	#N/A	1.2421	#N/A	0.5978	#N/A
1.3646	#N/A	1.0909	#N/A	1.1447	#N/A	0.9372	#N/A	0.9002	#N/A
0.5081	#N/A	1.2711	#N/A	0.6872	#N/A	1.2271	#N/A	0.7934	#N/A

续前表

模型 1		模型 2		模型 3		模型 4		模型 5	
输入权重 (59)	神经元权重 (10)	输入权重 (59)	神经元权重 (10)	输入权重 (59)	神经元权重 (10)	输入权重 (59)	神经元权重 (10)	输入权重 (59)	神经元权重 (10)
0.3709	#N/A	1.2379	#N/A	1.1902	#N/A	0.8882	#N/A	1.1771	#N/A
0.5136	#N/A	1.5178	#N/A	1.5556	#N/A	1.7429	#N/A	0.6308	#N/A
1.0695	#N/A	0.5873	#N/A	1.0279	#N/A	0.9654	#N/A	1.0861	#N/A
1.1609	#N/A	0.5277	#N/A	0.6760	#N/A	0.7039	#N/A	1.0185	#N/A
0.6120	#N/A	1.5059	#N/A	1.6096	#N/A	1.1453	#N/A	1.4657	#N/A
1.5132	#N/A	1.3238	#N/A	0.9222	#N/A	0.7755	#N/A	0.6311	#N/A
1.3349	#N/A	1.3526	#N/A	1.4649	#N/A	1.2904	#N/A	0.1833	#N/A
0.6911	#N/A	0.4935	#N/A	0.3462	#N/A	0.7502	#N/A	0.6867	#N/A
1.8144	#N/A	0.6191	#N/A	1.0211	#N/A	0.9639	#N/A	1.5926	#N/A

表 3–15 从 500 天训练窗口获得的最佳权重

模型 1		模型 2		模型 3		模型 4		模型 5	
输入权重 (59)	神经元权重 (10)	输入权重 (59)	神经元权重 (10)	输入权重 (59)	神经元权重 (10)	输入权重 (59)	神经元权重 (10)	输入权重 (59)	神经元权重 (10)
0.9070	0.4015	0.6819	−0.0703	0.9070	0.4015	1.7253	0.4609	0.8720	−0.1244
1.4054	−0.1953	1.6728	0.2570	1.4054	−0.1953	1.3730	0.1288	1.2579	−0.0285
0.7730	−0.1110	0.7241	−0.2934	0.7730	−0.1110	0.7039	0.1699	0.8418	1.0970
1.3742	−0.4231	1.2879	−0.1102	1.3742	−0.4231	0.5764	0.2313	0.8797	0.1393
0.9698	−0.0118	1.3060	−0.3200	0.9698	−0.0118	1.0941	−0.1848	1.4859	−0.7727
1.1820	−0.4267	0.7503	0.6308	1.1820	−0.4267	0.9311	−0.5983	0.6381	0.2812
0.9609	0.0749	0.8368	0.8377	0.9609	0.0749	1.0947	−0.1012	1.0521	−0.3009
1.1526	−0.1345	1.5200	−0.8396	1.1526	−0.1345	1.2402	−0.5187	0.7102	−0.3916
0.8540	−0.0502	0.2606	−0.0575	0.8540	−0.0502	0.9163	0.3221	0.9099	−0.6510
0.7939	0.8447	1.2288	0.0940	0.7939	0.8447	1.0475	0.0367	0.4763	0.5374
0.7716	#N/A	0.3574	#N/A	0.7716	#N/A	1.2223	#N/A	1.0691	#N/A
0.6642	#N/A	0.9626	#N/A	0.6642	#N/A	1.4063	#N/A	0.5522	#N/A
0.9845	#N/A	0.9560	#N/A	0.9845	#N/A	0.8503	#N/A	0.9638	#N/A
0.8801	#N/A	0.6218	#N/A	0.8801	#N/A	0.5076	#N/A	1.0708	#N/A
1.3758	#N/A	0.5021	#N/A	1.3758	#N/A	1.3177	#N/A	0.7855	#N/A
0.9750	#N/A	0.5827	#N/A	0.9750	#N/A	0.7341	#N/A	0.9721	#N/A
0.5542	#N/A	1.5309	#N/A	0.5542	#N/A	0.6713	#N/A	0.5005	#N/A

续前表

模型 1		模型 2		模型 3		模型 4		模型 5	
输入权重 (59)	神经元权重 (10)	输入权重 (59)	神经元权重 (10)	输入权重 (59)	神经元权重 (10)	输入权重 (59)	神经元权重 (10)	输入权重 (59)	神经元权重 (10)
0.8604	#N/A	1.6899	#N/A	0.8604	#N/A	0.9526	#N/A	1.2341	#N/A
1.3104	#N/A	0.8265	#N/A	1.3104	#N/A	1.4329	#N/A	0.8003	#N/A
1.3563	#N/A	1.2091	#N/A	1.3563	#N/A	0.3215	#N/A	0.4206	#N/A
0.8165	#N/A	0.2437	#N/A	0.8165	#N/A	1.3214	#N/A	1.3452	#N/A
1.7920	#N/A	1.2195	#N/A	1.7920	#N/A	1.2343	#N/A	1.0293	#N/A
1.3503	#N/A	0.6166	#N/A	1.3503	#N/A	0.7596	#N/A	0.7727	#N/A
1.3684	#N/A	1.0831	#N/A	1.3684	#N/A	0.8708	#N/A	0.6222	#N/A
1.0686	#N/A	1.4177	#N/A	1.0686	#N/A	0.7813	#N/A	0.7203	#N/A
1.6583	#N/A	0.9189	#N/A	1.6583	#N/A	1.5476	#N/A	1.3443	#N/A
0.7123	#N/A	1.5404	#N/A	0.7123	#N/A	1.4377	#N/A	1.3139	#N/A
0.6076	#N/A	0.9581	#N/A	0.6076	#N/A	0.8825	#N/A	1.5451	#N/A
0.8656	#N/A	1.5559	#N/A	0.8656	#N/A	1.9318	#N/A	0.9862	#N/A
0.2273	#N/A	0.6753	#N/A	0.2273	#N/A	1.0459	#N/A	1.1460	#N/A
1.0345	#N/A	0.2068	#N/A	1.0345	#N/A	0.7238	#N/A	1.2063	#N/A
0.7623	#N/A	0.4673	#N/A	0.7623	#N/A	0.9009	#N/A	0.9245	#N/A
0.7128	#N/A	0.6491	#N/A	0.7128	#N/A	0.8554	#N/A	1.7615	#N/A
1.2197	#N/A	1.1203	#N/A	1.2197	#N/A	0.8877	#N/A	0.8165	#N/A

续前表

模型 1		模型 2		模型 3		模型 4		模型 5	
输入权重 (59)	神经元权重 (10)	输入权重 (59)	神经元权重 (10)	输入权重 (59)	神经元权重 (10)	输入权重 (59)	神经元权重 (10)	输入权重 (59)	神经元权重 (10)
0.7839	#N/A	1.5416	#N/A	0.7839	#N/A	0.9554	#N/A	0.6599	#N/A
0.5538	#N/A	1.3938	#N/A	0.5538	#N/A	1.0397	#N/A	1.3623	#N/A
1.5902	#N/A	0.6421	#N/A	1.5902	#N/A	1.1515	#N/A	1.3136	#N/A
0.9899	#N/A	0.6421	#N/A	0.9899	#N/A	0.0879	#N/A	0.9088	#N/A
0.8756	#N/A	1.7203	#N/A	0.8756	#N/A	0.4917	#N/A	0.5814	#N/A
0.3445	#N/A	0.5204	#N/A	0.3445	#N/A	1.3025	#N/A	1.1367	#N/A
0.9331	#N/A	1.7534	#N/A	0.9331	#N/A	0.5988	#N/A	0.7868	#N/A
0.9731	#N/A	0.6174	#N/A	0.9731	#N/A	0.9355	#N/A	1.2207	#N/A
0.9116	#N/A	0.8339	#N/A	0.9116	#N/A	0.2439	#N/A	1.1726	#N/A
0.7557	#N/A	0.9006	#N/A	0.7557	#N/A	1.3068	#N/A	1.0262	#N/A
1.5539	#N/A	0.8249	#N/A	1.5539	#N/A	1.5354	#N/A	1.0560	#N/A
0.3683	#N/A	0.3886	#N/A	0.3683	#N/A	1.0518	#N/A	0.8511	#N/A
0.5836	#N/A	1.0118	#N/A	0.5836	#N/A	0.8430	#N/A	1.1025	#N/A
1.6273	#N/A	0.4865	#N/A	1.6273	#N/A	0.8351	#N/A	0.9436	#N/A
1.4291	#N/A	0.6186	#N/A	1.4291	#N/A	0.7076	#N/A	0.3921	#N/A
1.1770	#N/A	0.2630	#N/A	1.1770	#N/A	0.5120	#N/A	1.3862	#N/A
0.6836	#N/A	1.2072	#N/A	0.6836	#N/A	0.7497	#N/A	1.0211	#N/A

续前表

模型 1		模型 2		模型 3		模型 4		模型 5	
输入权重 (59)	神经元权重 (10)	输入权重 (59)	神经元权重 (10)	输入权重 (59)	神经元权重 (10)	输入权重 (59)	神经元权重 (10)	输入权重 (59)	神经元权重 (10)
1.4776	#N/A	1.4199	#N/A	1.4776	#N/A	1.4651	#N/A	1.2946	#N/A
0.3409	#N/A	1.0153	#N/A	0.3409	#N/A	1.1771	#N/A	1.2813	#N/A
1.1485	#N/A	1.2068	#N/A	1.1485	#N/A	0.3835	#N/A	1.5403	#N/A
0.9180	#N/A	0.3319	#N/A	0.9180	#N/A	0.5203	#N/A	0.8887	#N/A
1.2806	#N/A	0.6448	#N/A	1.2806	#N/A	0.8930	#N/A	0.5769	#N/A
0.8480	#N/A	1.5232	#N/A	0.8480	#N/A	0.6923	#N/A	1.4762	#N/A
1.3163	#N/A	1.0349	#N/A	1.3163	#N/A	1.2372	#N/A	0.2311	#N/A
0.6303	#N/A	1.2965	#N/A	0.6303	#N/A	1.2530	#N/A	1.3228	#N/A
0.7381	#N/A	0.5941	#N/A	0.7381	#N/A	1.0344	#N/A	1.3092	#N/A

第 4 章

GEPTrader：一种用基因表达式编程构建交易策略的新工具

安德里亚斯·卡拉萨索普洛斯

彼得·W. 米德尔顿

康斯坦丁诺斯·西奥菲拉托斯

埃夫斯特拉蒂奥斯·乔治奥普洛斯（Efstratios Georgopoulos）

引　言

在过去 10 年中，很多技术交易算法被引入，人工神经网络成了金融预测应用的主要机器学习技术。然而，这些技术存在一定的缺陷，如过度拟合问题、数据窥探偏差和维数灾难等。此外，尽管有大量不同的金融预测算法被提出，但是只有少数几种被结合起来，以构建有效的交易策略，而通过用户友好的图形用户界面提供给大众的算法则更少。

本章介绍了 GEPTrader 作为一种新的独立的免费工具，使用基因表达式编程（GEP）算法的变体来构建金融预测模型。GEP 算法属于更广泛的进化和遗传编程算法。随着金融应用越来越多，进化和遗传编程工具正在成为被广泛使用的预测工具。

为了证明 GEPTrader 在金融预测和交易方面的优势，我们将其应用于预测和交易 SPDR 道琼斯工业平均 ETF 信托（DIA-US）、SPDR 标准普尔 500 指数 ETF 信托（SPY-US）和 PowerShares QQQ Trust（QQQ-US）ETF。其性能基于简单的随机游走（RW）模型、移动平均收敛差异发散（MACD）模型、遗传编程（GP）算法、多层感知器（MLP）、递归神经网络（RNN）和高阶神经网络（HONN）。所有模型都根据统计准确性和交易的盈利能力率进行评估。

所研究的模型被用于预测上述每个 ETF 时间序列的提前一天的回报。基于预期回报的信号会产生交易信号。为了进一步改善所提出方法的交易表现，本文引入了三种基于所研究序列的前一天的波动率预测和预测强度的交易策略。我们将这两种衍生的交易策略结合起来，以提高表现最好的模型的交易表现，并降低交易信号产生的风险。这导致了一个更复杂的交易模拟，该模拟有着非常好的表现。

本章的其余内容如下：第 2 节回顾有关 GP 和 GEP 的现有文献及其在金融预测和交易中的应用；第 3 节介绍所分析的数据集；第 4 节描述所提出算法的方法和 GEPTrader 工具；第 5 节介绍基准模型，并讨论相对于基准模型提出的模型的实验结果；第 6 节是结语、研究局限性和未来的研究领域。

文献综述

遗传编程及其在金融预测中的应用

GEP 算法的第一种形式是遗传编程，多年来，它已经被广泛应用。遗传编程算法是一种基于达尔文的生存原则（即适者生存）的进化算法。它使用基于树的类型学对回归和分类问题的解决方案进行建模。这些基于树的结构代表了输入－输出关系的模型，并且不断进化以产生新的解决方案，直到找到可接受表现的解决方案或达到其他更精细的终止标准。

卡波登（Kaboudan）成功地应用遗传编程算法预测了六只美国股票的每日最高和最低股价，而阿尔瓦雷斯－迪亚兹（Alvarez-Diaz）等人使用了同样的算法预测了两种汇率。艾斯法汉尼普尔（Esfahanipour）和穆萨维（Mousavi）部署了一个算法，使用买入、卖出和无交易三种信号来提取交易规则。考虑到交易成本，他们的模型被应用于德黑兰证券交易所指数。这项研究的结果表明，遗传编程技术较基本交易策略（如买入并持有等）更具优势。瓦西拉基斯（Vasilakis）等人提出了一种新的用于金融时间序列预测的遗传编程变异，并将其成功地应用于外汇汇率时间序列的建模和交易。

马那宏（Manahov）等人引入了一种新的交易方法，称为基于强类型遗传编程（strongly typed genetic programming，STGP）的交易算法。基于 STGP 的交易算法为具有不同智力水平和不同群体规模的人工交易者群体提供前一天的回报预测。这种方法被应用于呈现出改进的经验指标的短期交易。作者还用这种方法测试了一些理论上的金融假设，这些假设提供了一些支持哈耶克假说的证据。

基因表达式编程及其之前的应用

GEP 算法是一种独立于域的技术，可以在各种环境中运行。这些环境以一种近似问题的方式构建，以便产生准确的预测。GEP 基于达尔文的适者生存原则，它利用交叉重组和突变等生物遗传操作来识别复杂的非线性和非固定模式。科扎（Koza）是最早确定进化算法，通过编程将复杂问题作为一个自动化过程来解决和量化的人之一。这就使计算机能够使用基于进化的随机过程来处理和解决问题。

在金融预测中，虽然神经网络有多种应用，但是 GEP 的经验证据非常有限，迪弗萨拉（Divsalar）和森普尼斯等人的显著例外除外。这可以通过与神经网络相比的算法的复杂性来解释。然而，在过去三年中，研究人员已经提出了 GEP 方法在金融预测和交易中的一些应用。例如，陈等人使用 GEP 提取交易规则，这些规则负责定位最佳买卖时机。这些来自不同时间序列的交易规则被结合起来，动态地形成一个使用索提诺比率的投资组合。当应用于构建共同基金的投资组合时，整体模型非常成功。李等人也采用了类似的方法，当将其应用于中国台湾股市时，实证结果产生了高利润的股票投资组合。阿尔吉斯（Algieth）等人对不同时期的 GEP、遗传编程和遗传算法进行了实证比较，他们重点关注短期（比如 5 天）和中期 56 天。该分析使用了几个公平的时间序列，表明了 GEP 技术在预测准确性方面的优势。

尽管 GEP 在金融预测和交易方面的应用有限，但它已成功应用于其他科学领域，如采矿和计算。我们在本文中打算详述金融文献，并提供其应用于金融时间序列预测的实证证据。

数据集

在本研究中，七个预测模型被用于预测和交易 DIA、SPY 和 QQQ ETF[①] 的前一天对数收益。DIA、SPY 和 QQQ ETF 旨在分别模仿道琼斯工业平均指数、标准普尔 500 指数和纳斯达克 30 指数。ETF 让投资者有机会接触指数，而无须交易和拥有指数中的每只股票。这有助于避免与交易个股相关的交易成本，以及指数频繁调整相关的成本。

每个模型都使用滚动窗口流程进行训练，初始样本期为 2002 年 9 月 2 日至 2008 年 12 月 31 日。模型在 2009 年 1 月 2 日至 2012 年 12 月 31 日期间进行验证。在训练期间，每个参数和权重均被优化，并继续在验证期间对"未见数据"进行测试，以测试每个模型的表现。然后，每年将估计期向前滚动。例如，最初这些模型的训练时间为 2002 年 9 月 2 日至 2008 年 12 月 31 日，并在 2009 年 1 月 2 日至 2012 年 12 月 31 日期间进行了验证。然后，将样本期前推一年（2003 年 1 月 2 日至 2010 年 12 月 31 日），并在 2011 年 1 月 3 日至 2011 年 12 月 30 日对预测模型进行了重新验证。为了在 2012 年 12 月 31 日完成建模和交易流程，该前滚程序将进行三次。

GEPTrader

算法

GEP 模型是固定长度的符号串，类似于生物体的染色体 / 基因型（基因组）

① ETF 是一种旨在复制股市指数的投资基金。

的生物学定义。它们被编码为不同大小和形状的非线性实体，决定着生物体的适应性。GEP 染色体由染色体结构上多个长度相同的基因组成。每个基因都由头部（详细描述了功能和终端的符号）和尾部（仅包括终端）组成。这可以用等式（4.1）来表示：

$$t=(n-1)h+1 \tag{4.1}$$

其中，h 为基因的头部长度；t 为基因的尾部长度；n 为函数内的参数总数（最大值）。

染色体的头部和尾部都包含着一组终端，由常量和特定变量组成。每个基因的大小相等且固定，它们具有编码多个不同表达式树的能力。GEP 的结构能够应对以下这些情况：当一个基因的第一个元素终端产生单个节点时，以及当产生多个节点（“功能”复制的子树）以寻找最终的终端时。在 GEP 中始终会生成有效的表达式树，而在 GP 中，这是无法保证的。每个基因编码一个表达式树，并且在出现多个世代的情况下，具有相互连接功能的子表达式树的 GEP 编码可以实现世代繁殖。我们的 GEP 算法的参数基于森普尼斯等人和费雷拉的指导原则，其中最重要的参数如表 4–1 所示。

表 4–1 GEPTrader 默认参数

参数	值
头部长度（h）	30
初始人口规模	1000
联赛规模	20
最大遗传代数	100,000
初始变异概率	10%
最终变异概率	1%
交叉概率	90%
常数局部优化概率	5%

在 GEP 进化过程的开始阶段，它从个体种群中随机产生一个初始种群，所有

的后续种群都将从这个初始种群中产生。在新一代的产生中，遗传算子通过使用两点交叉算子与群体中的其他个体“交配”来进化每一个个体。随着概率的降低，变异算子也被应用于局部修改给定解的基因。在初始迭代中，变异概率以一个增大的值开始执行全局搜索，在算法的最后一步，变异概率线性地减小到一个较小的值来执行局部搜索。该方法引入的另一个变异算子是常数算子的局部优化。该算子搜索常量基因，并对其值进行局部优化，以提高模型的整体表现性能。

在接下来的 GEP 表达的步骤中，树是由种群的染色体创建的。每个表达式树的结构是根或第一个节点对应于每个基因的开始。从第一个节点进化而来的后代取决于参数的数量。在这个进化过程中，函数可能有很多参数，但终端的奇偶校验为零。每一个后代的特征都体现在从左到右排列的节点中。一旦到达终端节点，这个过程就结束了。随后产生了初始种群，相应的表达式树也生成了。为了创建一个适合我们预测要求的精确模型，我们必须使用一个函数，这个函数可以使误差最小化，并提高准确度。然而，优化整个模型的年化收益并最小化模型的复杂性更重要。因此，对于我们的方法，我们使用了以下的适应度函数：

适应度函数 = 年回报率 +1/ 均方误差 – 归一化解法 Size 函数　　（4.2）

其中，归一化解法 Size 函数是表达式树模式下解的节点数 / 最大节点数，它是头部和尾部长度的总和，如等式（4.1）所述。

进化过程的主要原则是两个优秀的个体产生后代来培育“精英”。因此，来自最佳个体组成的亲代产生具有最理想特征的后代，而那些具有不理想特征的个体则被剔除。在此基础上，我们的模型可以最大限度地减少误差，并保持卓越的预测能力。费雷拉（Ferreira）对此做出了更详细的解释，即精英主义是将最好的染色体 / 个体克隆到下一个种群（也称世代）。“精英主义”（通过合适的遗传算子）使得在不消除整个种群的情况下挑选较好的个体成为可能。根据个体的“适应度”进行的个体选择是在复制和改良的“竞赛”中进行的。这个过程随机选择较优秀的个体进行基因改造，以创造新一代。在复制后代的过程中，我们应用了突变和重组遗传算子。然后，“竞赛”中的失败者被通过复制产生的新个体取代。检查是否满足终止标准，如果不满足，则返回第二步。我们使用了 GEP 期间没有运行的最大代数作为终止标准。结果给出了在进化过程中找到的最佳个体。

GEPTrader 图形用户界面

GEPTrader 是一个使用 Java 编程语言实现的独立工具，旨在通过用户友好界面（如图 4–1 所示）向分析师和预测人员提供建议的 GEP 变体。历史数据可以使用逗号分隔的文件导入 GEPTrader 的图形用户界面，并且可以进一步调整 GEP 变量的参数。此外，GEPTrader 支持多线程并行执行，用户可以选择将在训练阶段使用的线程数量。当训练完成时，用户可以获得有关数学输入输出等式以及它们的性能指标和一些实际值与估计值的图形表示。

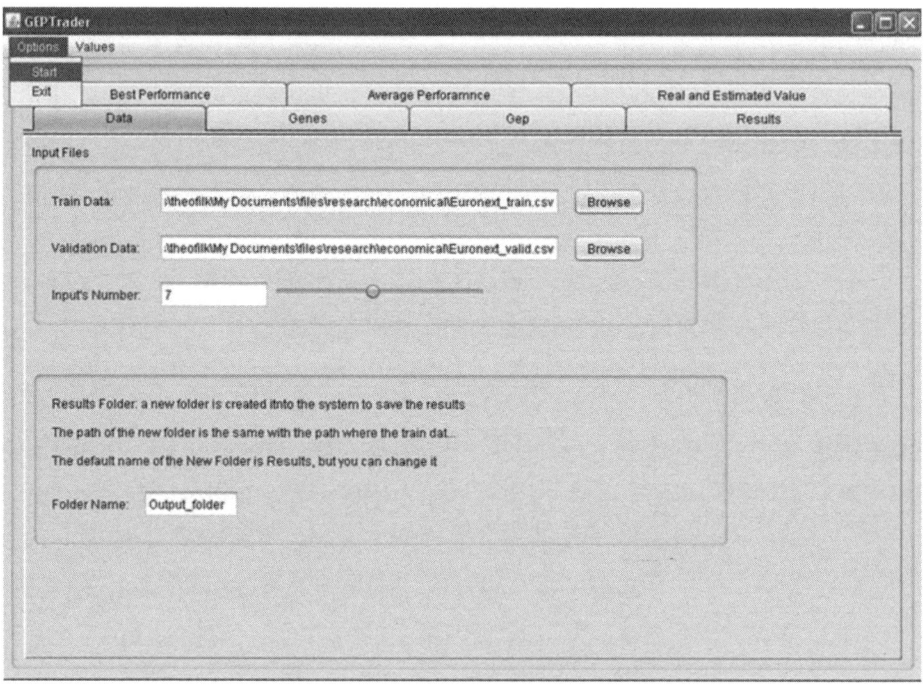

图 4–1　GEPTrader 图形用户界面

实验结果

基准模型

RW 模型和 MACD 模型是 GEP 算法的线性基准。三个神经网络模型和一个 GP 算法是非线性基准，所有使用的模型在文献中都有详细记载。神经网络通常由三层或更多层组成。第一层称为输入层（其节点数对应于独立变量的数量）。在本研究中，输入数据是从预测序列的前 12 个自回归滞后中选择的。对每组输入数据的具体选择主要基于样本内周期的灵敏度分析。最后一层称为输出层（其节点数对应于响应变量的数量）。节点的中间层（即隐藏层）将输入层和输出层分开。它的节点数量决定了模型能够拟合的复杂程度。每个节点通常将一层连接到下一层的所有其他节点。网络的训练（通过组织网络图将训练数据的输入值映射到相应的输出值的方式调整其权重）从随机选择权重开始，通过使用被称为误差反向传播的学习算法来进行。通过最小化样本内数据集子集（每次样本内周期的最后一年）中的均方误差来优化迭代长度。最流行的神经网络模型结构是 MLP。递归神经网络具有体现短期记忆和过去错误的能力，而高阶神经网络能够捕获数据集内更高阶的相关性（高至三阶或四阶）。

遗传编程是进化代数表达式的算法，可以分析 / 优化“树状结构”的结果。科扎对遗传编程进行了更完整的描述。

统计性能

在表 4–2 中，所有样本外周期模型的统计性能都显示为均方根误差、平均绝对误差和泰尔 U 统计量。我们对结果的解释是，输出越低，相关模型的预测准确度越高。佩萨兰（Pesaran）和蒂默曼（Timmermann）进行的测试（即 PT 测试）检验了实际值和预测值的方向轨迹是否一致。此外，它还检验了预测值的上升和下降与时间序列的实际上升和下降之间的关系。零假设是这样的，即所研究的模型在预测 ETF 收益序列时“没有预测能力”。迪博尔德（Diebold）和马里亚诺（Mariano）统计量（即 DM 测试）对预测准确度相等的零假设进行了测试。DM

测试和 PT 测试均遵循标准正态分布。

表 4–2　　样本外的统计表现

		随机游走	移动平均收敛差异	遗传算法	MLP	递归神经网络	高阶神经网络	GEP
DIA	根均方误差	1.027	0.239	0.073	0.136	0.085	0.069	0.057
	平均绝对误差	0.833	0.162	0.059	0.097	0.077	0.054	0.046
	泰尔 U	0.989	0.756	0.634	0.673	0.641	0.620	0.601
	PT 测试	0.02	0.35	5.89	5.02	5.68	6.44	6.99
	DM 测试	−14.85	−10.47	−4.62	−5.91	−5.73	−4.45	–
SPY	根均方误差	1.021	0.287	0.068	0.143	0.072	0.064	0.053
	平均绝对误差	0.831	0.195	0.055	0.103	0.061	0.052	0.042
	泰尔 U	0.977	0.792	0.621	0.686	0.672	0.613	0.597
	PT 测试	0.05	0.30	6.48	4.85	5.79	6.52	7.11
	DM 测试	−14.56	−11.41	−5.59	−6.65	−5.97	−5.08	–
QQQ	根均方误差	1.022	0.295	0.069	0.127	0.071	0.067	0.055
	平均绝对误差	0.834	0.204	0.058	0.088	0.059	0.055	0.044
	泰尔 U	0.987	0.799	0.632	0.658	0.644	0.616	0.599
	PT 测试	0.08	0.25	6.14	5.19	5.73	6.50	7.08
	DM 测试	−15.31	−12.04	−5.42	−5.81	5.70	−4.77	–

我们从表 4–2 中注意到，GEP 的性能优于所有保留的统计测量的所有基准。高阶神经网络模型排名第二，而遗传编程算法的统计预测准确率排第三。PT 统计数据表明，研究的所有非线性模型都能够准确预测三个 ETF 收益序列的方向轨迹，而 DM 统计数据则证实了 GEP 预测的统计学优势。另一方面，这两项统计基准似乎都无法为所研究的序列和周期提供统计上准确的预测。

交易表现

我们的模型在样本外周期的交易表现如表 4–3 所示。

表 4–3　　样本外的交易表现

		移动平均收敛差异	遗传算法	MLP	递归神经网络	高阶神经网络	GEP
DJIA	年化收益（含成本）	−0.17	0.76	0.63	0.67	0.79	0.94
	最大回撤率	2.16%	15.22%	10.01%	12.94%	15.92%	23.55%
	信息比率	−23.24%	−22.04%	−20.91%	−19.95%	−21.42%	−17.87%
S&P 500	年化收益（含成本）	−0.24	0.85	0.51	0.74	0.92	1.28
	最大回撤率	−2.12%	19.57%	7.65%	16.79%	19.67%	26.68%
	信息比率	−36.16%	−30.12%	−35.92%	−34.16%	−32.54%	−26.56%
NASDAQ 100	年化收益（含成本）	−0.38	0.78	0.70	0.76	0.86	1.21
	最大回撤率	−3.65%	17.57%	14.51%	16.42%	19.54%	24.02%
	信息比率	−32.85%	−28.19%	−30.81%	−31.91%	−27.91%	−24.41%

通过观察表 4–3，我们注意到我们的 GEP 变化显然优于其基准。我们将在下一节中介绍两种交易策略，以进一步提高 GEP 的交易表现。

为了进一步改善我们模型的交易表现，我们引入了一个基于提前一天波动率预测的杠杆。该策略的初衷是利用波动率的变化。作为第一步，我们在测试和验证子周期时使用了 GARCH、GJR 模型、风险矩阵（RiskMetrics）和 EGARCH 模型预测了前一天的汇率波动。每个周期又被分为六个被称为“区域”的子周期，囊括了极低波动率的区域到极高波动率的区域。具有不同波动率水平的周期按以下方式分类：首先计算第 t 天的实际波动率与第 t+1 天的预测波动率之间的平均（μ）差及其“波动率”【以标准差（σ）衡量】；那些在 μ+σ 之间的周期被划分为“较低高波动率期”。类似地，“中高波动率期”（在 μ+σ 和 μ+2σ 之间）和“极高波动率期”（在 μ+2σ 周期之上）。具有低波动率的周期也遵循相同的方法定义，但带有一个负号。对于每个子周期而言，波动性极高的时期，杠杆率从 0 开始分配；波动性极低的时期，杠杆率为 2.5。

第二个交易策略基于我们预测的绝对值。GEP 算法预测的是这三个指数的前一天收益。使用这种策略时，定向决策是基于预测的强度进行的。只有更具说服力的预测才会被用于做交易决策。此外，这些交易是针对该指数持有的，直到预测的信号发生变化，这可能意味着假设相同的头寸持续若干天会限制交易的数量。

在表 4–4 中，我们汇报了我们的交易策略的表现。

表 4–4　　交易策略的表现

	GEP–DJIA 和时变杠杆的交易策略	GEP–S&P500 和时变杠杆教育策略	GEP–NASDAQ100 和时变杠杆交易策略	GEP– 最强信号交易策略
信息比率	1.03	1.32	1.29	1.96
年化收益（含成本）	26.85%	28.14%	26.98%	34.54%
最大回撤率	–18.95%	–28.95%	–22.95%	–25.81%

我们发现，所有的交易策略都是成功的，但采用置信水平方法的组合交易策略明显更有利可图。

结　论

在这项研究中，GEP 变异被应用于预测和交易道琼斯工业平均指数、标准普尔 500 指数和纳斯达克 100 指数。它以几种非线性模型为基准。在年化收益率和信息比率方面，GEP 预测的表现优于其基准。

虽然与神经网络和遗传编程相比，实证研究在使用 GEP 预测时间序列方面受到限制，但我们发现它其实更优越。遗传编程将其个体划分为由不同形状和大小（树状结构）组成的非线性个体。另一方面，GEP 还将个体分类为固定大小的符号串（即染色体）。此外，它还清楚地区分了一个群体中个体的基因型和表现型之间的差异。费雷拉认为，GEP 不仅以染色体的形式代表着个体的基因型，而且还以树状表达结构的表现型来建立适合度。与神经网络相比，GEP 不会陷入局部最优的风险，并且能够更快地找到最佳解决方案。本章的研究结果支持这些论点，因为结果表明，改进的 GEP 算法在交易效率方面优于所有其他模型。

通过引入两种新的交易策略，这种交易表现得到了进一步的提高。目前的研究表明，即使是更复杂的建模技术，也可以成为投资者的盈利工具，因为它可以使预测者捕捉到非线性关系，而这些非线性关系常被传统方法所忽略。此外，GEP 模型的预测尤其可以用于推导其他的交易规则，以从输出中提取更多的价值。

最终，这种实证应用应该进一步证明随机模型（如本文提出的 GEP 模型）对投资过程是有益的。此外，这些模型开始被越来越多的量化基金经理和学者使用，它们使用户能够超越传统统计和神经网络模型的界限进行实验。

目前，这种方法的主要局限性是它和工具没有考虑到金融时间序列的动态特性。具体而言，该方法假设每个时间序列的所有历史数据都存在一个良好性能的单一模型。然而，事实并非如此，如果将滑动窗口方法合并到 GEPTrader 工具中，交易结果可能就会得到显著改善。而且，即使 GEP 算法本质上是对特征进行选择，如果结合其他特征选择机制，其性能也会进一步改善。

最后，我们坚信这些新引入的算法应该以图形用户界面的形式作为工具提供，以覆盖更广泛的受众。这将有助于消除存在于人工智能领域，尤其是进化算法领域的障碍和知识鸿沟。

第三部分

ARTIFICIAL INTELLIGENCE IN FINANCIAL MARKETS

Cutting Edge Applications for Risk Management, Portfolio Optimization and Economics

经济

第 5 章

商业智能助力经济决策

博迪斯拉夫·杜米特鲁–亚历山德鲁（Bodislav Dumitru-Alexandru）

引　言

经济增长的真正意义是在 2007 年至 2008 年的金融危机中被定义的。特别是，由于发达国家和新兴经济体都缺乏增长的动力，经济增长成了一个备受关注的话题。

如何才能创建一个透明的经济模型，它既能模拟一个经济体，又能在未来呈现出可持续性？21 世纪经历了信息大爆炸和技术的快速发展，目前正处于一个可以应用信息和技术处理大数据以便做出决策的阶段。在很多经济体中，这些发展甚至为经济增长做出了重要贡献。在大数据分析的支持下，通过创建由商业智能战略驱动的混合信息和技术模型来发展的经济体可能会彻底改变全球经济。这场革命的基础可能是开发可拓展的模型，从而预测危机、创建增长模型，并振兴金融市场的疲弱领域（如衍生品基金的发展等）。

在过去 30 年中，全球很多经济体的经济增长都是通过现代资本主义实现的，而现代资本主义是以被视为金本位的布雷顿森林协议的部分废除为基础的。在这种体系中，个人和企业在努力创造财富的同时，也提高了后代的生活水平。目前，传统的社会结构较少受到挑战，因为这种社会压力对“体制”内的人产生了“为了更美好的未来而改变”的影响。因此，现代资本主义制度允许各个阶层的个人利用机会创造财富，并且提高他们的生活水平。为了让这个体系有效运作，公共和私营部门通过重新定义资本主义体系来合作和分享战略和政治发展是非常重要的。

本研究是对类似领域现有研究的补充。奥巴马政府强调，过滤由实际经济体系产生的大量数据（大数据）的自动机制有巨大的潜力。从长远来看，它的实现代表了积极措施的可靠性得到了提高。在这个问题上还存在着不同的观点，有些人鼓励使用数据来定义个人或经济实体的模式和行为，从而在需求出现之前了解需求；有些人则使用数据及其处理来绘制大脑逻辑图。数据运用、处理和商业智能对数据进行了二次开发（如创建全球 DNA 数据库），并对社会、经济或政治方面的发展进行了合理预测。尽管现在还需在全球范围内限制相关的问题，但通过商业智能和大数据的使用，这些问题是可以预见的。这可能导致对人类的控制，因为后代的需求可以在出生前就确定。这会对道德和安全产生影响。

需要做出的决策的复杂性为自动化决策提供了支持，这取决于所分析的工作类型。报告、警报、可视化、业务分析、模拟工具、协作工具和知识管理需要被整合起来，以创建一个可以为决策制定提供自动化工具的超级工具。如果决策制定在技术上是可以实现的，那么在这个过程中就需要传感器、执行器、数据架构、数据挖掘、规则引擎、网络服务、工作流应用程序和企业系统。

文献综述通过介绍拟研究的各个方面来讨论本研究的影响。第一，通过定量和定性分析实现自动化决策，依赖于观察一个经济体在制定和实施政策时的运作方式。第二，文献综述还分析了技术对 GDP 增长的影响，以及如何通过选择与构成现代经济体系的类似部门来将其塑造为一个模型。该方法论展示了模型的开发过程以及如何选择企业。本小节还介绍了如何使用全球行业分类系统（global industry classification standard，GICS）将一个经济体划分为其主要经济部门的技术观点。改变 GICS 部门分类有助于我们的模型更好地理解不同部门和组成部分的影响，以阐明模型的工作原理。此外，该方法还强调了发达经济体和新兴经济体在同一样本期内的表现，以及在商业自动化数据经济模型（business-automated data economy model，BDM）的整个生命周期内，主要股票市场指标对宏观经济环境的反应。在实证结果部分，我们评估了模型在其生命周期内的表现。特别是，我们将从观察最终结果的最终用户的角度来评估分析，并且关注模型的部门进化。结论为未来的研究打开了大门，并对当前信息时代所创造的技术进化和宏观经济重组进行了思考。

文献综述

当我们将重点关注“社会不平等”这一概念时，我们可以对现代资本主义提出很多问题。例如，一家公司的 CEO 的收入预计是新员工的 500 倍左右。很多人认为这种差距造成了不道德的情况，突出了社会差异。除了这个问题之外，我们还面临着低效的税收收入再分配，即税收没有分配给那些为了创造更好的社会福利而进行的投资，而是分配给建立学校和改善医疗保健系统，以支付预算赤字。

所有与现代资本主义相关的问题都是建立在网络经济①发展的基础上的。我们需要的是这样一种经济模式，即在全球化的影响下，帮助资本主义体系进行自我改革，并保持长期关注。这要从医疗、教育和养老金 / 社会保障体系开始。对此，我们需要鼓励合作，在公共部门（可执行性）和私营部门（可实施性）之间建立双边伙伴关系，并共同发展这种伙伴关系。

与此同时，创建企业和社会资本主义模式（企业、治理和国家一体化）已成为大势所趋。该模式基于小规模开发的解决方案，而且是为国家、区域、联盟和全球实施而制定的。在这种情况下，我们必须考虑实施的范围。从公共部门的角度看，在发达国家，人们认为经济愿景这一概念的寿命很短，类似于私营部门进行的投机性投资。这种具有不同事件视野的体系是基于政治周期所创造的逻辑转换。这种转换引入了这样一种观点，即政客在其国家所花费的资金取决于他们短暂的掌权时间。

新兴经济体的可持续发展可以被定义为一种企业模式，这里引入了约瑟

① 网络经济是一种新的经济组织形式，它不是处于一种等级体系中，而是处于权力和关系的水平分布中。因此，没有哪位领导人会将自己强加于规模较小的经济体。

夫·熊彼特（Joseph Schumpeter）强调利益的理念。熊彼特的企业模式通过降低政府行为干预经济的必要性，为国家、地区或州联盟提供了更好的保护。然而，这种模式强调维护市场需求和私营部门的联系的重要性。这一点尤其重要，因为市场是需求满足供给的地方，而且如果私营部门可以与市场直接对接，那么市场就能更好地满足构成需求的消费者需求。这种熊彼特式逻辑的结果是需求的线性循环，这样，生产要素的技术利用率低的概率及其对经济的影响就会降低。我们还需要考虑企业福利和整个国家的社会福利，并在不损害整体社会福利的前提下进行。

如果私营部门使用的决策路径与公共行政部门的决策路径出现了逻辑转换，那么国家和企业之间就会产生联系。它们的资本主义结构定义的联系所导致的经济增长必须保持在可持续的水平，以防止经济过热。①我们还应该考虑熊彼特的另一个观点，即“健康的”经济增长率应该是每年 2%（根据 1890—1940 年间进行的分析，其中包括大萧条前，即 1890—1929 年间，不可持续的每年 3.8% 的增长率②）。

资本主义不可能没有民主，所以我们需要对理想条件下政治民主的功能理论进行讨论。该理论认为理想的民主类似于特定市场中的自由企业制度，强调了民主和资本主义在意识形态上的趋同。这一愿景的设计理念是，确保经济部门的功能性（公司治理）的效率高于国家通过政府行动或政党通过其理论观点提供的效率。这个例子指的是一个部门，而不是整个经济体，因为根据民主竞争的方法，我们可以在一个经济体及其部门之间的联系，与一家企业及其创建的部门的联系之间找到相似之处。这样，划分的目的为在专业化治理的基础上获得产出创造了

---

① 经济过热导致生产速度加快。这将导致资源消耗的增加，以维持微观经济水平上的生产周期。在宏观经济水平上，失业率下降，经济的整体水平提高。影响因素可能包括一个经济体的总产出和失业率下降到低于自然失业率的水平。因此，政府的税收收入以类似于奥肯定律（Okun’s law）的演变方式增加。此外，如果经济产出高于经济的潜在产出，那么经济就将进入一个繁荣周期，从长远来看，这增加了“崩溃”或向正常水平严重调整 / 修正的可能性。

② 熊彼特创建的样本是通过观察西欧和中欧国家提供的数据而发展起来的。这些国家的经济受到了第一次和第二次世界大战的影响，但在战前，它们的经济处于蓬勃发展的状态。

一种更好的方式，这是由企业的个人（部门主管、部门经理）和经济部门的个人或工作组（部委和国务秘书）完成的。

这种观点可以被视为阿尔伯特·赫希曼（Albert Hirschmann）的论文《反动的修辞》（*Revtoric of Reaction*）中提出的一种创新，他在这篇论文中阐述了20世纪的财富创造问题：悖论命题——想要进行的政治、社会和经济活动产生了一种与预期相反的反作用；无效命题——社会转型没有任何结果（通过政治和经济实施）；危险命题——提出的解决方案可能会抵消其他结果，那么最终成本对于解决方案的实施而言就太大了。我们之所以考虑这些问题，是因为可交付成果必须是一个现实的解决方案，该方案既可行又有能力在短期内实施，但要有长远的眼光。创新是经济活力的核心，它通过创造新产品和革命性的服务推动经济增长、创造就业机会、建立医疗保健体系、为员工提供目标、重塑组织和巩固消费者的生命周期。

回到经济增长的概念及其与投资的关系上，我们可以看到一些普遍和抽象的观点。抽象观与微观经济学观点相联系，并根据一般观点或宏观经济观点进行调整。如果我们将微观经济和宏观经济的观点结合起来，就会看到企业在经济增长领域、在创造或吸收创新以及创造收入的能力上与国家的竞争。例如，2012年，瑞士与苹果公司竞争全球第19大经济体的地位。当时，瑞士的GDP为5450亿美元，而苹果公司的平均市值为5600亿美元。截至2015年2月底，苹果公司是全球最大的企业金融实体，市值超过7550亿美元（来自彭博社的数据）。这种快速的扩张和增长使其与沙特阿拉伯的GDP不相伯仲，约为7780亿美元。发达国家和技术发达领先国家的工资水平和物价正处于加速增长的阶段。结果是，在全球范围内，就业机会从发达国家向新兴市场转移。类似的情况也出现在发达国家的去工业化和新兴经济体的工业化方面。新兴经济体可以通过贸易顺差创造优势，然而，在它们满足所有的宏观经济部门（生产者、出口商和消费者）之前，它们无法成为真正的全球化参与者。这个双向问题给发达国家，尤其是经济合作与发展组织（Organization for Economic Co-operation and Development，OECD）成员国的去工业化进程施加了压力。

约翰·梅纳德·凯恩斯（John Maynard Keynes）为宏观经济产出提出了著名的公式，这一公式通常被称为 GDP。

宏观经济产出的一般公式

$$Y = C + I + G + X \tag{5.1}$$

$$X = \mathrm{Exp} - Imp \tag{5.2}$$

$$C + Imp + S = I + \mathrm{Exp} + C \Leftrightarrow C + S\text{-}I = \mathrm{Exp} - Im \tag{5.3}$$

其中，Y 为国内生产总值；C 为消费；G 为政府支出；X 为净出口（Exp 为出口，Imp 为进口）；S 为储蓄；I 为投资。

当发达国家从新兴国家进口时，国家盈余（S–I）必须等于净出口，而当 Exp–Imp 为负时，就会出现贸易逆差。由于发达国家有更高的储蓄率，新兴市场的投资平衡了这种货物进口，这使得投资可以在原产国以外进行。S–I 为正是因为 S–I 的数为正，净出口为负，而且我们知道这两个宏观变量是相等的。尽管减少逆差似乎是限制进口的一种方式，但人口的总需求在利用逆差作为稀释投资的措施时起到了反作用。在分析了宏观经济技术框架①后，我们发现经济增长代表着生产商品和服务的能力从一个时期到下一时期的增长。技术和信息技术是加速增长的一个宏观因素，我们将这一加速器用于本章稍后介绍的模型的原理中。

企业或部门所创造的社会价值可能会导致人们拒绝商业智能解决方案，从而废除政府在宏观经济部门的任何举措。宏观经济政策被视为在商业智能监管和帮助下实施的项目，并通过融合多种因素而获得成功。其中最重要的因素是人员、技术战略和技术。

商业智能软件所创造的优势偏向于战略和执行，这种优势是以为处于不断变化的经济环境中的企业提供附加价值为基础的。

为企业或政府机构创建完全定制的商业智能软件可能需要数年乃至一个政治

① 技术框架表示经济总量如何发挥作用、它们如何影响全球经济增长及其与消费和投资 / 储蓄的关系。

周期或经济周期，同时还必须考虑技术的发展。商业智能软件的主要驱动力是对海量数据进行分析，以获得高效、直接的解决方案，这些解决方案消耗最少的资源、精力和时间。这种努力在时间上是线性的，也是提高实施商业智能成功率的因素。

像 IBM Cognos 这样偏重变量预测的商业智能软件不仅基于定量结果，而且基于通过在社区中实现定性结果。通过这些联系才能实现企业目标乃至全国范围内的目标，并且开发一个全新的复杂的商业智能系统，该系统也能在其领域内保持卓越。

此外，在形成自动化的理念时，应该将卓越作为一个标准加以讨论，从长远来看，该标准可以发展成为一种强调响应自动化的宏观愿景。从系统中得到的反馈来自技术与个人之间的关系，这些关系是通过公共和私营部门的制度实践进行过滤的。

自动化作为一个拟提出的解决方案代表了自动化公司治理的开始，因为它基于报告、分析、集成工作流、可视化和衡量指标（记分卡）的原则。这些原则基于绩效管理的标准化流程（财务分析、计划、预算和预测）、高级分析的标准化流程（预测分析和数据挖掘）和信息管理的标准化流程（数据概要分析、数据质量测试、数据仓库和数据集成）。

随着技术的发展，自动化转型过程不仅可以改变系统的进化，而且可以改变系统结构的内聚性，这需要制定一种多维策略。

自动化代表了一种新的“社会”进程（在这里，“社会”被理解为国家为其居民创造社会福利和提高生活水平的过程），这减少了为国家创造回报的机会。它可以被视为一种将利润降至最低、回馈社会、提高其成员长期生活水平的功能。自动化还可用于主动危机管理，在这个过程中，可以通过商业智能软件过滤一系列业务模型的结果。

连续的衰退导致资本逐渐取代了劳动力，但这个问题来自这样一个事实：经济增长每次都被重新点燃，经济产出又会恢复正常的趋势。然而，工作流或劳动力数量减少，因此某些工作将变得多余。

从熊彼特开始，经济学家一直遵循了创造可持续经济增长的科学目标，这种经济增长也适用于新兴市场。此外，罗伯特·索洛（Robert Solow）遵循了这一观点，并提出了长期增长理论，该理论在 20 世纪 80 年代初期获得了广泛支持。① 但他的理论很快被金融增长理论所取代，这种理论提出我们的经济可以通过遵循经济的无形方面来发展，如金融衍生品或服务方面的需求。无形的进化组成成分代表了传统经济学与现代经济学之间的区别。同时，它也代表着加速走向未来，基于驾驭创新浪潮的需要，将人类定位在进化的开明一面。进化的这一方面降低了损失，并减少州、地区或联盟层面开发路径的数量（如基础设施、重建比较优势和创造竞争极）。

创建商业自动化数据经济模型的方法

商业自动化数据经济模型（BDM）旨在通过开发一种使用美国股票市场数据的算法来提高封闭式基金的效率。第二个目的是使用与模型相同的算法，该模型被拓展至适合解决政府层面的自动化决策问题。所有这些解决方案都从软件算法的商业智能角度进行过滤的，类似于 IBM Cognos 等解决方案中的算法。

我们提出的模型有助于获取大量数据，以便为决策提供可行的解决方案，特别是在模拟整个国家的经济时。它代表了对经济增长的传统观点以及发展一种模拟国家运行方式的虚拟经济的新观点。为了实现这一点，很多获取数据和代表广泛经济的企业被纳入进来。根据 GICS 部门分类方法，这些企业在很多不同的部

① 罗伯特·索洛的经济增长理论包括这样一个观点：当资本在经济中占主导地位时，经济增长就会加速。这是因为员工的可伸缩性较低，他们更容易被随时间呈指数级发展的技术所取代。在宏观经济层面，这种势头也是呈指数级增长的。索洛将储蓄功能与个人的投资行为联系起来，提出了通过资本积累实现增长的观点。GDP 公式可以参考公式 5.1。

门运作[①]，特别是用来创建 BDM 的企业都已经在纳斯达克 OMX[②] 上市。

BDM 是通过分析经济体如何运行（包括形成它的实体、通过其商业流程形成的部门，从而形成一国经济）而建立起来的。那些形成了 BDM 的企业还强调了利润与福利之间的区别（企业的目的与政府或国家的目的）。在实践中，企业效率代表了模型的核心，验证了本项研究。

要使一个国家成功、有效地发展，就必须超越通常形成一个国家所需的统一过程、国家意识和历史依赖，以及超越事件视野。宏观经济表现以一种相对的方式显示了一个国家的经济是如何发展起来的。然而，质量和生活水平也是发展道路上需要重视的细节。

在开发我们提出的经济模型时，我们首先评估了那些最适合使用该经济模型分析的企业，这些企业不但最具影响力，而且能代表现代经济的发展模式。为此，我们需要使用一个透明和开放的市场，而且这个市场还有最低的交易成本，纳斯达克 OMX 就能很好地满足这两项要求。[③] 我们充分利用了纳斯达克 OMX（作为操作平台）和彭博专业服务（提供与我们的研究相关的分析数据的服务，帮助我们检索数据，以构建我们的模型）的优势。而在使用所有这些方法之前，我们需要确定构成功能经济的主要部门。这必须与 21 世纪的最新趋势相一致，因此我们将主要的宏观经济部门划分为 10 个。以 GICS 分类为基础，我们相应地修改了一些部门，以更好地适应我们的模型，因为我们需要达到现代经济的实际波动状态。[④] 例如，金融部门被分为两个部门：金融产品部门及其衍生品部门。我们将非

---

① 全球行业分类标准将这些部门进行如下分类：能源、材料、工业、非必需消费品、必需消费品、医疗保健、金融、信息技术、电信服务和公用事业。

② 纳斯达克 OMX 是美国最大的电子股票交易所。该公司在全球拥有多个证券交易平台。纳斯达克 OMX 集团（NASDAQ OMX Group）也提供一些帮助企业处理投资者关系、市场情报、董事会关系和新闻传播等方面的问题的服务。在投资纳斯达克上市公司时，所有这些都增加了透明度。

③ 交易成本理论强调了这样一个事实：当在建立一种经济模式时，一家公司或一家企业的发展或维持都会有一些经营成本，也称为交易成本。谈及我们的模式时，我们需要这些成本接近于零，而唯一透明、开放且成本接近于零的市场就是纳斯达克 OMX 平台。

④ 我们理解的“现代经济的不稳定状态”意味着现代经济的实际发展，其中最重要的部门是金融产品部门和衍生品部门，因为它们为其他所有部门提供动力，需要相应地强调它们。

必需消费品部门更名为周期性消费部门，因为消费速度更快，即构成这一部门的商品和服务的替代率高。必需消费品部门也被修改为非周期性消费部门，因为这类商品和服务的消费率较低。修改后的部门包括：材料、衍生品、电信服务、周期性消费、非周期性消费、能源、工业、金融、信息技术和公用事业。金融和衍生品构成了第三种产业，它们被视为一个经济体的资金来源。总需求是基于电信服务、周期性消费、非周期性消费、信息技术、能源和公用事业部门的发展。这些部门向消费者提供终端产品和服务。此外，当它们进入提供中间产品或服务的生产过程时，它们也会创造出总供给，如材料和工业部门。形成该模型所分析的企业在纳斯达克 OMX 上交易，并通过使用扎克斯投资管理公司（Zacks Investment Management）提供的投资服务（即价值投资者和内幕交易解决方案）进行选择，从而模拟所有投资公司为企业客户提供的服务。形成经济模型的 58 家企业具有代表性，可以模仿和模拟全国经济及其部门，但并不能代表包括 3000 多家企业的纳斯达克 OMX 平台。我们通过与前面提到的行业进行匹配，分析其增长潜力，并且回顾了公开金融业绩的数据[①]，从而选出了这 58 家公司。

该模型最重要的一个特点是，用于开发模型的 58 家企业可以被其他企业所替换，这些企业具有类似的细分市场或行业，并且有潜力达到相同投资组合价值，从而使该模型最终以相似的方式运行。[②]这种可交换性可被视为验证将私营部门的实践是否为实施公共部门或政府项目的更好方法的新途径。从长远来看，我们可以制定一系列规则，帮助政策制定者制定积极的宏观经济解决方案，该方案的最终目标是使经济实现可持续增长。

我们基于 2011 年的研究结果选择出了构建模型所需要的企业，以下将对这个选择过程进行更详细的解释和说明。这些企业是通过使用扎克斯投资管理公司和

---

① 这是最初选择企业时所遵循的路径。事实上，这些企业来自不同的部门，对应着不同的市场，它们的交易创造了多样化。这种选择企业的方法也为通过使用一个简单的选择过程而创建自治系统的想法提供了见解。模拟经济的想法提供了通过模拟真实经济来创造经济增长的最佳路径。

② 创建模型的过程是透明、简单的，并为解释金融增长工具提供了一种新的工具，而不需要在模型中使用事先经过测试的组成部分。它适用于所有类似的组成部分（将企业替换为具有相同活动领域的其他企业，而且模型中替换的财务价值具有可比价值）。

高盛投资研究公司所使用的解决方案选择出来的。前者使用的是内幕交易者解决方案和价值投资者解决方案。①这些都是为那些了解该领域的理论知识、但在实操方面需要进一步帮助的投资者量身设计的。高盛投资研究公司使用了 2015 年的市场主题。最初，我们选择在 2011 年 8 月至 9 月这一时间段内使用之前指定的解决方案进行。该模型的执行间隔是基于全球经济正处于一个持续混乱的过程中，并考虑到该模型的执行是基于特别创建的竞争市场上的股票交易情况来进行选择的。股票价格还包括投资者的乐观情绪，以及几乎所有被选定企业都在美国纳斯达克 OMX 平台上市的事实。为了强调在两个停滞的市场（美国和欧洲股市）以及在新一轮经济衰退的前提下所获得的增长，我们需要每年 20% 的增长率来验证该模型并代表一种吸引力，即作为一种低至平均风险的投资基金，以及作为国家治理中企业治理干预的验证模型，用于制定政策、实施和执行经济模型。在综合考量了投资者对模型的吸引力、投资所隐含的风险和投资金额之后，我们才确定了 20% 的增长率。

表 5–1 列出了我们选出的用于构建模拟宏观经济 BDM 的企业。

为了推广验证企业效率的基本模型，我们选择了 2011 年 10 月 3 日至 2015 年 4 月 2 日这个时间段。之所以选择这段时间是考虑到金融活动的周期，因为它是从每年 10 月股市中发现的投机成分开始的。10 月是一年中第三季度的“盈利季”，也是产生股息并宣布在下一季度支付股息的季节，因此，这使得市场参与者能够通过寻找提供给股东的年度股息来快速地获得投资回报。在模型的生命周期内，全球经济经历了多个重大事件，如日本的地震和海啸、美国国债达到上限等，这些事件都波及了全球的社会、经济和人道主义方面，进而破坏了全球经济的稳定，降低了人们的预期和市场预测，影响了全球所有上市公司的发展。从 2015 年初开始，希腊局势的演变也给欧美股市带来了外部压力。为了强调模型的稳健性，我们在上述时间段之前对模型进行了几年的测试，并观察到 BDM 每次的表现都优

① 扎克斯投资研究公司提供内幕交易和价值投资者等解决方案，帮助投资者根据偏好、个人情况和风险承受力进行投资。这可能是长期投资、对冲或纯粹的投机。

表 5–1 构成 BDM 的企业

序号	企业名称	彭博股票代码	简介
1	施伟策–摩迪国际公司（Schweitzer-Mauduit International, Inc）	SWM	高级纸张
2	派拉蒙金银业公司（Paramount Gold and Silver Corp.）	PZG	稀有金属矿业
3	加拿大黄金公司（Goldcorp Inc）	GG	稀有金属矿业
4	First Majestic Silver 公司	AG	银矿业
5	SPDR 黄金信托	GLD	ETF 基金
6	西班牙电信公司（Telefonica SA）*	TEF	电信
7	斯坦普斯网站（Stamps.com）	STMP	递送服务
8	OpenTable 公司	OPEN	线上存储
9	谷歌公司	GOOG	互联网搜索及 SAAS
10	华斯科公司（Watsco Inc.）	WSO	交流技术
11	汤姆运动国际控股公司（Town Sports International Holdings Inc.）	CLUB	健身
12	史蒂夫·马登（Steven Madden）公司	SHOO	鞋类
13	罗斯百货（Ross Stores）	ROST	折扣商店
14	诺德斯特龙（Nordstrom）公司	JWN	时尚零售商
15	Men’s Wearhouse 公司	MW	男士服装
16	Maidenform Brands 公司	MFB	时尚 & 零售
17	露露柠檬（LuLulemonAthletica）	LULU	科技时尚
18	华生制药有限公司（Watson Pharmaceuticals Inc.）	WPI	医药

续前表

序号	企业名称	彭博股票代码	简介
19	Techne 公司	TECH	生物技术
20	盎塞（On Assignment）公司	ASGN	人力资源专业解决方案
21	爵士制药公司（Jazz Pharmaceuticals Public Limited Company）	JAZZ	医药品
22	Cross（A.T.）公司	ATX	书写工具
23	Western Refining 公司	WNR	精制
24	Sunoco Logistics Partners LP 公司	SXL	Oil 360
25	Patterson-UTI Energy 公司	PTEN	能源生产
26	埃克森美孚公司	XOM	能源（开发和生产）
27	阿龙美国能源公司（Alon USA Energy, Inc.）	ALJ	汽油（生产与分销）
28	邓普顿俄罗斯基金（Templeton Russia Fund）	TRF	金融衍生品
29	坦格尔工厂直销中心（Tanger Factory Outlet Centers）	SKT	不动产投资信托
30	Rayonier 公司	RYN	建筑材料
31	梅溪木材公司（Plum Creek Timber Company）	PCL	木材工业
32	Medallion 金融公司	TAXI	金融出租车业务
33	芝加哥商品交易所集团（CME Group Inc.）	CME	贸易与投资银行
34	伯克希尔·哈撒韦公司（Berkshire Hathaway）	BRK/A	商务解决方案
35	美国银行（Bank of America Corporation）	BAC	银行及金融服务
36	美国校园社区公司（American Campus Communities Inc）	ACC	不动产投资信托

续前表

序号	企业名称	彭博股票代码	简介
37	西屋空气制动技术公司（Westinghouse Air Brake Technologies Corporation）	WAB	交流技术
38	马斯科技大型工程公司（MasTec, Inc）	MTZ	建筑工地
39	GSI 集团	GSIG	激光和光电解决方案
40	墨西哥坎昆国际机场（GrupoAeroportuario del Sureste）	ASR	机场
41	美国通用电气公司	GE	科技与金融服务
42	巴西航空工业公司（Embraer-EmpresaBrasileira de Aeronautica SA）	ERJ	航空 360
43	科尔法克斯公司（Colfax Corporation）	CFX	运输业
44	波音公司（Boeing Company）	BA	民机机载系统开发
45	英国宇航系统公司（Bae Systems Plc.）	BAESY	航空防务系统
46	3M 公司	MMM	科技公司
47	Goldman Sachs Income Builder 基金	GSBX	共同基金
48	UltraTech 国际公司	UTEK	创新
49	Stratasys 公司	SSYS	3D 打印
50	微软公司	MSFT	信息技术
51	j2 全球公司	JCOM	云计算
52	IBM 公司	IBM	商务智能 & 科技创新
53	英特尔公司	INTC	微处理器和芯片组
54	CACI 国际公司	CACI	企业信息技术

续前表

序号	企业名称	彭博股票代码	简介
55	苹果公司	AAPL	个人电脑和多媒体设备
56	ACI Worldwide 公司	ACIW	电子支付
57	3D 系统公司	DDD	3D 打印
58	美国水业公司（American Water Works）	AWK	公用事业－水务

注：

1. 突出显示的企业 / 基金最初是在股市上市的，但它们被收购后退市，成为私有公司【如 OpenTable 公司、Maidenform Brands 公司、华生制药有限公司和 Cross（A.T.）公司。Goldman Sachs Income Builder 基金最初也是该模型的一部分，但在该封闭式基金到期后被移除，随后被高盛公司关闭。】

2. 大多数公司主要在纳斯达克上市，拉丁美洲的两个例外是墨西哥坎昆国际机场和巴西航空工业公司。然而，它们在纳斯达克以美国存托凭证的形式进行交易。因此，这两家公司都被纳入了我们的模型中，因为它们与获得模拟经济的所有方面 / 部门相关。这两家公司整合了所有航空服务，包括机场、人员、行李管理、飞机和机场的餐饮和维护。由于美国的航空公司与机场管理和机场服务的所有其他组成部分是分开的，因此北美地区的类似服务是不可用的。

3. 其他主要不在纳斯达克上市的公司包括西班牙电信公司和英国宇航系统公司。这两家欧洲公司分别位于西班牙马德里和英国伦敦。它们被选为模型的一部分是为了代替它们的美国同行，即美国电话电报公司（American Telephone and Telegraph，AT&T）、威瑞森电信（Verizon）公司和 T-Mobile 公司。虽然这两家公司可能被纳入模型，但它们被认为是以美国为中心的，与美国经济的发展紧密相联。类似的情况也出现在选择英国宇航系统公司而不是洛克希德·马丁公司（Lockheed Martin Corp.）或哈里伯顿公司（Halliburton Co.）时。英国宇航系统公司与全球 50 多个国家签订了合同，而洛克希德·马丁公司和哈里伯顿公司主要则与美国政府签订合同。

4. 关于伯克希尔·哈撒韦公司，我们将其股票价值稀释为其价值的 1%，因为其整体价值将使模型的演化朝着伯克希尔哈撒韦公司的股票的方向倾斜。

5. 在该模型的声明周期内，苹果公司通过收购操作（2015 年 4 月和 5 月）减少了股票市场上的可用股票数量，因此股票的实际价值被稀释了七倍。

于股票市场，且没有受到经济危机的直接影响。

为了验证该模型的性能，而不是将其视为“黑天鹅”事件，该模型被连续使用了三年半，因此它包括了全球范围内降低的预期。当我们得出了经济增长趋于零的结论时，这向所有发达经济体传递了一个令人不安的信号。2013 年，美国债务达到上限，并在一段不确定的时间内取消了债务上限，这让世界经济进入了一个不切实际的繁荣期。美联储（The Federal Reserve System）通过其量化宽松政策和操作互换计划，并在欧洲央行的支持下，通过量化宽松计划注入廉价货币，刺激了发达经济体的消费。为了观察量化宽松计划的效率，我们可以观察表 5–2 和表 5–3 中显示的全球一些主要股票市场的演变以及发达经济体和新兴经济体产出的演变。

表 5–2　　2011—2015 年全球战略股票市场的演变

序号	股票市场	第 1 期的收益（%）	第 2 期的收益（%）	第 3 期的收益（%）	第 4 期的收益（%）
1	纳斯达克	10.31	28.10	56.63	109.22
2	标普 500	6.21	22.03	42.97	88.04
3	道琼斯	5.73	17.38	31.75	66.71
4	富时 100	6.00	6.15	17.63	38.20
5	法国 CAC40	19.60	22.03	48.62	73.37
6	日经 225	23.31	36.29	119.81	126.00
7	德国 DAX	30.14	38.68	63.81	122.58
8	BE500	19.36	27.18	45.19	74.32
9	恒生指数	9.59	9.97	21.00	55.54
10	欧洲斯托克 50	19.60	27.31	49.06	73.75
11	沪深 300	68.29	71.22	77.78	61.31
12	巴西 BOVESPA	−0.74	0.04	−10.30	4.59
13	墨西哥 BOLSA	−0.12	7.03	7.29	34.09
14	韩国 KOSPI	2.68	1.48	1.66	18.92

续前表

序号	股票市场	第 1 期的收益（%）	第 2 期的收益（%）	第 3 期的收益（%）	第 4 期的收益（%）
15	Bucharest SE	−1.76	17.78	48.94	67.48

注：计算强调了实际情况的演变（2011 年 10 月 3 日至 2015 年 4 月 2 日）。
回报率分成以下四个阶段。
第一阶段：2014 年 10 月 2 日 - 2015 年 4 月 2 日
第二阶段：2013 年 10 月 2 日 - 2015 年 4 月 2 日
第三阶段：2012 年 10 月 2 日 - 2015 年 4 月 2 日
第四阶段：2011 年 10 月 2 日 - 2015 年 4 月 2 日
来源：彭博社专业服务数据。

表 5–3　　　发达国家、金砖国家以及正在迎头赶上的新兴国家的演变

GDP 增长（%）						
国家或地区（GDP 等级）	2011 年	2012 年	2013 年	2014 年	2011—2014 年	2010—2014 年
全球	3.90	3.10	3.00	3.70	10.12	14.42
经济合作与发展组织	2.00	1.50	1.30	2.20	5.08	7.18
欧盟 28 国	1.60	−0.60	−0.40	0.80	−0.21	1.39
美国	1.80	2.80	1.90	2.60	7.48	9.41
中国	9.30	7.70	7.70	7.40	24.58	36.16
日本	−0.50	1.40	1.50	1.20	4.16	3.64
德国	3.40	0.90	0.50	1.90	3.33	6.84
法国	2.00	0.00	0.30	0.90	1.20	3.23
巴西	2.70	1.00	2.30	1.80	5.18	8.02
英国	1.10	0.30	1.70	3.20	5.27	6.43
意大利	0.60	−2.40	−1.80	0.50	−3.68	−3.10
俄罗斯	4.30	3.40	1.50	2.00	7.05	11.65
印度	6.80	3.20	4.40	5.40	13.56	21.28
墨西哥	3.90	3.70	1.20	3.00	8.09	12.31
韩国	3.70	2.30	3.00	4.00	9.58	13.64

续前表

GDP 增长（%）						
国家或地区（GDP 等级）	2011 年	2012 年	2013 年	2014 年	2011—2014 年	2010—2014 年
印尼	6.50	6.30	5.80	5.70	18.88	26.60
土耳其	8.80	2.10	4.00	2.80	9.16	18.76
罗马尼亚	2.50	0.60	3.50	2.50	6.72	9.39

来源：世界银行数据库和国际货币基金组织数据库，2015 年 6 月。

除了那些直接关系到全球经济变化，并且经济增长不稳定的国家，我们还考虑了其他一些主要经济体的经济增长的演变，如金砖国家（BRICS，包括巴西、俄罗斯、印度、中国和南非）和其他一些新兴经济体（如墨西哥、土耳其和罗马尼亚）。由于全球化，每个大国所经历的社会影响都可能会影响到其他相距遥远的国家，这种现象可以用蝴蝶效应来解释。

我们从表 5–3 可以看出，2011 年至 2013 年，全球产出的增速从 3.90% 的同比增长率下降至 3.00%，2014 年增长至 3.70%，经济合作与发展组织、欧盟 28 国和美国也出现了类似的增速。2015 年，美联储启动的量化宽松计划使经济增长的引擎被重新点燃。美联储通过创造货币并将其注入经济，刺激对商品、服务和股票的需求来人为地促进经济增长，从而创造了更多的就业机会。这会带来一个长期的成本：通货膨胀加剧、房地产市场繁荣，以及全球股票交易所交易量的增加。

模型的实证结果

在这里，我们展示了选择了每家企业在四个特定时期的表现。

测试 BDM 所总结的原则也构成了用于模仿照模拟全国经济的基本算法（特别是对于新兴经济体）。通过运用商业智能分析和公司治理实践，我们得出以下了结论。

1. **金融偏差的结果。**如果你使用已开发的模型来开发一只封闭式投资基金，你就将拥有一只被标准普尔或穆迪评为投资级的基金，因为构成该模型的公司在美国证券交易所已经成熟，并且在纳斯达克 OMX 公开交易。普华永道、毕马威（KPMG）、德勤（Deloitte）或安永（Ernst & Young）等公司也对它们进行了分析，之前提到的评级机构也对它们进行了评估。它们被认为是安全的，因此被列入投资级。模型中的公司组合在该模型中获得了丰厚回报，因此通过这种方式，它们获得的回报与那些高风险投资基金（每年的回报率超过 20%）的回报相似。高风险投资基金需要客户承担很高的风险，且极有可能造成亏损。

2. 宏观经济偏差的结果。我们在之前的研究中发现，这个创建的模型与政府为实现其目标而采取的下一个步骤之间存在相关性。模拟一个国家的经济，正如这个模型的概念及其发展一样，表明政府的绩效在三到五年的时间里有了一定的改善。

表 5–4 展示了构成该模型的企业以及该模型在三年半的时间框架内的演变。

表 5–4 显示，BDM 作为算术回报率的结果为 81.44%，优于表 5–5 所列样本股票市场的平均回报率。这一结果与消费者对 2012 年的预期有更好的相关性，也与经济低效超过经济逻辑的时刻相一致（2013 年出台了很多非常规经济措施）。2013 年，与全球股市 56.21% 的收益率相比，该模型的表现高于平均水平，而 2014 年，该模型的增长势头有所放缓，全球经济改变了方向。部分原因是希腊与欧洲债权人的债务谈判，以及在当地选举期间出现的政治不稳定。2014 年欧盟举行选举时也出现了政治分歧。该模型不包括在纳斯达克 OMX 交易的费用，也不包括主要在伦敦证交所上市的股票的印花税（如英国宇航系统公司也在纳斯达克上市）。这些费用没有被包括在内，因为该模型的主要目的是模拟一种经济，而且我们应用了交易成本理论，这有助于我们从分析的角度忽略可扩展模型的费用。

我们在相同的区间内分析了代表主要发达经济体和新兴经济体的全球股市指数，结果如表 5–5 所示。

表 5–4　BDM 及其演变

序号	公司名称	代码	结束值	中间值 0.3	收益率 0.4（%）	中间值 0.2	收益率 0.3（%）	中间值 0.1	收益率 0.2（%）	起始值	收益率 0.1（%）
1	施伟策－摩迪国际公司	SWM	45.77	40.14	14.03	59.47	−23.04	32.45	41.05	27.57	66.01
2	派拉蒙金银业公司	PZG	1.40	0.88	59.09	1.30	7.69	2.59	−45.95	2.17	−35.48
3	加拿大黄金公司	GG	18.85	23.60	−20.13	25.47	−25.99	45.62	−58.68	45.36	−58.44
4	First Majestic Silver 公司	AG	5.49	7.84	−29.97	11.58	−52.59	22.86	−75.98	14.90	−63.15
5	SPDR 黄金信托	GLD	115.28	116.74	−1.25	127.06	−9.27	172.10	−33.02	160.96	−28.38
6	西班牙电信公司	TEF	14.62	15.10	−3.18	16.03	−8.80	13.53	8.06	18.38	−20.46
7	斯坦普斯网站	STMP	66.04	32.11	105.67	45.83	44.10	22.86	188.89	19.36	241.12
8	OpenTable 公司	OPEN	0.00	0.00	0.00	0.00	0.00	0.00	0.00	0.00	0.00
9	谷歌公司	GOOG	534.06	570.08	−6.32	887.99	−39.86	756.99	−29.45	495.52	7.78
10	华斯科公司	WSO	125.23	87.35	43.37	94.01	33.21	76.92	62.81	51.31	144.07
11	汤姆运动国际控股公司	CLUB	6.75	6.25	8.00	12.46	−45.83	13.22	−48.94	6.87	−1.75
12	史蒂夫·马登公司	SHOO	38.20	32.21	18.60	35.93	6.32	43.87	−12.92	28.36	34.70
13	罗斯百货	ROST	51.96	75.81	−31.46	74.01	−29.79	65.95	−21.21	38.21	35.99
14	诺德斯特龙公司	JWN	79.96	68.83	16.17	56.80	40.77	55.63	43.74	45.37	76.24
15	Men’s Wearhouse	MW	52.68	46.67	12.88	34.30	53.59	34.31	53.54	25.01	110.64
16	Maidenform Brands 公司	MFB	0.00	0.00	0.00	0.00	0.00	0.00	0.00	0.00	0.00
17	露露柠檬	LULU	63.35	42.36	49.55	74.46	−14.92	76.35	−17.03	44.80	41.41
18	华生制药有限公司	WPI	0.00	0.00	0.00	0.00	0.00	0.00	0.00	0.00	0.00

续前表

序号	公司名称	代码	结束值	中间值 0.3	收益率 0.4（%）	中间值 0.2	收益率 0.3（%）	中间值 0.1	收益率 0.2（%）	起始值	收益率 0.1（%）
19	Techne 公司	TECH	98.52	93.64	5.21	80.57	22.28	73.38	34.26	65.29	50.90
20	盎塞公司	ASGN	38.69	26.58	45.56	33.01	17.21	19.95	93.93	6.75	473.19
21	爵士制药公司	JAZZ	168.86	154.55	9.26	90.28	87.04	58.76	187.37	37.35	352.10
22	Cross（A.T.）公司	ATX	0.00	0.00	0.00	0.00	0.00	0.00	0.00	0.00	0.00
23	Western Refining 公司	WNR	46.32	42.04	10.18	30.50	51.87	26.58	74.27	11.80	292.54
24	Sunoco Logistics Partners LP 公司	SXL	41.53	47.88	−13.26	66.46	−37.51	49.00	−15.24	29.46	40.97
25	Patterson-UTI Energy 公司	PTEN	19.37	30.27	−36.01	22.39	−13.49	15.80	22.59	15.83	22.36
26	埃克森美孚公司	XOM	84.30	93.30	−9.65	86.08	−2.07	91.72	−8.09	71.15	18.48
27	阿龙美国能源公司	ALJ	16.69	14.49	15.18	10.26	62.67	13.95	19.64	5.47	205.12
28	邓普顿俄罗斯基金	TRF	10.33	12.39	−16.63	14.79	−30.16	15.55	−33.57	14.06	−26.53
29	坦格尔工厂直销中心	SKT	35.85	32.95	8.80	33.08	8.37	32.02	11.96	24.73	44.97
30	Rayonier 公司	RYN	26.45	31.14	−15.06	55.78	−52.58	48.65	−45.63	35.65	−25.81
31	梅溪木材公司	PCL	43.41	39.04	11.19	47.45	−8.51	42.94	1.09	33.75	28.62
32	Medallion 金融公司	TAXI	10.34	11.75	−12.00	14.92	−30.70	11.97	−13.62	8.91	16.05
33	芝加哥商品交易所集团	CME	92.91	80.42	15.53	73.97	25.60	57.11	62.69	49.70	86.94
34	伯克希尔·哈撒韦公司	BRK/A	2165.00	2062.50	4.97	1715.00	26.24	1332.27	62.50	1047.01	106.78

续前表

序号	公司名称	代码	结束值	中间值 0.3	收益率 0.4（%）	中间值 0.2	收益率 0.3（%）	中间值 0.1	收益率 0.2（%）	起始值	收益率 0.1（%）
35	美国银行	BAC	15.54	16.88	-7.94	14.06	10.53	8.93	74.02	5.53	181.01
36	美国校园社区公司	ACC	43.36	36.29	19.48	34.31	26.38	43.49	-0.30	36.15	19.94
37	西屋空气制动技术公司	WAB	94.29	77.91	21.02	63.43	48.65	81.38	15.86	50.15	88.02
38	马斯科技大型工程公司	MTZ	19.49	29.60	-34.16	30.54	-36.18	20.55	-5.16	16.93	15.12
39	GSI 集团	GSIG	13.43	11.60	15.78	9.47	41.82	8.79	52.79	7.27	84.73
40	墨西哥坎昆国际机场	ASR	141.11	125.21	12.70	115.43	22.25	89.90	56.96	48.94	188.33
41	美国通用电气公司	GE	24.94	25.12	-0.72	24.33	2.51	22.79	9.43	14.69	69.78
42	巴西航空工业公司	ERJ	31.29	37.95	-17.55	33.73	-7.23	26.22	19.34	24.67	26.83
43	科尔法克斯公司	CFX	48.48	57.10	-15.10	57.66	-15.92	36.12	34.22	19.07	154.22
44	波音公司	BA	149.28	124.17	20.22	117.84	26.68	69.53	114.70	58.25	156.27
45	英国宇航系统公司	BAESY	31.09	29.47	5.50	29.13	6.73	21.60	43.94	15.78	97.02
46	3M 公司	MMM	162.80	138.67	17.40	119.20	36.58	93.54	74.04	70.93	129.52
47	Goldman Sachs Income Builder 基金	GSBX	0.00	0.00	0.00	0.00	0.00	0.00	0.00	0.00	0.00
48	UltraTech 公司	UTEK	17.14	22.80	-24.82	29.97	-42.81	31.99	-46.42	16.12	6.33
49	Stratasys 公司	SSYS	52.89	115.05	-54.03	103.50	-48.90	56.55	-6.47	18.00	193.83
50	微软公司	MSFT	40.29	45.76	-11.95	33.92	18.78	29.66	35.84	24.53	64.25
51	j2 全球公司	JCOM	67.20	50.18	33.92	50.25	33.73	32.78	105.00	25.50	163.53

续前表

序号	公司名称	代码	结束值	中间值 0.3	收益率 0.4（%）	中间值 0.2	收益率 0.3（%）	中间值 0.1	收益率 0.2（%）	起始值	收益率 0.1（%）
52	IBM 公司	IBM	160.45	186.91	−14.16	184.96	−13.25	209.84	−23.54	173.29	−7.41
53	英特尔公司	INTC	30.81	33.52	−8.08	22.89	34.63	22.84	34.89	20.62	49.42
54	CACI 国际公司	CACI	88.33	70.88	24.62	68.90	28.20	52.31	68.86	46.81	88.70
55	苹果公司	AAPL	877.24	699.30	25.45	487.97	79.77	661.29	32.66	374.57	134.20
56	ACI Worldwide 公司	ACIW	21.48	18.79	14.32	55.19	−61.08	42.20	−49.10	25.26	−14.96
57	3D 系统公司	DDD	27.45	43.71	−37.20	55.22	−50.29	34.21	−19.76	13.50	103.33
58	美国水业公司	AWK	54.89	48.01	14.33	41.53	32.17	36.82	49.08	29.27	87.53
	总计 / 权重平均		6331.48	5983.79	5.81	5714.67	10.79	5058.23	25.17	3616.89	75.05
	常规平均				4.86		4.45		22.26		81.44

注：

这些时间段与上表中突出显示的时间段一致，为分析该模型在股票市场层面与主要先进指标和新兴指标同期的演变提供了支持。

起始值日期为 2015 年 10 月 3 日，结束值日期为 2015 年 4 月 2 日。

中间值为：

1. 2012 年 10 月 2 日；2. 2013 年 10 月 2 日；3. 2014 年 10 月 2 日。

回报率分成以下四个阶段。

R.4——第四阶段：2014 年 10 月 2 日 - 2015 年 4 月 2 日

R.3——第三阶段：2013 年 10 月 2 日 - 2015 年 4 月 2 日

R.2——第二阶段：2012 年 10 月 2 日 - 2015 年 4 月 2 日

R.1——第一阶段：2011 年 10 月 2 日 - 2015 年 4 月 2 日

加权平均数和正态平均数代表整个模型的收益率，并与每家企业的收益率 R.1、R.2、R.3 和 R.4 一致。

来源：纳斯达克 OMX 股票交易平台和彭博专业服务。

表 5–5　　发达市场和新兴市场的主要股市指标

序号	股票市场	代码	结束值	中间值 .3	中间值 .2	中间值 .1	起始值
1	纳斯达克	CCMP	4886.937	4430.19	3815.02	3120.04	2335.83
2	标普 500	SPX	2066.96	1946.17	1693.87	1445.75	1099.23
3	道琼斯	INDU	17763.24	16801.05	15133.14	13482.36	10655.3
4	富时 100	UKX	6833.46	6446.39	6437.5	5809.45	4944.44
5	法国 CAC40	CAC	5074.14	4242.67	4158.16	3414.23	2926.83
6	日经 225	NKY	19312.79	15661.99	14170.49	8786.05	8545.48
7	德国 DAX	DAX	11967.39	9195.68	8629.42	7305.86	5376.7
8	BE500	BE500	270.67	226.76	212.82	186.42	155.27
9	恒生指数	HSCI	25275.64	23064.56	22984.48	20888.28	16250.27
10	欧洲斯托克 50	SX5E	3715.27	3106.42	2918.31	2492.48	2138.24
11	沪深 300	SHSZ300	4124.776	2450.99	2409.04	2320.16	2557.08
12	巴西 BOVESPA	IBOV	53123.02	53518.57	53100.18	59222.08	50791.53
13	墨西哥 BOLSA	MEXBOL	44202.94	44254.43	41300.66	41199.29	32966.23
14	韩国 KOSPI	KOSPI	2029.07	1976.16	1999.47	1996.03	1706.19
15	Bucharest SE	BET	7101.95 207748.253	7228.82 194550.85	6029.94 184992.5	4768.31 176436.79	4240.47 146689.09

注：

起始值日期为 2015 年 10 月 3 日，结束值日期为 2015 年 4 月 2 日，中间值如下：

1. 2012 年 10 月 2 日；
2. 2013 年 10 月 2 日；
3. 2014 年 10 月 2 日。

来源：纳斯达克 OMX 证券交易平台和彭博专业服务。

我们从表 5–5 可以观察到，全球各主要股票市场指数（包括新兴市场）从样本期初到期末的理论收益率在 2012 年末为 20.28%，第二年（2013 年）末为 26.11%，第三年（2014 年）末为 32.63%，2015 年的四月初为 41.62%。

图 5–1 展示了作为 BDM 组成部分的所有企业的图形设计元数据，这些元数据还被添加到它们的平均回报（加权和算术）中，突出了私营部门高管层的绩效情况。

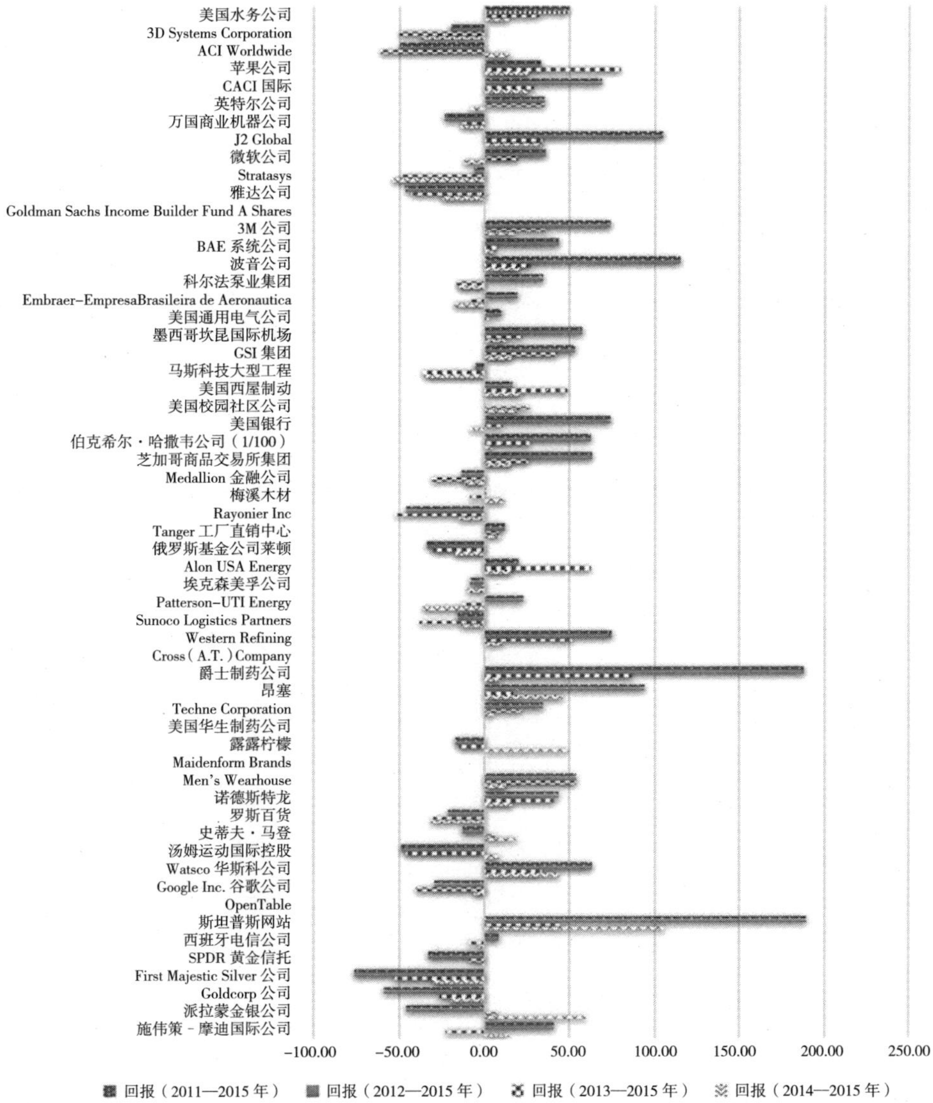

图 5–1　BDM 组成部分的演变（%）

资料来源：彭博社专业版和纳斯达克 OMX（2015 年 6 月 19 日）。

图 5–2 展示了与模型结果（最后的平均值）相比较的所有股票市场指数的图形设计元数据。

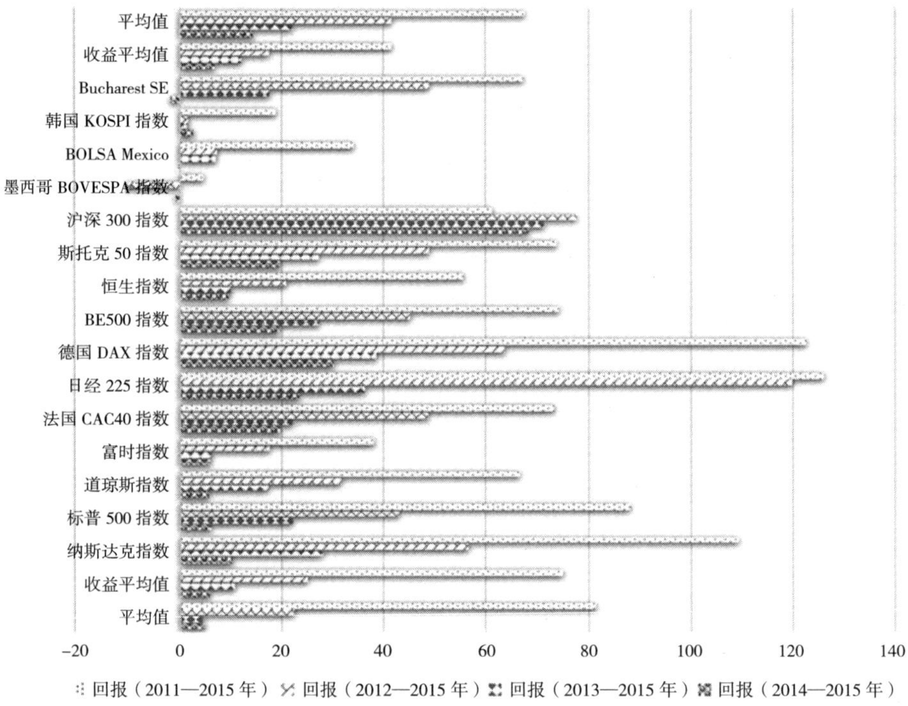

图 5–2　与 BDM 相关的主要股票市场指数的演变（%）

资料来源：彭博社专业版和纳斯达克 OMX（2015 年 6 月 19 日）。

通过比较图 5–1 和图 5–2，我们发现私营部门在创造经济增长方面优于政府（因为 BDM 的增长率高于所使用的股票市场指数的平均增长率）。该模型的主要作用（也是本研究的核心概念）是通过商业智能原则，利用大数据分析和定性验证，创建并强调自动化决策的可行性。这反映了生产经济、以信息技术为基础的经济和银行部门所呈现出的可持续特征。

为了更好地观察经济领域，我们回顾了 1999 年标准普尔制定的全球行业分类标准的变化。金融部门被分为两个部门：金融产品部门和衍生品部门。非必需消费品部门更名为周期性消费行业是因为该部门的消费速度更快，构成该部门的商品和服务具有更高的替代率。必需消费品部门被修改为非周期性消费部门，因为这类商品和服务的消费率较低。在选择构成 BDM 的企业时，我们还试图根据实际的全国经济表现进行类似的收入分配（图 5–3、图 5–4 和图 5–6 提供了图形分布）。欧洲央行（ECB）在其经济公报中简要描述了我们跟踪的该模型各部门的分布情况。

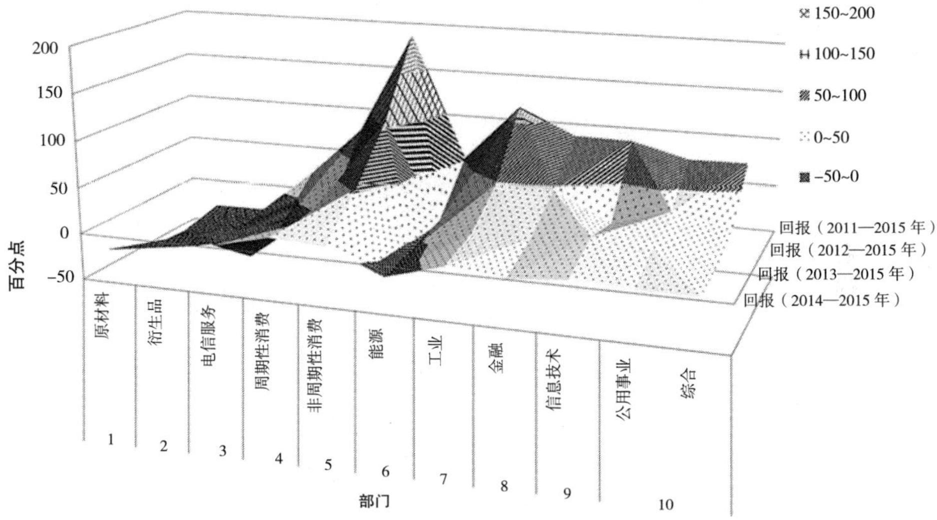

图 5–3　2011—2015 年 BDM 部门的发展

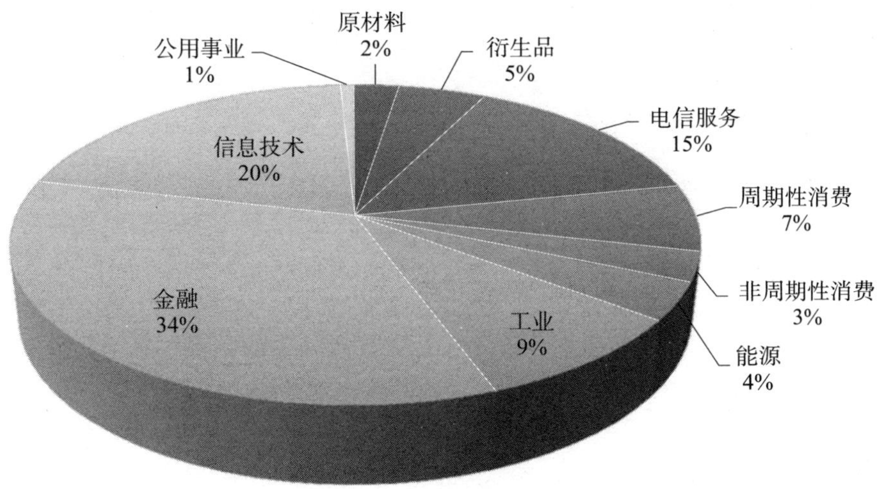

图 5–4　BDM 初始值分布

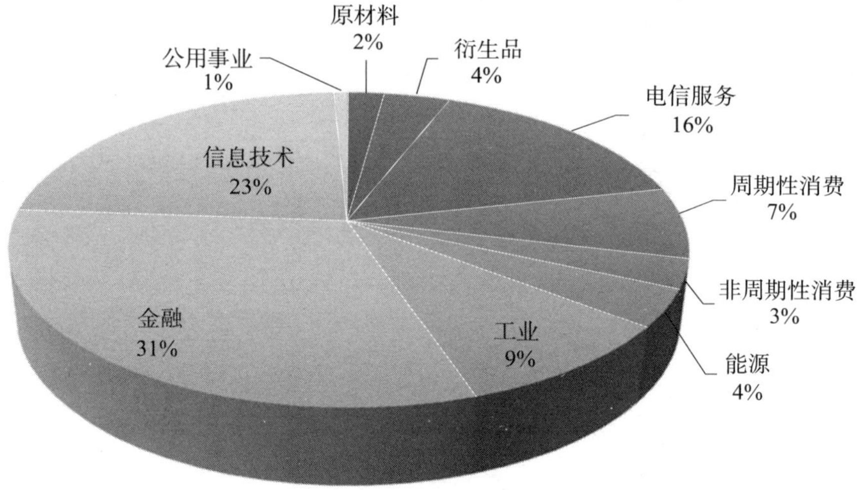

图 5-5　BDM 按照表现进行年度分配（截至 2012 年 10 月 2 日）

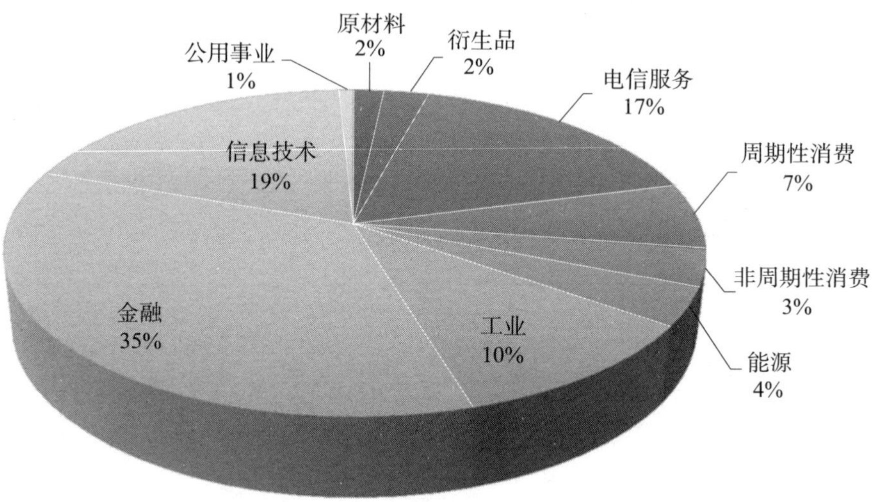

图 5-6　BDM 按照表现进行年度分配（截至 2013 年 10 月 2 日）

表 5–6 展示了模型的绝对值的演变，表 5–7 中的收益率更好地说明了这一点。表 5–7 中强调了模型成熟度和验证模型性能的周期性演变。

表 5–6　　BDM 行业的价值分布

序号	部门	结束值（2015 年 2 月 4 日）	中间值（2014 年 2 月 10 日）	中间值（2013 年 2 月 10 日）	中间值（2012 年 2 月 10 日）	起始值（2011 年 3 月 10 日）
1	原材料	71.51	72.46	97.82	103.52	90.00
2	衍生品	125.61	129.13	141.85	187.65	175.02
3	电信服务	614.72	617.29	949.85	793.38	533.26
4	周期性消费	418.13	359.48	381.97	366.25	239.93
5	非周期性消费	306.07	274.77	203.86	152.09	109.39
6	能源	208.21	227.98	215.69	197.05	133.71
7	工业	716.20	656.80	600.76	470.42	326.68
8	金融	2432.86	2310.97	1988.57	1577.38	1241.43
9	信息技术	1383.28	1286.90	1092.77	1173.67	738.20
10	公用事业	54.89	48.01	41.53	36.82	29.27
	总和	6331.48	5983.79	5714.67	5058.23	3616.89

注：在每列所示的时段之间，价值以千美元计算。
来源：作者，根据 BDM 数据。

表 5–7　　构成一个新兴经济体的部门的演变

序号	部门	第 4 阶段收益	第 3 阶段收益	第 2 阶段收益	第 1 阶段收益
1	原材料	−1.31	−26.90	−30.92	−20.54
2	衍生品	−2.73	−11.45	−33.06	−28.23
3	电信服务	−0.42	−35.28	−22.52	15.28
4	周期性消费	16.32	9.47	14.17	74.27
5	非周期性消费	11.39	50.14	101.24	179.80
6	能源	−8.67	−3.47	5.66	55.72
7	工业	9.04	19.22	52.25	119.24
8	金融	5.27	22.34	54.23	95.97
9	信息技术	7.49	26.59	17.86	87.39

续前表

序号	部门	第 4 阶段收益	第 3 阶段收益	第 2 阶段收益	第 1 阶段收益
10	公用事业	14.33	32.17	49.08	87.53
	总和	5.81	10.79	25.17	75.05

注：
回报率分成四个阶段。
R.4——第四阶段：2014 年 10 月 2 日 - 2015 年 4 月 2 日
R.3——第三阶段：2013 年 10 月 2 日 - 2015 年 4 月 2 日
R.2——第二阶段：2012 年 10 月 2 日 - 2015 年 4 月 2 日
R.1——第一阶段：2011 年 10 月 2 日 - 2015 年 4 月 2 日
这些值以百分比（%）的形式在每列中表示的时段之间进行计算。
来源：作者，根据 BDM 数据。

表 5–7 显示在样本期开始，有些部门的值为负值。这突显了这样一个事实：2011 年至 2014 年间，全球对基础设施和房地产建设或维修的总需求疲软，特别是对材料部门的需求疲软（从 2012 年的 -20.54% 到 2013 年的 -30.92% 和 2014 年的 -26.90%，直到 2015 年初才有所恢复）。整个表格提供了对经济更好的概述和乐观的预期，因为在模型的最后阶段（2014 年 10 月 2 日—2015 年 4 月 2 日），所有负回报率都有所降低（衍生品部门从 -28.23%、最高 -33.06% 降至 2015 年 4 月的 -2.73%）。但我们发现了一个问题，即所有看似蓬勃发展的部门[①]（非周期性消费部门从 2012 年的 179.80% 到 2015 年 4 月的 11.39%；工业部门从 2012 年的 119.24% 到 2015 年 4 月的 11.39%）都明显地放缓了增长的态势，这意味着总供给并没有受到经济的刺激，因为预期不足以满足总需求的预期产出。

图 5–3 展示了所有部门的演变。该图显示一些部门（材料、衍生品和电信服务）仍处于负面预测环境中，而其他部门（金融、工业和非周期性消费）则从繁荣期缩水至正常值。

开发成模型的初始框架具有以下分布。

① 在计算一个经济体或其中一个部门的增长时，没有任何理论或数学模型，强调某个值上面标识一个蓬勃发展的时期，然而这是承认当某个部门或整个经济运行速度远高于平均一年以上或趋势就可以被认为是蓬勃发展。

我们从图 5–4 可以看出，价值分布偏向于金融业。该模型需要强调信息技术部门，将其作为经济发展的主要支撑力量。

图 5–5 显示，第一年（2011 年 10 月 2 日—2012 年 10 月 2 日）之后，模型运行得非常平稳，只有技术部门的发展速度更快。

图 5–6 显示，第二年（2012 年 10 月 2 日—2013 年 10 月 2 日）之后，模型运行得非常平稳，只有金融部门的发展速度较快，而信息技术部门的增长速度有所放缓。

图 5–7 显示，模型中各部门的发展趋势与该模型的趋势相似，在保持 BDM 的产出呈积极趋势的同时，其发展进程表现出一定的协同性（该模型旨在保持均衡，没有哪个部门能独占鳌头）。

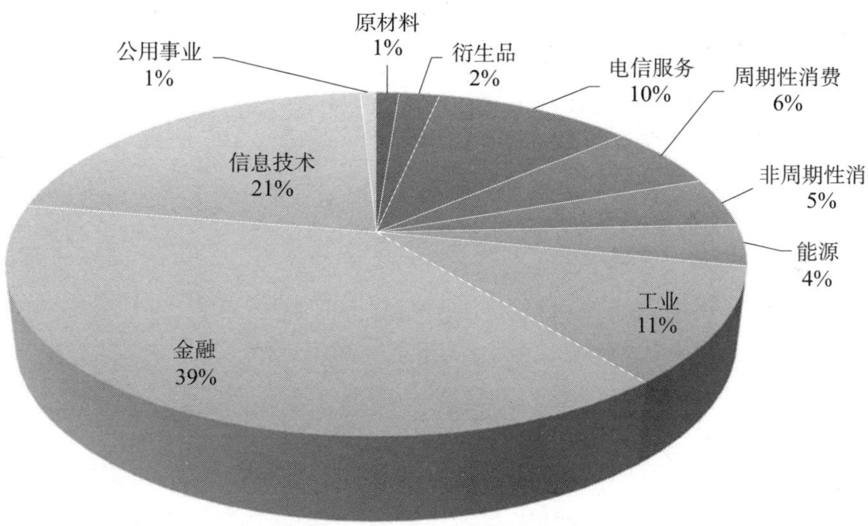

图 5–7　BDM 按业绩进行的年度分布（截至 2014 年 10 月 2 日）

图 5–8 显示了各个部门绩效的分布结构。我们可以看出，增长在整个 BDM 中是协调的，并不偏向于行业繁荣，这个因素是投机模型中一个常见的因素。在样本期内（2011 年 10 月 3 日—2015 年 4 月 2 日），材料和衍生品部门受到了不确定性的冲击，投资者对其进行长期投资的兴趣不大。在模型的部署过程中，材料和

衍生部门的产出为负。同时，非周期性消费和工业等部门在 42 个月（三年半）的时间里增长了 119% 至 180%。这一事实表明，房地产开发和基础设施是全球经济的发展引擎，可能会为那些已经在这些领域发挥重要作用的企业带来更高的收入。

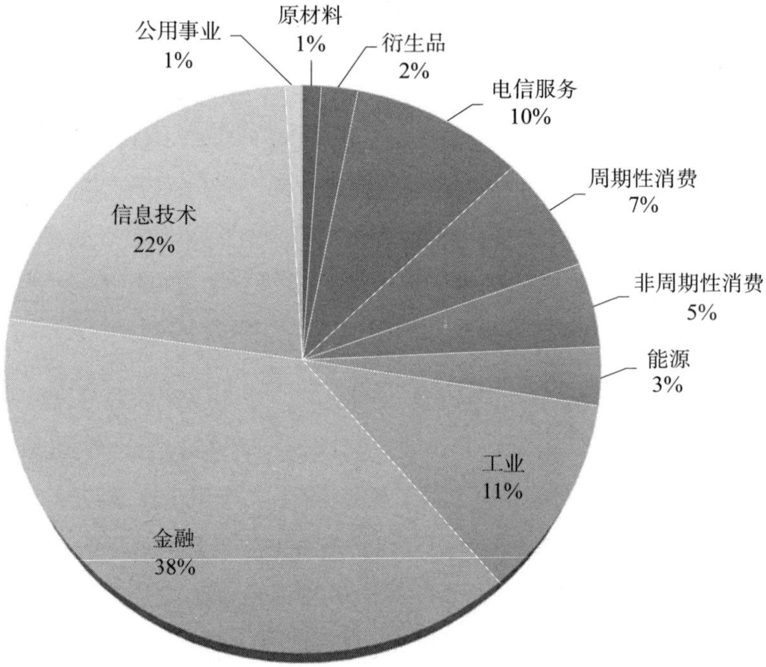

图 5–8　BDM 到期状态（2011 年—2015 年）
（数据以 2015 年 4 月 2 日模型的终值日期为权重）

图 5–9 突出显示了行业的增长情况以及与非周期消费和工业部门的超速增长相关的异常情况。此外，我们从图 5–6 和前面提出的更详细的数据中可以看到，在三年半的时间里，功能发达的经济体（国家）的发展比世界上所有经济体都要好（几乎翻了一番）。在部门的演变过程中，当涉及内生发展时，该模型处于稳定状态。

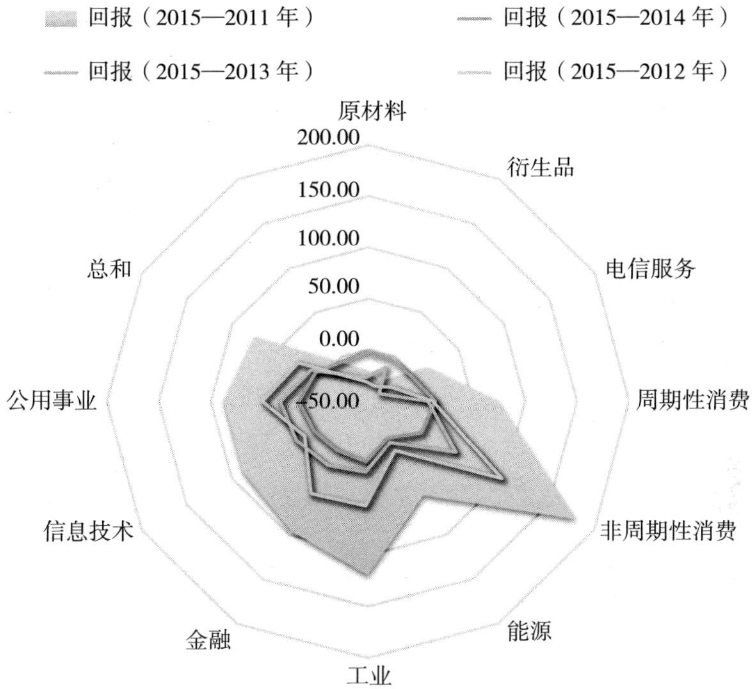

图 5–9　BDM 中经济部门增长的协调分布

一个问题是，信息技术部门增长了 40%（从 20% 到 28%），而与此同时，经济总量翻了一番。从技术上讲，这一事实意味着在短短三年时间里，它实际上是该部门的初始价值的 2.8 倍。信息技术部门的增长速度是一种异常现象，因为所有其他行业的交易量在三年内都增长了 10% 左右（金融价值的 2.1 倍），而这只是一个正常的增长速度。另一个异常现象是电信服务部门的加权价值下降，其总业务量从 15% 下降到 9%。虽然电信服务部门的规模增长了 20%，但与整个模型相比却有所下降，因为模型的规模较初始值增长了一倍。

通过回顾一个国家经济模型的结果，我们可以发现，用公司治理代替国家治理会使经济实现增长，几乎是 100% 的增长。通过这种方式，BDM 验证了两个新概念。

1. 从**国家治理**的角度看，如果公共机构通过公司治理处于一种不断优化和重塑的状态，那么公共部门与私营部门的关系就是协同效应。此外，公共机构必须做出透明的决策，制定更准确的预测过程，因为这还涉及私营部门和公共部门。

2. 从**公司治理**的角度看，我们有以下愿景：公共部门与私营部门的关系代表着一个起点，通过使用大数定律对其进行过滤就会产生协同效应。这将加速使绩效达到最佳水平，这是大型企业应该有的效率。

如果能将这些想法转化到经济环境中，就将有助于寻找真正的方向，并对发达经济体和新兴经济体的经济运行进行线性预测。在这个过程中可能会遇到减少总需求和总供给之间类似跷跷板的演变的微观经济的约束。其结果是，生产设施可能面临不可持续的过度收费，超过最高生产水平可能导致技术收益率低、低利润，而且市场均衡可能转向生产者和消费者双双亏损的局面。

结　论

建立模型并强调其随着时间推移的可行性的过程为投资银行领域提供了一种新的分析方法，也为勾勒出与创造可持续经济增长的政策制定相关的国家治理的更广泛的形象提供了一种新的分析方法。数字时代的信息经济理念是从类似消费者（基于传统经验，当涉及通过特定空间的供给来满足需求时，可以是商店或银行，它们通常被称为市场）转向数据过滤的消费者（他们对在虚拟市场、线上和增强或虚拟现实中创建的解决方案感到满意）。数字化的进步和对数字化的偏爱是消费者的主要特征：降低生产成本意味着类似于丰田公司在 20 世纪 70 年代创建的“准时制”库存管理政策；从长远看，这意味着高档产品的降价。因此，丰田产品的需求目标是供需完美全匹配，并根据消费者的需求进行估计，相关方和生产者的供应会及时做出反馈，这样产品的库存就会非常接近于零。从宏观上看，所有这些结果形成了一个巨大的竞争优势：消费者预期的最优化。在微观经济层面上，我们有个人客户，如大企业之间的业务关系；在宏观经济层面上，我们与那些像超级企业一样运作的国家打交道。这些必须吸引新的投资者，如其他公司等。这种吸引力是由一个优化的劳动力群体创造的，其中包括那些接受别人不接受的工作机会的人。例如，发达经济体的工作/职业对其居民没有吸引力。在农业方面，很多欧洲国家的工作（如摘橘子）的工资不高，所以他们会雇用东欧人来做这些工作。同样的情况也发生在美国的公用事业部门，园艺和清洁服务、污水处理和其他低技能工作都是廉价劳动力在做。当有些国家可以外包或出口这类低技能劳动力时，这就意味着它们的发展水平使其具有现代竞争优势（如墨西哥、罗马尼亚和保加利亚都是新兴市场）。尽管西班牙、意大利和希腊由于国家债务和失业率正在经历极端的经济状况，但它们仍将工作外包给较贫穷的国家。企业也在走这条路，外包一些低技能工作。

BDM 强调了一些不常规事件或黑天鹅事件，特别是当涉及对其在部门层面的绩效进行评估时。从微观经济层面看，金融和信息技术部门过热造成的不规律导致其发展周期加快，生产周期需要消耗更多的资源。从宏观经济层面看，经济产出以高于其潜力的速度增长，从长远来看，它可能由于商品和服务生产过剩的积累而适得其反。这一过程改变了总需求，而量化宽松计划和短期债务与长期债务的互换操作所创造的印钞也推动了总需求的增长。从长期看，金融和信息技术部门的过热导致了它们的失败，以至于量化宽松等宏观经济融资计划不再推动需求。另一个过热的行业是公用事业部门，不是因为它们更贵，而是因为社会不平等、全球变暖和信息不对称不利于公用事业的需求。公用事业部门的过热是基于社会阶层和国家的不平衡发展而造成的全球经济失灵。这个问题导致欠发达经济体中那些需要公用事业的人需要支付溢价。所有这些问题都是一种增加生活成本的负外部性，特别是因为这些成本主要是由用于满足基本需求的商品和服务的价格形成的。

结果表明，该模型（BDM）根据初始假设做出反应和进行迭代，从而提供了将微观经济解决方案转移动至宏观经济环境的可能性。这类似于将公司治理实践转变为公共管理和政策制定。

在研究中，我们还观察到一些非技术性的问题，这些问题可以在商业智能因子的帮助下被过滤掉。该研究还提供了一个解决方案，以超越既定政治周期所产生的结果。在这个过程中可能出现以下一些问题：

- 缺乏长期策略；
- 用于衡量宏观经济层面的既定政策是否成功的指标还没有被明确定义；
- 政治阶层和文化都在干预制定可持续的执行愿景；
- SAAS（软件即服务）或商业智能技术的属性之间不存在直接实现和功能连接；
- 在宏观经济层面使用的解决方案不是相互联系的，而且覆盖面小，成本极高，因此无法确定实施的解决方案的效率。

数字信息经济使预期的需求与供应保持一致，而供应是由小型、中型或大型企业或被视为公司的国家创造的。商业战略与经济或国家战略的结合能够有效地执行所提出的目标。通过测试不同的模型，我们发现所有的假设都得到了证明，所获得的结果都趋向于决策自动化的理念（不能理解为通过预先确定的算法以自动化方式做出决策，而是通过激发只访问一些路径的理念遵循，并在运作过程中不断地迭代）。

决策自动化代表了从数字革命中获得的知识流回路中的一个正常步骤，它不是将信息当作最终产品，而是将信息当作一种可能有多种结局的中间流。所有这些都与用户的需求和/或愿望相关。

第四部分

ARTIFICIAL INTELLIGENCE IN FINANCIAL MARKETS

Cutting Edge Applications for Risk Management, Portfolio Optimization and Economics

信用风险与分析

第 6 章

信用风险评估中基于数据挖掘应用的自动化文献分析

塞尔吉奥·莫罗（Sérgio Moro）
保罗·科尔特斯（Paulo Cortez）
保罗·丽塔（Paulo Rita）

引 言

金融危机是一种催化剂，促进了针对开发创新技术的研究的增长，这些创新技术旨在尝试预测金融危机。这使得市场参与者能够采取预防措施，并从过去吸取教训。因此，对金融信用风险的研究已成为近年来最突出和最多产的课题之一。事实上，2008 年全球金融危机的发生是因为人们没能对银行在金融体系中以各种方式转移信用风险进行有效的评估。危机随后蔓延至全球，突显出全球系统性风险。

一些研究表明，2009 年以后，与信用风险相关的出版物大量增加。导致这种情况出现的原因有很多。金融危机敲响了警钟，引发了两个领域的研究，即破产检测（预测违约的影响）以及监管报告（对金融机构更严格的控制）。一些可能受益于先进机器学习技术的大型监管项目正好适用于危机后的金融市场，如欧洲的内部评级法（internal ratings-based approach，IRB）。对银行更严格的控制有助于发现一些严重的欺诈情况，这些机构受到了信用丧失的影响。其他与信用风险相关的领域包括信用评分和研究，特别是针对信用卡。虽然这些问题在危机前就已被广泛研究，但危机还是促使人们增加了对这些问题的研究。这也导致信贷机构要求对个人贷款进行更严格的控制。

数据挖掘是一个概念，它包含了从原始数据中揭示知识模式的技术和方法。典型的数据挖掘项目包括数据理解和准备，然后应用机器学习算法来发现数据之间的相互关系，从而将其转化为有价值的知识。上述步骤可能涉及数据采样和特征选择（这取决于数据），还可能涉及数据质量的操作，以便在数据用于后续步骤的输入之前提高其价值。后续步骤可能包括若干被广泛研究的算法中的一种，如决策树、人工神经网络和支持向量机，甚至是几种不同算法的集合。

现实世界中的问题通常以收集到的数据为基础，从这些数据中可以获得发展业务的新洞察。这些问题可以通过数据驱动方法（包括数据挖掘）来解决。信用风险领域通常涉及对过去历史的分析，以了解哪些变量会影响信贷持有人的行为，使其成为数据挖掘技术应用的优秀课题。作为一个非常有趣的应用研究领域，最近发表了一些关于数据挖掘在信用风险中的应用的文献分析和综述。马奎斯（Marques）等人对 2002—2012 年发表的 56 篇关于进化计算在信用评分中的应用的论文进行了文献综述。他们的方法包括手动分析，将进化计算技术应用中的子问题分为分类、变量选择、参数优化和其他杂项问题。结论表明，变量选择在进化技术方面最受关注。格雷罗・巴埃纳（Guerrero Baena）等人对 1980 年—2012 年间多标准决策技术在企业财务问题中的应用的文献进行了综述。他们总共使用了来自 Scopus 数据库的 347 篇文章，所使用的方法是对每篇文章进行手工分类，并对该分类进行描述性统计分析。研究结果显示，对破产预测和信用风险评估的关注度分别为 4.6% 和 3.7%。尽管如此，针对企业金融和资本预算方面的文章得到的关注度高达 64%，但仍有大量关于数据挖掘应用的文章涉及个人信用风险和欺诈。

文献分析可以通过自动化的方法来进行，这种方法能够解析每篇文章的相关术语，然后建立起文章的逻辑集群，从而提供一个有意义的结构，人们从中可以获得新的见解。最近被广泛使用的一种方法是文本挖掘，德伦（Delen）和克罗斯兰（Crossland）的研究证实了这一点。此外，LDA（latent dirichlet allocation）文档主题生成模型算法可用于组织文章。应当指出的是，这种程序尚未应用于信用风险评估。而了解从这个程序中获得的见解能否确定潜在的研究领域将是一件很有意思的事情。

本研究对一组重点关注将数据挖掘应用于信用风险评估的重要文章进行了自动化文献分析。其主要亮点是：

- 根据谷歌学术搜索（Google Scholar）的相关标准，使用数据挖掘收集 100 篇与信用风险最相关的文章；
- 利用文章的关键词建立相关术语的词汇词典，然后应用文本挖掘来了解最值得关注的主题；
- 应用 LDA 文档主题生成模型算法构建文章的逻辑分类，通过描述每个主题特征的术语来识别。

我们将在下文介绍实验所用的材料和方法，分析所取得的结果，以得出最终的结论。

材料和方法

搜索条件

目前，科学界熟知的学术搜索引擎有若干个，如谷歌学术搜索、Web of Science（WOS）和 Scopus 数据库。谷歌学术搜索是一项免费服务，它使用网络爬虫技术从互联网上的多个资源中检索学术出版物，而 WOS 和 Scopus 数据库是针对特定选定资源的索引系统。关于这一主题的最新文章表明，谷歌学术搜索正在逐步改进并处于成熟阶段，这就使其能够与更传统的文献封闭式索引服务竞争。此外，谷歌学术搜索的网站显示，其默认提供的是按相关性排序的搜索结果，不仅可以通过被引用的次数来衡量，而且可以考虑每个来源的全文、作者和出版社。一些相关综述已经使用了通过谷歌学术搜索排名获得的一定数量的最相关的文章，如霍尔（Hall）和塔文卡（Tabuenca）等人的综述。因此，在目前的分析中，谷歌学术搜索被选定为搜索引擎，用于搜索将数据挖掘应用于信用风险评估最相关的文章。

该搜索查询包括 2010 年—2014 年间所有包含“信用风险”和“数据挖掘”两项内容的文章，没有勾选“包括专利”和“包括引用”，并保留了“按相关性排序”的默认选项，以便将相关性最高的内容显示在首页。此外，应该强调的是，只有英语期刊才被纳入搜索范围，因为英语是主要的研究传播语言，尽管这会使研究遗漏大量文章。此外，考虑到需要将每一篇文章都翻译成同一种语言，而且大多数人类语言有一种内在的主观性，所以我们提出的自动化方法是不可行的；而直接的逐字翻译通常不包含这种主观性。该搜索于 2015 年 5 月 16 日执行，共获得了 2970 个搜索结果。然后，我们从首页顶部开始收集文章，这得益于谷歌学术搜索的相关性排序。应该指出的是，搜索范围只包括期刊和会议文章，并不包括书籍、书籍章节、演示文稿和其他类型的材料。我们从 2015 年 5 月 16 日至 18 日发表的文章中逐一收集，并对每一篇文章进行评估，以验证其是否与分析中的主题匹配，因为只有匹配的文章才会被纳入。当研究所需的有效文章达到 100 篇时，我们停止了搜索。为了实现这个目标，我们一共搜索了 116 篇文章，搜索结果列表后几页的 16 篇文章中的大多数与本分析无关，被排除在外。因此，如果文章超过一定数量，找到相关文章的可能性就会降低。所以，根据谷歌学术搜索的说法，这篇文献分析的后续步骤是以将数据挖掘应用于信用风险的 100 篇最相关的文章为基础进行的。

文本挖掘

文本挖掘允许从非结构化数据中提取知识，如文集。因此，它可以在分析大量文献的过程中发挥作用，提供一种自动总结文章内容的方法。以往的研究采用了两种截然不同的方法：提取所有词汇，只排除代词等较为常见的词；或使用由研究对象的专家定义的一个或多个单词组成的特定词典。目前的工作采用后一种方法，并进行显著的改进：不再邀请专家来帮助定义一个非指导性词典，而是收集了 100 篇文章的所有关键词，从而形成了一个包含 466 个单词的列表。然后，删除所有重复的单词，并将不同格式的类似单词（即单数和复数）简化为一个单词。此外，“银行”或“数据挖掘”等常见或过于通用的术语也被删除了。该文献分析关注的是应用于信用风险子问题的特定数据挖掘方法和技术，因此这些词语被认为过于笼统。最后，如表 6–1 所示，用其余 111 个术语编制了等效术语词典（为了简化起见，没有显示不同格式的类似术语，如单数和复数）。表 6–1 分为两部分：第一部分是具体的数据挖掘方法；第二部分是信用风险中的子问题。此外，由于缩略语在英语中没有意义（为了避免不匹配）及其经常在文章中使用，所以缩略语也被包括在内。需要强调的是，使用文章关键词的过程不太容易受到人类专家对相关术语定义的主观性的影响。

表 6–1　　术语词典

术语	对等语
数据挖掘方法和技术	
ANFIS	ANFIS、基于网络的自适应模糊推理系统
Bagging	自助聚集
基于贝叶斯案例的推理论	CBR（基于贝叶斯案例的推理论）
集群	自组织域、K 最近邻
数据质量	信息质量
决策支持系统	决策支持系统、专家系统
决策树	随机树、旋转森林、chaid 算法
判别分析	CPDA、LPDA
集合	
功能选择	过滤、选择变量
遗传算法	遗传算法
混合物	贝叶斯集成混合粒子群信用卡
逻辑回归	LR
多个条件	MCDM 多条件数据挖掘
神经网络	神经网络、人工神经网络、多层感应器
粒子群	

续前表

术语	对等语
粗集法	集合理论、模糊集
抽样	样本选择、随机子空间
支持向量机	支持向量机
信用风险子问题	
破产	资不抵债、违约检测、早期预警、金融困境
信用卡	
欺诈	洗钱
监管	违约损失率、违约概率、内部评级法、巴塞尔协议
评级	信用风险分类、评级

在实验中，之所以采用 R 统计环境，是因为它有一个大型社区支持的开源优势，该社区在广泛的应用程序中提供了大量的软件包。此外，文本挖掘函数选择了“文本挖掘”包，“词云”包用于生成视觉上吸引人的词云，还有一些支持辅助功能的包。

使用词典和 R 包时，所采用的程序总结如下：

1. 创建文档（如文章）的语料库；
2. 删除多余的空格，并将所有单词转换为小写，以简化术语匹配；
3. 应用转换，将词典中的每个等价术语转换为唯一的术语；
4. 建立文档术语矩阵。

文档术语矩阵是一个二维矩阵，它计算每个术语（列中）在每个文档（行中）中出现的频率。这种结构对文本挖掘而言是至关重要的，因为它是构建易于解释的结构（如频率表和词云）的基本输入。

文章主题

一个简单的文本挖掘包括字数统计和显示文档内容的摘要信息，它本身可能很有趣，因为它可以提供一些见解。然而，使用聚类数据挖掘技术构建一个知识体系，以揭示以前未知的趋势，从而丰富对给定主题的理解，这将提供更多的信息。主要目标是将文章分组到逻辑集群中，这些逻辑集群可能具有一些共同的特征。在完成这项任务的过程中，考虑到有大量文章，LDA 文档主题生成模型算法因其既简单易用又有效而被采用。我们应用这项技术得到了有趣的结果。

LDA 文档主题生成模型是最流行的主题分析方法之一，其应用范围非常广泛。它根据整个文档的属性为集合中的每个文档生成一个加权主题列表。主题的数量是 LDA 文档主题生成模型所需的输入。按照类似的方法，这个值被设置为所考虑术语的一半。这样，每个单词 w_j 都有一个匹配等式（6.1）中给定主题 z_i 的概率：

$$\beta_{ij} = p\ (w_j = 1 | z_i = 1); \qquad \text{(1—β distribution)} \qquad (6.1)$$

因此，LDA 文档主题生成模型可以计算 k 个主题与 V 个不同单词的二维概率矩阵 β。因此，β 提供了一个简单的度量标准，来测量每个术语与给定主题的关系。越接近于零的值表示与该主题的关系更强。下文中的实验采用了 R 包“主题模型”，因为它可以直接输入从“文本挖掘”包生成的文档术语矩阵，从而简化了过程。

LDA 文档主题生成模型输出的是一个包含由算法构建的术语、文档和主题的三维矩阵。因此，对每个主题而言，都有可能通过 β 的分布来衡量其与某个词典术语的关系。此外，对每个文档而言，都可以确定它最适合哪个主题。考虑到表 6–1 中定义的 25 个简化术语、100 篇文章和 13 个主题，我们给出了一个包含 32 500 个值的结构。既然目标是分析主题所代表的文章组及其特征，更具体地说就是用不同的数据挖掘方法来解决信用风险问题，因此对每个主题而言，我们只研究那些最相关的信用风险问题和最相关的数据挖掘方法（通过 β 分布衡量）。

使用的方法

下面我们介绍采用的整个方法，其借鉴了前文所描述的程序。该方法如图 6–1 所示。

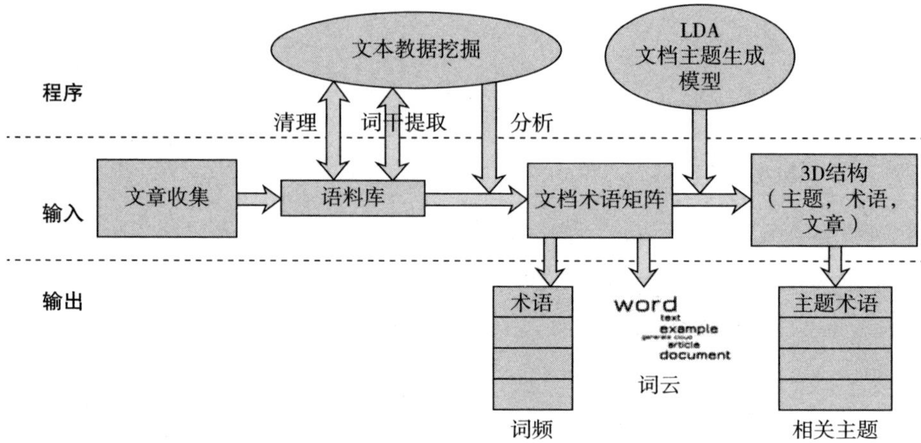

图 6-1　使用的方法

我们将收集的一组文章作为输入，只保留每篇文章的标题、摘要、关键字和正文，删除图片和参考文献部分，参考文献中应避免包括仅出现在每个参考文献标题中的术语。这些文章构成了文本挖掘程序所使用的文档的语料库。然后，通过准备和分析每个文档的内容，在语料库中运行数据挖掘程序。以下代码摘录演示了这些步骤。

```
articles <- Corpus(DirSource(path), readerControl = list(language
= 'en'))

articles <- tm_map(articles, content_transformer(stripWhitespace))
# remove extra space

articles <- tm_map(articles, content_transformer(tolower)) # lower
case

equivTerms <- stemFromFileLoad('equivalent.txt')

reducedDictionary <- as.vector(intersect(unique(equivTerms[[1]]),
dictionary))

articles <- tm_map(articles, content_transformer(function(x)
stemFromFile(doc=x, equivTerms=equivTerms)))
```

```
phraseTokenizer <- function(x) RWeka::NGramTokenizer(x, Weka_
control(min = 1, max = 6))

dtm <- DocumentTermMatrix(articles, control = list(

  tokenize = phraseTokenizer,

  dictionary = reducedDictionary))

dtmMatrix <- as.matrix(dtm)

v <- sort(colSums(dtmMatrix),decreasing = TRUE)

d <- data.frame(word = names(v), freq = v) # term frequency list

wordcloud(d$word,d$freq) # generate the word cloud
```

首先，从文件系统中读取文档的语料库，然后删除额外的空格，并将所有内容转换为小写，以便进行直接比较。接下来，查找所有相关关键字（如表 6–1 中的右列所示），并将它们转换为相应的简化项（如表 6–1 中的左列所示），以取代它们的等价项，从而进行词干分析。文档术语矩阵是在对文档进行分析的基础上建立的，并保留了精简词典中已有的文档。此外，需要注意的是，考虑到每个术语可能由一至六个单词构成（如“自适应神经模糊推理系统”），可以使用标记解析器来查找相关术语。最后，除了作为 LDA 文档主题生成模型输入的文档术语矩阵之外，其他两个直接输出是词频列表和词云。

使用“主题模型”包执行 LDA 文档主题生成模型非常简单，只需简单调用 LDA 文档主题生成模型函数和两个参数中要建模的文档术语矩阵和主题数。然后收集与每个术语的关系，以及每篇文章最初拟合的最相关的主题（参见下面的代码）。

```
lda <- LDA(dtm, 13)
terms <- terms(lda, length(reducedDictionary))
topics <- topics(lda,1)
```

由此产生的方法是相对简单的，这允许它被应用于其他很多涉及文本分析（如分析在线新闻）的上下文中。

结论和分析

文章

在本节中，我们将选择的文章分为三类：文章名称（见表 6–2）、文章类型（见表 6–3）和发布者（见表 6–4）。对于表 6–2 和表 6–4，出于优化页面空间的目的，没有显示只提供一篇文章的发布者名称 / 发布者。值得注意的是，荷兰爱思唯尔（Elsevier）出版集团的《专家系统与应用》（*Expert Systems with Applications*）发表了 33 篇文章，帮助巩固了爱思唯尔 62 篇文章的优势地位。事实上，从发表超过一篇文章的出版物中来看（见表 6–2），只有《国际神经系统》（*International Journal of Neural Systems*）不是爱思唯尔旗下的。还应当指出，从表 6–2 中可以看出，除了《国际预测》（*International Journal of Forecasting*）和《欧洲运筹学》（*European Journal of Operational Research*）与管理学更相关外，大多数期刊都与技术密切相关，尽管它们都鼓励从技术方法中获益。最后，表 6–2 只包含期刊，强调了表 6–3 的结果。表 6–3 显示，100 篇文章中有 92 篇发表在期刊上。因此，谷歌学术搜索的相关性排序似乎更有利于期刊。

表 6–2　期刊（包含名称）

期刊名称	文章数量
《专家系统与应用》	33
《已应用的软计算》（*Applied Soft Computing*）	6
《决策支持系统》（*Decision Support Systems*）	4
《欧洲运筹学》	3
《基于知识的系统》（*Knowledge-Based Systems*）	2
《计算机科学（会议）》（*Procedia Computer Science*）	2
《国际神经系统》（*International Journal of Neural Systems*）	2
《国际预测》	2
《信息科学》（*Information Sciences*）	2

表 6–3　　文章发布类型

出版物类型	文章数量
期刊	92
会刊	8

表 6–4　　文章的发布者名称

发布者名称	文章数量
爱思唯尔出版集团	62
电气与电子工程师协会（Institute of Electrical and Electronics Engineers，IEEE）	7
施普林格（Springer）	5
威利（Wiley）	3
AIRC 出版集团	2
世界科技出版公司（World Scientific）	2

文本挖掘

在使用文本挖掘对文章内容进行实验后，词典中定义的相关术语的频率如表 6–5 和表 6–6 所示。左侧给出了信用风险问题的结果。研究表明，在选取的 100 篇最相关的文章中，“信用评分”占用数据挖掘方法解决的信用风险问题的一半以上。下一个是“破产”，由于金融危机的影响，这个主题一直备受争议。“信用卡”仍然受到很多的关注，尽管这个主题在金融危机爆发前就被广泛研究过。包括数据挖掘在内的监管项目得到了近 10% 的关注，成为危机推动的主题之一。最后，在所有分析对象中，对欺诈的研究最少，只占 3.5%。尽管如此，我们依然可以认为，信用评分评估的改善有利于减少欺诈。

表 6–5　　信用风险术语出现的频率

术语	出现次数	频率
信用评分	2082	57.0%
破产	710	19.4%

续前表

术语	出现次数	频率
信用卡	394	10.8%
监管	339	9.3%
欺诈	129	3.5%
总计	3654	100.0%

表 6–6　　数据挖掘术语出现的频率

术语	出现次数	频率
神经网络	1834	18.7%
支持向量机	1397	14.2%
决策树	1182	12.1%
集合	920	9.4%
逻辑回归	675	6.9%
混合物	616	6.3%
集群	604	6.2%
抽样	522	5.3%
遗传算法	385	3.9%
特征选择	371	3.8%
自助聚集	302	3.1%
判别分析	252	2.6%
多个条件	206	2.1%
粗集法	130	1.3%
贝叶斯	108	1.1%
ANFIS	80	0.8%
决策支持系统	76	0.8%
数据质量	72	0.7%
案例为本的推理	55	0.6%
粒子群	17	0.2%
总计	9804	100.0%

注：所有显示的值均已四舍五入到第一位小数。

表 6–6 显示了数据挖掘术语出现的频率。神经网络是一种先进的机器学习技术，它试图利用人工神经元模拟人脑活动，以理解输入变量之间的非线性关系。文献对这种技术进行了大量研究，且有很好的建模结果，因此，它是增强信用风险问题解决方案一个很好的候选，出现在我们的列表的顶部，几乎占总出现率的 19%。支持向量机是第二常用的数据挖掘方法。这种建模技术出现在 20 世纪 90 年代，并成为机器学习领域中最复杂和最成功的建模技术之一。在 2010—2014 年间，传统的决策树经受住了时间的考验，排名第三。第四种方法是集成建模，它结合了几种不同的技术，以获得比单独使用一种方法更好的结果。列表中还包括了其他一些建模技术。同时，我们还研究了选择适当记录的方法（如抽样和特征选择），以改进信用风险评估。令人惊讶的是，数据质量这一大型数据挖掘项目的关键问题与信用风险的关联仍然很弱，尤其是在监管领域。这是研究人员需要填补的一个有趣的空白。图 6–2 对表 6–5 和表 6–6 进行了补充，直观地显示了词典中术语的差异，增强了对它们的理解。

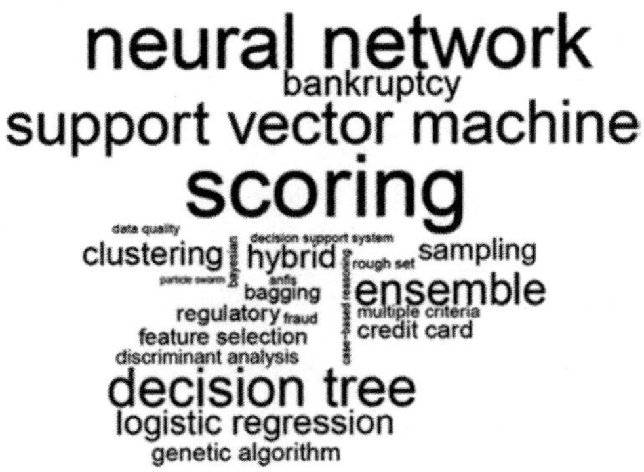

图 6–2　词云

文章的主题

如前所述，LDA 文档主题生成模型的结果是根据词典中每个术语的出现频率对文章进行逻辑分组的一组主题。表 6–7 总结了 13 个主题下的研究结果，显示了文章数量以及每个主题中最相关的信用风险领域和数据挖掘方法。同样出于举例的目的，我们从每个主题中选择了一篇文章。

表 6–7　　文章主题

	信用风险		数据挖掘方法		
出现次数	术语	β	术语	β	示例
19	评级	0.23	逻辑回归	2.25	Yap 等人
12	评分	4.64	神经网络	0.23	卡什曼（Khashman）
7	评分	5.44	决策树	0.08	曼达拉（Mandala）等人
6	评分	3.75	混合法	0.59	Tsai 和 Chen
6	评分	2.77	特征选择	0.59	Marinaki 等人
3	评分	4.55	抽样	0.42	Zhou 等人
53	评分文章总和				
10	破产	5.81	集合	0.18	Verikas 等人
5	破产	0.28	集群	2.19	De Andrés 等人
4	破产	4.88	遗传算法	0.30	Oreski 和 Oreski
19	破产文章总和				
9	欺诈	1.94	集群	1.00	Wu 等人
8	欺诈	5.79	支持向量机	0.03	Hens 和 Tiwari
17	欺诈文章总和				
6	信用卡	0.26	神经网络	3.37	Chen 和 Huang
5	监管	0.26	数据质量	2.22	Moges 等人

我们从表 6–7 可以很容易看出，评分最受关注，有超过一半的文章（100 篇中的 53 篇）和六个主题。然而，根据 β 值，β 值大于 4 的有三个主题（共 22 篇文章），虽然评分与信用风险问题更密切相关，但这种关系依然很弱。这些研究结果表明，这三个主题与数据挖掘技术探索的关系比与信用风险评分的关系更密切。事实上，其中两个主题所选择的例子都证实了这一假设：卡什曼的研究关注的是不同的神经模型和学习方案，而周（Zhou）等人使用最新的子空间方法（一种基于训练样本选择的技术）来改进分类。这两篇论文都与技术高度相关。例外的情

况是曼达拉等人所选择的例子，他们试图通过决策树来提高当时背景下的信用风险评分。在分析评分主题的同时，我们发现有趣的是，包含大多数文章（19 篇）的主题与逻辑回归相关，而逻辑回归是最基本的技术之一。或许这是另一个指标，表明在先进的数据挖掘技术方面仍有研究空间，这种技术可以转化为对信贷评级的直接改善。

破产是第二多被提及的信用风险问题（19 篇文章和 3 个主题）。同样，与对评分的观察结果相同的是，主要与高级数据挖掘方法相关的两个主题的集成建模（结合一些技术来独立技术的结果）和遗传算法，而它们几乎与破产无关，β 值分别为 5.81 和 4.88。这一发现加剧了这样一种怀疑，即数据挖掘研究仍然未能像评分那样明确地关注破产的好处。另一方面，破产与另外 5 篇文章有很强的相关性，这为企业破产风险的分组提供了一种方法。

欺诈也得到了一些关注（17 篇文章），与支持向量机（与欺诈的关系非常弱）相比，欺诈与破产有同样的原因，它们都与集群更相关。这一结果与表 6–5 形成了对比，可能是由于较少的文章集中关注了较多的信用欺诈问题。其余两个主题显示了两种中间关系：信用卡和神经网络的关系；以及监管问题和数据质量的关系。前一个主题通过其示例显示了一种更成熟的研究趋势，即将先进的神经网络应用于解决真实的信用风险问题。如前所述，这种趋势在金融危机发生之前就已经得到了广泛研究。后一个主题强调了一个真正的问题，特别是在金融危机之后，由于政府对金融资产和负债进行审计的压力，金融机构面临着一个巨大的问题，即重组管理信息系统以提高数据质量，以应对越来越多的监管报告。事实上，对高度详细的报告的需求强调了金融机构日益增长的压力，并证明了数据质量与监管问题之间存在显著关系（β 值分别为 2.22 和 0.26）。

结　论

信用风险提出了几个有趣的问题，这些问题的解决方案可以受益于数据挖掘方法。被广泛研究的问题包括信用评分、破产、信用欺诈、信用卡和监管问题。

2008 年的全球金融危机证明，以往的解决方案不足以预测全球范围内的信用风险，尽管专门针对信用卡等问题的数据挖掘方法已经提供了一种有效的方法。特别是，破产和监管问题在 2010—2014 年后危机时期得到了强烈关注。

本章提出了一种自动化文献分析方法，用以解决通过数据挖掘方法处理的信用风险问题。这种自动化包括用文本挖掘分析内容，以及使用 LDA 文档主题生成模型将已识别的文章组成主题。根据谷歌学术搜索的相关性标准，在相关性最高的 100 篇文章中，包含“信用风险”和“数据挖掘”的内容都被选中进行分析。

信用评分是目前被提及最多的信用风险问题，其次是破产和欺诈。最常被引用的数据挖掘技术包括神经网络和支持向量机这两种先进的方法，这表明它们可以直接应用于信用风险问题。一些试图通过组合一些已有技术的结果来实现其最佳特性的集成也经常出现在信用风险问题中。

通过分析基于 LDA 文档主题生成模型算法的主题，我们得出的主要结论之一是，对最先进和最新的数据挖掘方法和技术（如支持向量机和集成）的研究更侧重于对这些技术的微调，而不是评估信用风险的实际收益。我们需要做更多的工作来充分将这些技术应用于现实世界的信用风险问题，这就给研究者提供了一个有趣的研究机会。另一个发现是，监管问题要求对数据质量进行研究。这种趋势在后危机时期与高度详细的监管报告的大量增加直接相关，这些报告为金融机构带来了更频繁的审计程序。

我们所采取的全部方法可能适用于任何类型的文献分析。事实上，它还可以用于分析其他文本集合，如网站中的评论等。此外，该方法具有可拓展性：既可以用完整的英语单词来代替特定的词典进行分析，还可以用其他集群或主题进行分析。

第 7 章

智能信用风险决策支持：架构和实施

保利乌斯·达内纳斯（Paulius Danenas）

金陶塔斯·加斯瓦（Gintautas Garsva）

引　言

贷款组合的拓展和为客户提供新金融产品的潜力是金融机构的主要目标之一。精确的定量分析和评分是它们实现这些目标所采取的一些方法。特别是，为了使损失最小化，它们必须确保信用评分的准确性，同时还要通过量化不同贷款和工具的风险来优化贷款组合的表现。为了实现这些目标，金融机构已经进行了大量研究，以开发新技术和不断提高现有技术，同时重点关注分类和预测，以作为统计学习的一部分。金融行业对人工智能，尤其是机器学习领域的新技术的最新发展和应用特别感兴趣。人工智能的各种应用提供了它们优于传统统计和数学方法的例子。在很大程度上，人工智能克服了这些更老、更严格的方法的诸多限制，同时给分析师带来了新的挑战。最近的研究还表明，人工智能有能力驱动最复杂和对计算要求很高的决策过程。这导致了大量的信用风险评估模型的发展，也引起了学术研究者和金融机构金融分析师的广泛关注。

本章其余的内容旨在对人工智能及其在信用风险领域的应用进行分析。

- 介绍信用风险评估中应用于决策支持的主要人工智能技术。由于存在大量的现有技术，本文仅介绍了我们认为最新和最相关的三种核心技术。
- 介绍与信用风险相关的决策支持系统（decision support systems，DSS）应用的最新发展。决策支持系统可以在不同层级上提供了高度复杂的、自动化的和统一的决策，从而简化和改进了管理任务，并降低了提供现有服务的成本。我们将从架构层和决策支持层两方面分析决策支持系统结构的分类标准，识别它们的未来趋势和组件，只有充分开发这些组件才能支持它们的功能。同时，我们也非常关注这些系统的开发要求。

- 介绍一种最新的用于开发新型决策支持系统的框架，该框架基于人工智能技术和金融数据交换标准，支持实时开发和信用风险模型的更新。

文献综述

我们将介绍三种常用于开发信用风险评估模型的人工智能技术（尤其是机器学习技术），即人工神经网络、支持向量机和决策树，我们重点关注的是分类。首先我们将从总体上介绍这些技术和机器学习技术的核心概念，然后再结合相关研究实例来介绍应用这些技术可以解决的信用风险问题。

机器学习技术

机器学习范式是人工智能领域中的子范式之一，旨在通过计算模仿人类的推理和行为。计算智能原理也可以用来解释和模拟不同物种或其群体的行为，应用它们的基本原理来产生最优解。一般来说，它可以被描述为一个过程，其目标是从示例中学习并获得最普遍化的结构，使用各种算子为任何给定的生成器的输出产生最佳预测结果。这是通过使用概率分布函数 $f(x)$，将输入向量 x 映射到输出向量 y，并使损失函数最小化来实现的。数据挖掘（通常也称为知识发现或在知识发现的环境下使用）可以被视为一个单独的领域，它用机器学习算法和方法来补充统计学习，以促进它们的发展和应用。其主要关注点之一就是数据采集，即其预处理、填补、分析和存储；跨行业标准数据挖掘流程（cross industry standard process for data mining，CRISP-DM）方法为在实际数据上应用数据挖掘技术提供了指导。

模式识别（被监视实例与 k 个类别之一的连接的标识）和类别（未知输入向量类的预测）是在信用风险中最受欢迎和最被广泛应用的两种技术，它们可以通过机器学习解决。后者通常被称为监督学习，因为它使用的是给定的确定的观察结果。本章仅介绍信用风险中的分类问题，这些问题是由使用这些技术解决的问题的数量所驱动的。我们将使用类似于邓纳姆（Dunham）给出的正式的分类定义：给定一个数据库 $D = \{t_1, t_2, \cdots, t_n\}$ 和一个类集合 $C = \{C_1, C_2, \cdots, C_n\}$，分类问题是映射 f：$D \rightarrow C$，其中，每个 t_i 被分配给集合 C 中的一个类。$C_j = \{t_i | f(t_i) = C_j, 1 \leqslant i \leqslant n, t_i \in D\}$ 中，即类 C_j 仅包含那些分配给它的项。类通常代表标称值。另一种类型的学习是集成学习，它使用多种策略组合（如多数投票）来自多个分类器的输出。很多研究人员已经证明，当集合分类器应用于与信用风险相关的问题时，可能会产生比单一分类器更准确的结果。

分类技术可用于解决任务，可以提供多维特征输入，通常以数字或标称（分类）特征向量，通常返回抗噪音能力强的解决方案。训练时间可能因在训练阶段选择的技术、实施方法、优化算法及其配置而有所不同。与其他机器学习技术（如决策树或规则分类器）相比，基于人工神经网络和支持向量机的模型的训练对计算有更高的要求。然而，应用训练过的模型来预测新实例的类通常会非常快。与单决策树等其他技术相比，人工神经网络和支持向量机往往会在准确性方面表现出更好的结果。随着人工神经网络和支持向量机等技术产生所谓的“黑箱”模型，生成模型的可解释性水平也可能有所不同。尽管规则提取技术有助于消除这个问题而产生一组逻辑规则，但这些规则仍然很难解释和说明。迪德里希（Diederich）对这些应用于支持向量机分类器的技术进行了全面的介绍。

分类技术

本小节简要介绍了信用风险相关研究所使用的三种相关分类技术。有关其他技术的全面介绍以及本章介绍的相关技术的更多信息，你可参考相关的机器学习文献，以及相关的关注智能技术在信用风险领域应用的调查。

人工神经网络技术是最广为人知的机器学习技术，它提供了很大的灵活性来预测或粗略估计依赖大量输入的内部关系。人工神经网络的理念基于模仿人类大脑中相互连接的神经元的能力，来识别、判断、适应和从模式中学习，并最终处理这些信息。相关文献对人工神经网络有着各种不同的定义，它可以被定义为一种受约束的定向图或一种非线性映射。我们将人工神经网络定义为三元组 $\Sigma = <G, A, MT>$，其中，G 是描述一个人工神经网络结构的图；A 是一种人工神经网络学习算法；MT 是一套信息处理技术。我们还可以用神经动力学和架构来描述人工神经网络。神经动力学描述的是每个神经元的特征，而架构由一个整体的人工神经网络结构定义，如隐藏层的数量、每层中隐藏神经元的数量、转移（转换、激活）函数和起始权重初始化。虽然可以应用启发式技术（如遗传算法或群体智能）来自动执行这项任务，但架构的选择是非常复杂的，而且通常由人工执行。

人工神经网络的另一个争议点是，它容易陷入局部极小值（如果有的话）。尽管如此，它是一种非常灵活的技术，有很多算法和调整方式来解决。人工神经网络是最早被集中开发、改进并应用于商业和金融部门的人工智能技术之一，而且仍是信用风险领域最相关的技术之一。它的表现经常优于其他类似技术。

支持向量机是一种学习机，它有能力通过将 n 维输入数据空间映射到另一个特征空间来执行二元分类或回归任务，可以用于线性分类。同时，它能够最小化经验分类误差，最大化几何间隔。因此，支持向量机也被称为最大间隔分类器。分类器可以以核函数的形式，利用数据实例之间的相似性度量。核函数为：$K:(x, x') \to k(x, x'); x, x' \in \mathbb{R}$，其返回一个表征 x 和 x' 之间相似性的标量。这样表示使我们有机会开发大量的学习算法，并使用某种形式的专家知识，从而在特定问题的细节方面产生更精确和适当的非线性映射。从形式上来看，支持向量机分类器被描述为一个分离超平面，其两侧都有二进制解（即其解等于 +1 或 -1），可以使间隔误差最小化。这个超平面可以被描述成一组支持向量，即当且仅当使用该组的实例时，拉格朗日函数不等于零。从训练数据中找到这些向量可以作为以下凸优化问题的解决方案：

$$\min_{w,b,\zeta}\frac{1}{2}\|\mathbf{w}\|^2+C\sum_{i=1}^{n}\zeta_i^k$$

$$\text{使得}\quad y_i\left[w^{\mathrm{T}}\phi\left(x_i\right)+b\right]\geqslant 1-\zeta_i,\zeta_i\geqslant 0,i=1,..,n \tag{7.1}$$

其中，C 是一个正则化参数，用于确定最大间隔和最小分类误差之间的平衡，该误差来自留在决策边界“错误”一侧的数据（所谓软间隔中的数据，即考虑到错误分类的程度容许样本被错分的间隔，取决于变量 ζ ）。C 也被称为一个惩罚参数，它决定了模型的训练误差和 Vapnik-Chervonenkis 维数[①]之间的权衡。当 k=1 或 k=2 时通常可被求解，而且该软间隔支持向量机被称为 L1-SVM 和 L2-SVM。支持向量机的决策函数为：

$$\left\langle\phi(\mathbf{x})\cdot\mathbf{w}\right\rangle+b=0 \tag{7.2}$$

研究者已经开发出了几种支持向量机实现技术，如 LibSVM，包括标准 C-SVM 实现和 υ-SVM、最小二乘支持向量机或 LS-SVM，有效地将支持向量机问题简化为一组线性等式、SVMLight、线性支持向量机实现 LIBLINEAR 的解。这些技术经常被用作研究和开发新算法的基础。

决策树是最古老且应用最广泛的机器学习技术之一。它们形成了一个由一组 if-then 规则组成的集合。分类是借助属性值测试，在度量（如信息增益[②]）的基础上，将从上一次迭代中获得的源集合中的每个子集进行递归式划分来实现的，从而确定最适合分割这个子集的变量。如果分区不再影响可预测性，则终止搜索。当属性为标称值或数值时，该算法适用，而且当数据集包含缺失或错误值时，该算法也可以执行得很好。然而，由于决策树容易受到噪声冗余属性的影响，它可能会受到过度训练和泛化效果不理想的影响，从而导致决策树的性能相对较差。最广泛使用的决策树扩展技术是随机森林算法。该算法使用随机生成的树集合和多数表决来执行分类。它通过组合几个不太稳定（“弱”）的分类器，来开发一个

① Vapnik-Chervonenkis 维或 VC 维测量的是分类算法的灵活性。

② 信息论领域中一种基于熵的度量方法。

稳定且性能良好的分类器。这种技术还包含一些有用的特征（如根据变量的重要性对其进行排序的能力），很多从业人员和研究人员都在使用这种技术。

运用人工智能解决信用风险问题

如前所述，信用风险问题通常被表述为分类技术。例如，主要目标是开发映射 F：$X \rightarrow Y$，其中，$y \in Y$ 表示特定问题从属的类（是否破产、贷款类别等）；$x \in X$ 则表示一组属性，表示在某个特定时刻影响 y 的特定公司的财务状况。根据问题和数据可用性的不同，可以使用不同的属性来构成 X，因为财务和管理属性是最常用的数据类型，尽管也会使用其他类型的数据。王（Wang）等人的研究也证实了评分体系中可能涉及其他类型的数据，这取决于信用的类型。由于他们的研究工作是基于对绿色贷款（即为太阳能、农业或其他项目提供资金）的分析，因此他们建议将反映环境和能源因素（如环境质量状况、排放量、项目绿色水平）的投入以及财务和管理质量因素。贝罗瓦里（Bellovary）等人调查了 1930 年至 2007 年间的 150 多个模型，并确定了 752 个独特的金融、经济、社会和其他变量，尽管其中的 674 个变量仅用于一两个研究。结果表明，代表盈利能力、财务杠杆、债务状况、流动性和资本结构的财务比率在这类研究中占主导地位。另一个有趣的发现是，大量的因素并不一定会导致模型的准确率和预测能力的提高。我们通过对该领域相关专利的分析，展示了智能技术在金融风险评估实际的应用现状，也证实了除了金融数据之外，其他数据也可能用于现实世界的系统，如公共数据、宏观数据和 / 或抵押贷款数据。

最流行的信用风险问题之一是使用信用评分技术来解决的，该问题涉及客户在处理未来债务时的适用性。将客户分为“好”和“坏”两类的目的是对候选客户进行区分，以确定其是否适合贷款或现有贷款是否会被延期。这使金融机构（如银行）能够确定合适的候选人，从而避免和 / 或减少损失。这类问题是大多数信用风险相关研究的主要研究对象之一。大多数研究人员选择将重点放在二元分类上，但他们也会使用与现实应用更相关的多元分类来生成解决方案。

混合分类技术可以解决的其他类型的问题包括财务困境和破产预测。给定一组描述公司财务状况的特定属性，主要目标是计算出该公司破产或面临财务困境的可能性。根据研究数据的可用性，大多数研究人员使用的数据集包括来自不同部门的数据。另外，我们也可以找到差异化研究的例子，如银行、建筑公司、制造业、保险公司、网络公司、餐饮业和社交借贷。国家因素是另一个有趣的维度，因为智能技术已应用了来自韩国、比利时、荷兰、中国、克罗地亚、葡萄牙、立陶宛、土耳其、爱尔兰和其他国家的实际数据。我们还可以使用一些技术来研究金融数据，这些技术允许将各种属性映射到另一个空间，以便提取重要的特征，这些特征可以在之后用于可视化或进一步的建模步骤中，如回归分析。自组织映射通常被称为科霍宁（Kohonen）映射，它最初由科霍宁提出，是用于故障预测和可视化最灵活的聚类技术之一。

金融风险领域相关的另一类问题是行为评分或绩效评分，用于在发放贷款后监测债务人的财务状况。其主要目标是对给定时间段内（如 1 个月和 3 个月）的违约概率进行评估。该数据集的形成调用了历史还贷数据和描述债务人可信度的因素。这些因素可以从贷款申请数据（贷款金额、贷款期限、付款频率和客户信息）以及行为数据（贷款余额和还款因素）中得出。肯尼迪（Kennedy）等人的研究使用了申请数据和行为数据，以及拖欠还款信息。他们的实验分别使用了 3 个月、6 个月、12 个月、18 个月和 24 个月的结果窗口，结果显示 12 个月的结果窗口在准确性方面是最优的。然而，绩效评分面临着与信用评分相同的挑战，也与数据挖掘相关，如分割对齐、最优特征选择和不平衡学习。

特征选择问题几乎与所有建模问题都相关，因为适当选择的建模属性数量的减少可能会影响最终模型的质量，并会减少该模型在实际应用中所需的信息量。在这里，我们介绍两种特征选择技术：一种基于过滤器的技术（使用特定的度量方法并根据其值选择属性，如相关性、信息增益、相似性度量）；另一种是基于包装器的技术（根据分类器性能迭代地进行选择）。属性排序可被视为一种基于过滤的特征选择表单。目前还有几种具体的技术，如林（Lin）等人提出了一种新的基于专家知识的财务困境预测技术，根据他们的研究，这种技术优于一般技术。不同特征选择技术的总体效果也在其他文献中得到了深入研究。

评级分析是另一种可以受益于分类方法的信用风险问题，也可以参考风险评级逆向工程。这些方法可以通过质疑和强化评级的有效性，以及提供提取的模式来区分按照财务能力和破产概率评级的公司和金融机构，从而提高评级。预测财务评级的变化是另一个可以运用人工智能技术的相关问题。琼斯（Jones）等人利用 1983 年至 2013 年间国际企业信用评级变化的数据，对不同的二元分类器（尤其是人工神经网络、逻辑回归、随机森林和支持向量机）进行了实证研究。该数据集包括 5053 次评级变化（2660 次评级下调和 2393 次评级上调），其中 2891 次与标准普尔评级的 BBB- 或以上（投资级）有关，2162 个评级变化为 BB+ 或以下（投机级）。基于金融、企业政府、市场、专家知识和宏观经济的变量以及反映以往评级变化的属性都被用作他们开发的模型的输入。他们的研究结果表明，除了获得相关模型的目标以外，像 AdaBoost 算法或随机森林这样的集成分类器是最成功的选择，这也使异常值和缺失值具有一定的鲁棒性。

叶（Ye）等人对供应链中断进行了研究，而供应链中断是财务困境的一个更具体的子问题。虽然这与信贷决策没有直接关系，但经济损失可能会对特定公司的客户产生巨大影响，导致财务损失甚至有可能破产。而向这些公司发放信贷的金融机构也将遭受严重损失。多类支持向量机分类可用于建模，该类别可以标记中断的原因（需求中断、供应中断、产品中断或外部中断）。样本数据来自 2007 年至 2011 年间 200 家公司的 926 份公告（财务报表和经济效益），并按照行业（制造业、农业或金融业）划分。结果表明，支持向量机在供应链中断识别问题上具有较高的性能。

信用风险领域的决策支持与专家系统

决策支持系统和专家系统在解决各种金融和商业问题方面发挥着关键作用，其中用于获取新信息的、产生可能的解决方案或备选方案的数据处理是相关计算的重要部分。以下我们将简要介绍决策支持系统和专家系统，讨论它们的目标及其与标准信息系统的主要区别；回顾决策支持系统的主要类型和分类标准，并将它们与金融风险导向问题联系起来；讨论决策支持系统在与信用风险相关的金融问题上的最新发展，并对专门用于银行决策的现代决策支持系统提出了许多要求；讨论基于人工智能技术的新型决策支持系统的发展，描述基于现代金融可扩展标记语言（XML）的标准；介绍了已开发的框架，并讨论与其实施相关的主要主题。

决策支持系统的定义、目标和前提

决策支持系统和专家系统的进化和结构在很多文献中都有描述。尽管这些系统可能具有相似的体系结构模式和目标，但是它们也有一些不同之处。虽然决策支持系统的定义可能与现代决策支持和自动化更相关，但从专家系统开始介绍也是合理的，因为它开创了基于人工智能分析的决策支持的先河。

专家系统可以定义为一种人工智能驱动的计算系统，它使用人类专业知识的知识库来帮助解决问题。专家系统可以划分为多种类型，如廖（Liao）在其研究中就根据专家系统开发中使用的技术（如基于规则的系统、基于知识的系统、神经网络、基于案例的推理、智能主体和基于建模的技术）区分出了几种类型的专家系统。根据不同或各种来源，专家系统的特征有以下几点：

1. 它应用了人类的知识和技术，并以不同的形式（非结构化信息、规则、公式、模型、限制或约束）收集在知识库中；
2. 它可以使用不同的启发式方法进行自主推理，以获得最优的解决方案或可以存储在知识库中的项目；
3. 它的目标是在试图消除或最小化人为错误的同时，至少以与人类专家相同的准确性和有效性给出答案；
4. 它至少包含一个知识库、一个推理引擎和一组构成专家系统基础的模型（规则等）。

从技术的角度来看，专家系统应用了某种形式的推理（主要是基于规则和过时的推理）来概括整个决策支持。

专家系统的最初使用表明，它具有良好的自动推理能力。然而，在实践中，我们却发现它是不灵活的，缺乏洞察力、决策支持和解释解决方案的逻辑以及对解决方案如何发挥作用的验证。成千上万规则的实现也导致了设计、实施、内部通信和支持的复杂性的增加。这些问题可以应用机器学习技术（如神经网络）完全或部分解决，因为机器学习技术使我们能够从历史数据中发现的趋势中学习，后面我们还将介绍一些新技术（如网络服务、支持分布式专家系统开发的集成工具和环境）。

不同文献对决策支持系统均有定义。例如，雷纳（Raynor）将决策支持系统定义为“数据建模和报告系统，该系统已被结构化，以回答特定的可持续的业务问题或其他问题”。支持实时决策的实时分析和交互分析是区分决策支持系统和传统信息系统的关键因素。这样的定义也扩展了专家系统的定义，该系统主要处理解决问题的能力，不包括对技术或计算实现方面的限制。

决策支持系统和专家系统都有一个相似的组件（知识库、推理引擎和用户界面）、相似角色（专家、知识工程师和用户）和工件（文档化的知识）的子集。比默（Beemer）和格雷格（Gregg）认为，决策支持系统通常包括一个监控主体，以帮助识别需要处理的非结构化决策，并识别提供给推理引擎的域变量。公共过程在用户交互的复杂程度上也可能有所不同，用户交互的复杂程度可以引导整个决策过程，并完成知识的获取、形式化和整理。除了体系结构存在差异之外，标准专家系统和智能咨询决策支持系统之间的差异在于整体决策结构，而整体决策结构在专家系统、人工智能方法论（专家系统中基于规则的方法、与决策支持系统中基于实例的机器学习和混合算法）及它们在决策过程中的作用中更加结构化。专家系统经常可以执行决策并自动执行预定义的操作，而决策支持系统则通过人工交互做出最终决策来支持人类决策。与专家系统不同，智能决策支持系统能够解决结构化或半结构化的问题，并为解决这些问题建模各种替代方案或策略。此外，它们在获取结果时更快、主观程度更低，而且使用的是集中或派生的信息，可以为图形分析提供复杂的工具。

决策支持系统的主要类型

根据决策支持系统的性质和主要目标，不同文献给出了不同的分类标准。阿尔特（Alter）提出的早期分类包括基于可能动作的结果分析的系统（运用特定的金融或数学模型或模拟）、优化分析（根据与所提供的约束条件一致的最优解来给出动作建议）以及意见和建议（为特定的结构化任务推断出一个决策）。阿尔特证明，在 20 世纪 80 年代，决策支持系统已经被视为一种比典型的信息系统工具更智能的指导工具。霍尔萨普尔（Holsapple）和威斯顿（Whinston）根据决策支持系统所基于的知识管理技术，确定了五种决策支持系统类型，即面向文本的决策支持系统、面向数据库的决策支持系统、面向电子表格的决策支持系统、面向求解程序的决策支持系统和面向规则的决策支持系统。对用于信用风险评估和管理的智能结构的分析以及对最新商业解决方案的分析表明，现代银行业决策支持系统可能刚好属于这些类型中的一种，也可能包括这些类型中的两种或两种以上的特征（所谓的“集成决策支持系统”）。例如，一个这样的系统可能通过基于文本的分析来获得信息或属性，而这些信息或属性可用于优化驱动的任务或优化基于规则的系统。面向文本的风险评估系统通过使用先进的文本挖掘技术，从文档或语料库中提取特定实体的相关信息（如项目、模式或特征），并执行其他步骤，如训练模型、开发概要文件或执行聚类 / 比较操作。因此，这类系统可能涉及高级存储、搜索和处理组件。面向数据库的决策支持系统（也称为数据驱动的决策支持系统）可以应用更多的结构化信息来做出决策。数据驱动系统可以实现内部和外部历史数据的检索和操作，如数据管理、时间序列和实时数据，使用数据仓库设施和高级工具（如在线分析处理、数据立方体和数据挖掘）来存储和检索数据。基于电子表格的决策支持系统可以将电子表格技术应用于知识管理，使知识库中的知识能够得到更多访问和修改，并在电子表格中给出处理指令。基于微软 Excel 的计分卡就是这类系统的一个很好的例子。基于求解器的决策支持系统通常应用最先进的技术（求解器），并根据不同领域（金融、经济、投资或破产分析）或问题类型（优化、预测、规划或统计分析）来为不同问题提供解决方案。这类决策支持系统通常采用较先进和新颖的技术，如数学优化、数据驱动分析、人工智能和 / 或机器学习。这类问题的结构以及决策支持系统本身的结构可能会相当具体。求解器通过链接生成解，这些解可以用作另一个求解器的输入。混合技术可以很好地说明这种决策模式。

最后一种类型的决策支持系统（在霍尔萨普尔和威斯顿提出的分类中有定义）是面向规则的决策支持系统，它可以处理一组用户定义的规则，并在推理过程中生成一个建议和性能说明，这就为更详细的分析提供了相关信息。这些规则通常以 if-then 规则的形式出现，尽管也可以应用其他类型的规则。最新的一些标准使得规则的定义和形式更加标准，主要是由对象管理组织（Object Management Group）发布和维护的产生式规则表示法（production rule representation）或业务词汇和规则的语义（semantics of business vocabulary and rules）。最新的决策模型表示法的目的之一是使决策形式化。霍尔萨普尔和威斯顿提出的分类在 2008 年进行了更新，添加了面向超文本的决策支持系统和支持多参与者的决策支持系统。后一种决策支持系统通常可供多个参与者使用，这些参与者没有权力做出整体决策，但可以通过其贡献影响决策。与金融风险问题相关的几种人工智能技术都可以用来模拟这样的决策。在集成技术中，如前面提到的随机森林，每个分类器都可以通过自己的“投票”对整体决策做出贡献。群体智能本身是基于自组织系统的集体行为的，其中每个个体都可以通过某种组合对整个系统的决策做出贡献，这取决于它是否具备能够自己得出解决方案的能力。这样的局部解可以作为一个指导方针，从而引导整个系统得到改进的全局解。

阿诺特（Arnott）、佩尔万（Pervan）和鲍尔（Power）也描述了他们自己的决策支持系统分类。阿诺特和佩尔万对面向数据的决策支持系统和面向模型（或模型驱动）的决策支持系统进行了区分。面向模型（或模型驱动）的决策支持系统通常使用有限的数据和模型，而且其参数是自动获得的或是由决策者提供的，而且与数据驱动的决策支持系统相比，其性能受实时数据处理的影响较小。根据霍尔萨普尔和威斯顿的定义，它被视为对应于面向求解器和面向规则的决策支持系统。目前的大数据支持决策支持解决方案是这两种类型的结合，依赖于对数据的无限使用来提取相关模式，并将其转化为有用的模型。这种分类还基于若干因素，这些因素是获得有见地的商业决策（执行信息系统 / 商业智能和数据仓库）所必须的，尤其是使用决策支持系统（如个人决策支持系统、群体决策支持系统和谈判决策支持系统）参与决策的主体的数量、推导决策的智能技术的数量（智能决策支持系统、基于知识管理的决策支持系统）以及数据驱动的本质。鲍尔提出的分类也包括五种类型的决策支持系统，这种分类更多的是基于它们所针对的问题以及主要的架构组件，更像是霍尔萨普尔、威斯顿和阿诺特提出的分类的结合。

银行问题决策支持系统的最新发展

虽然评估问题的重要性一直是相关文献关注的重点，但是决策支持系统的结构和发展并没有得到广泛的讨论。造成这种情况的原因与以下两点有关。

第一，已开发系统的可用性。这类系统通常是为金融机构开发的，但这些金融机构要么披露关于这类系统的少量信息，要么完全不提供任何信息。另外在撰写本文时，还没有可用于银行决策支持系统的开放框架或体系结构。大多数解决方案都是商业化的，由领先的供应商开发，通常不面向灵活性或新技术的应用。

第二，研究所需数据的可用性。数据驱动分析所必需的数据通常是不可得的。一些免费的数据集（如 UCI 数据库[①]中德国和澳大利亚的信用数据集）经常被用于信用风险研究，但是由于实际数据可能存在偏差，包括大量数据点或具有不同的特征，因此很难将使用此类数据源生成的模型用于实际决策支持。很多使用真实世界数据集的研究人员不会公开用于评估基准或测试的数据，这使对通过不同技术或其他研究人员获得的结果进行比较变得复杂。

总的来说，关于银行问题的决策支持系统架构的描述相当少，只包括高级结构和主要组成部分。本章仅限于介绍科学文献中描述的决策支持系统，商业工具的功能描述可以在软件供应商提供的相关白皮书或文档中找到。早期的研究应用的是基于模型或基于规则的原则，从而形成了知识驱动的专家系统。马特赛斯尼斯（Matsasinis）在研究中描述了用于信用卡评估的信用风险决策支持系统。张等人提出了决策支持系统的框架，其结构为多层系统，由信息集成平台层、信息利用层和信息表达层组成。穆罕默德（Mahmoud）等人描述了一个银行信贷专家系

① 机器学习知识库，由加州大学欧文分校（University of California, Irvine）的机器学习与智能系统中心主办，它提供了很多与机器学习相关的研究中经常使用的数据集。

统，该系统使用来自期刊、参考文献和书籍、银行报告和文章、研究报告、工作报告和银行研究的数据开发，这些数据由各行业专家定期更新。它的工具知识库由五个主要部分组成，每个部分分别代表了各自的目的（经济可行性研究、金融可行性研究、市场可行性研究、技术可行性研究和抵押）。蔡（Tsaih）等人提出了将内部信用评级模型转换为 XML 文档的 N 层架构。中间层包括 web 服务器、管理应用服务器、带案例处理应用服务器的贷款处理子系统、带 XML 解析器和模型引擎子模块的评估模块以及由模型定义应用服务器和模型记录模块组成的模型安装子系统。寇特思安提斯（Kotsiantis）等人开发了一个分布式信用评估系统，使用决策树（尤其是 C4.5）算法进行评分，该算法使用了与本体相关的数据源以及由语义 web 技术支持的数据交换和推理机。虽然他们参考了可扩展商业报告语言（eXtensible business reporting language，XBRL）并将其作为选项之一，但是他们选择了自己开发的本体来表示财务报表。

因此，前面介绍过的系统架构都没有为自动数据收集、处理和更新模型的功能定义模块。虽然这一课题将在股票交易系统（尤其是高频交易）中进行进一步探讨，但信用评分系统也可能受益于这种方法，通过使用新的数据不断更新知识库中的模型，获得新的模式或生成用于不同维度分析的模型。为了产生更准确且更有见地的决策，它会自动集成和发现其他属性。最后，开放数据和促进数据在线共享的类似举措也激励了此类系统的开发，这导致了可用于支持和改进决策支持系统性能和功能，以及提供新的见解或改进现有系统的数据大量增加。

信用风险决策支持系统的要求

国际上很多不同的著名法律和规章【如《巴塞尔协议》《萨班斯 – 奥克斯利法案》(*Sarbanes-Oxley Act*)、《国际财务报告准则》(*International Financial Reporting Standards*，*IFRS*)、《美国公认会计准则》(*United States Generally Accepted Accounting Principles*，*US GAAP*）等】都为全球银行和金融体系提供了一致性、限制和指导。《巴塞尔协议Ⅲ》是一个国际公认的银行业风险管理和治理框架，为支持金融稳定、透明度和整合更好的风险管理实践提供了指导方针。该标准的核心主要由三大支柱构成：支柱一定义了资本、风险管理和财务杠杆的要求；支柱二侧重于风险管理和监管；支柱三公布了市场纪律的要求。为了满足这些规定，智能决策支持和决策制定的集成方法就显得尤为重要，包括集中式信息架构、数据仓库、高级分析和报告工具的设计和开发。内部财务报告系统的不一致和差异使其调整和分析任务（如合并、整合和报告）变得更加复杂。还必须确保与共存的法规和框架保持一致，同时尽量减少对流程、系统和数据的更改。因此，银行业采纳了金融标准化框架和倡议，如可扩展商业报告语言（尽管不那么容易采用），因为它们提供了灵活性，改善了一般报告过程，并确保了标准化的金融信息流。

银行业决策支持的核心组成部分之一是评级系统。巴尔萨扎（Balthazar）的研究为它们的发展需求提供了广泛的参考。以下，我们列出了最重要的几个要求。

- 主要风险指标的计算，如违约概率（probability of default，PD）和违约损失率（loss given default，LGD）。违约概率是对债务人不履行其义务的可能性的定量估计，而违约损失率则是根据这种可能性来衡量可能损失的金额。
- 未违约公司至少有七个评级等级（违约公司至少有一个评级等级）。这是惠誉国际（Fitch）、标准普尔和穆迪等评级机构的惯例。
- 跨子公司、地点和业务的一致性。
- 对审计人员和外部各方的透明度（通用参考和元数据词汇表、风险描述和分类）。
- 通过适当的手动和自动化记录设备，证明和记录所用评分模型及其本身的准确性、有效性、监督、审核和适当应用。
- 整合所有可用数据，包括外部评级信息。样本库结构如图 7–1 所示。
- 在不利的经济条件下整合债务人的偿付能力。
- 定期对模型开发进行验证和性能测试。
- 记录并证明评分模型覆盖的合理性（适用于人类决策优于评分模型输出的情况）。
- 持续记录用于评级和默认历史记录的数据。

符合《巴塞尔协议Ⅲ》的决策支持系统必须满足以下要求。

- 支持采用综合方法来评估、管理和报告市场、信贷和流动性风险，包括风险加权资产、监管和经济资本。

- 整合所有可用信息（库的样本结构如图 7–1 所示）以支持上述风险的评估和管理。
- 兼具数据驱动和模型驱动。它可以根据实现情况结合其他类型决策支持系统（如基于规则、基于求解器或基于电子表格的决策支持系统）的功能。
- 满足系统完整性、灵活性、可扩展性、监控访问和可用性的功能性和非功能性需求。
- 计算各种风险因素，如违约概率、违约损失率，对不同的压力测试场景（如保证金要求、现金流生成或回测）进行 what-if 分析和压力测试。
- 评估信用风险的市场价值或交易对手估值调整（counterparty valuation adjustments，CVA）。
- 包括监管和多层日志记录功能。

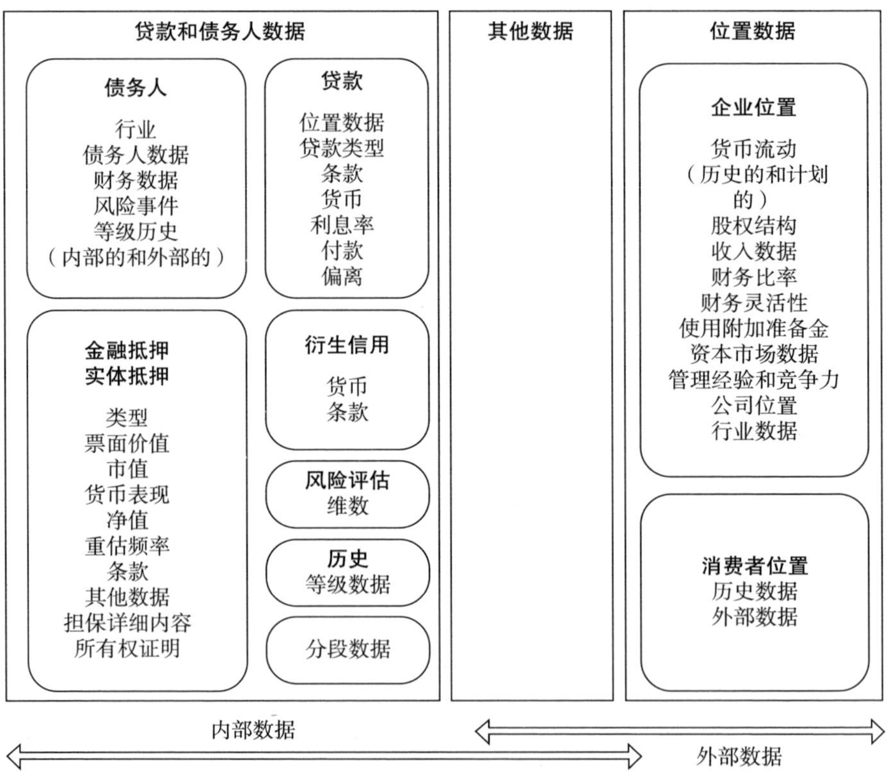

图 7–1　用于信用风险决策支持系统的样本库

基于金融标准的决策支持

在面向模型的决策支持系统中，如果没有模型开发所需的数据，数据驱动的决策支持就无法成功实现。此外，模型在开发初期可以使用样本数据进行训练，而更新模型以反映当前的情况则面临进一步的挑战，因为模型的更新需要在相同结构中增加数据。这对智能学习驱动的任务的影响尤为明显，因为在这种任务中，模型必须通过不断学习一个因变量和一组自变量之间的关系来生成。为了支持数据交换，可以使用不同的格式，如 XML，它是系统间数据交换的核心标准之一，也是 web 服务技术的核心标准。通过定义相关的内部表示法，并将它们组合成表示不同域中概念及其关系的描述，XML 定义了其他域特定的格式或语言。此外，像可扩展样式语言（XSL）、XQuery 和 XPath 等技术支持对 XML 文档进行高级转换和查询操作。开发这种描述通常需要在特定领域具有高水平的专业知识。不过，这些方法已经有了大量的相关标准，包括那些与金融部门有关的标准。我们之前对这些标准进行了调查，其中包括 XBRL 以及统计数据和元数据交换（statistical data and metadata exchange，SDMX）。本小节将重点介绍 XBRL 标准，除了可以改进报告流程和准确性之外，该标准还提供了一些可用于为金融风险分析开发集成决策支持系统的高级特性，这些特征已经足够成熟，可以应用于实践。

XBRL 由分类法和实例两个主要概念定义。分类法定义了特定实体使用的所有金融概念以及它们的内部关系和内部或外部资源。实例的定义是在分类法中定义了结构的事实列表。XBRL 分类法由 XBRL 模式组成，该模式存储着关于分类法元素的信息，如元素的非结构化列表和可链接到指定外部资源的链接库文件参考。XBRL 规范中定义了五种类型的链接库：展示链接库、计算链接库、定义链接库、标签链接库和参考链接库。

一些补充模块也被定义为扩展，如 XBRL 维度 1.0、XBRL 公式 1.0、XBRL 透视技术规范和 XBRL 版本，如图 7–2 所示。XBRL 维度用附加维度补充了 XBRL 文档，支持多维处理。我们之所以对 XBRL 公式特别感兴趣，是因为它使用完整性和推导规则（根据会计和金融假设创建）提供高级校验和事实推导。它运用了公式、变量、完备性、准确度断言、过滤器和前提条件等概念。使用这个标准可以对维度汇总、期初和期末余额、概念等值等进行计算、校验和存储。从数据分析的角度看，它可以用于推导新的属性或它们的转换，这些属性可以用于统计建模。我们对 XBRL 版本功能也感兴趣，尤其当建模基于单一分类法级别时。

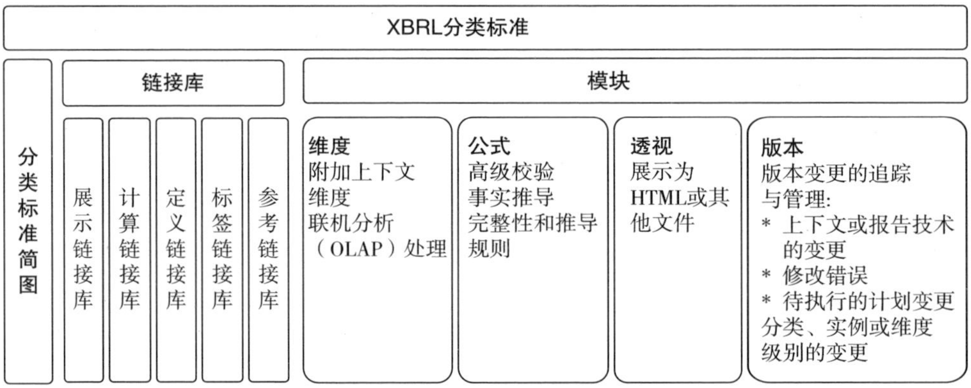

图 7-2　XBRL 分类标准的结构

关于 XBRL 及其可能与决策支持系统集成以应对信用风险的更多技术信息请参考加斯瓦（Garsva）和达内纳斯（Danenas）的研究。本文介绍了一种将 XBRL 集成到信用风险评估智能决策支持模型中的映射模型。该研究中使用的数据集通常被定义为一个由 n 个具有 m 个属性的数据实例组成的二维 $m \times n$ 数列，或者一种更适合分类问题的形式，或者一个具有 n 个向量的集合 $\{x_1, x_2, \cdots, x_m, y\}$。如果在建模过程中只使用来自单个分类法的实例，那么这个过程就是非常简单的，因为金融属性集是有限的。然而，如果使用的是多个开放的 XBRL 分类法（如美国证券交易委员会 XBRL 分类法），那么完整的 XBRL 知识库的应用就没那么简单了。很明显，只有那些在所有使用过的分类法中被定义的财务比率才能用于形成机器学习任务的数据集。请注意，为了比较使用不同系统的公司（如美国公司和欧洲公司）的财务比率，我们应当考虑不同的调整。但这个框架还没有明确地解决这个问题；目前，只根据实际汇率进行转换，以使用单一货币表示金融属性。更正式的表述是，给定一组分类集合 $T = \{T_i | 0 \leqslant i \leqslant |T|\}$，其中，$|T|$ 表示的是集合 T 中分类法的数量，它可能有$\left\{F_{T_i}^k | N^{\min} \leqslant k \leqslant N^{\max}\right\}$个金融属性，这些属性为每个

分类法中的共有（重复）属性。在这里，一般财务比率的数量（由分类法映射数据存储中的映射表示）被定义为截取概念 F 的最小数量，即

$$N^{\min}=\min(k)\mid F_{T_i}^k \cap F_{T_j}^k, T_i \in T, 0 \leqslant i \leqslant |T|, 0 \leqslant j \leqslant |T| \tag{7.3}$$

以及分类法中常见财务概念的最大数量，即：

$$N^{\max}=\max(k)\mid F_{T_i}^k, T_i \in T, 0 \leqslant i \leqslant |T| \tag{7.4}$$

假设代表来自分类集合$T=\bigcup_{i=1}^{|M|} T_i$中的 m 个实例的数据集需要被定义用于分类任务。我们将数据集形成区分为以下三种情况。

1. 形成以 $m \times N^{\min}$ 矩阵表示的数据集，该数据集由每种分类法所共有的财务比率组成。这种策略会导致模型开发所需信息的最大损失，但得到的数据集具有最小稀疏性（即它具有最少数量的缺失值属性）。
2. 表示为矩阵 $m \times k$，$N^{\min}<k<N^{\max}$ 的数据集。在这里，附加比率和一般财务比率被部分整合。选择的 k 值越高，得到的数据集越稀疏。
3. 表示为 $m \times N^{\max}$ 矩阵的数据集。该数据集包含了最大数量的可用数据，但得到的数据集具有最大的稀疏性。

为了测试这种方法，我们选择美国证券交易委员会分类法作为基础，因为它们已经得到了很好的开发和应用，并且包括评级分类法，该分类法提供了定义、结构化和检索评级数据的方法。选择美国证券交易委员会分类法的另一个原因在于研究中使用的来自该委员会的 EDGAR 数据库的数据的性质。评级信息可用于执行评级的逆向工程任务，或通过映射财务和评级数据来探索财务数据、管理数据或企业数据与这些评级之间的内部关系，从而生成可用于分析的单个数据集。

XBRL 集成化决策支持系统架构的开发

我们运用之前介绍的 XBRL 集成原理和机器学习技术设计了一种信用风险评估决策支持系统。这里只介绍了基本概念，想要进一步了解的读者请参阅作者描述该系统的原始研究。

该系统支持数据驱动模型开发的全生命周期，其框架如图 7–3 所示。模型开发过程本身是一项综合性任务，包括数据预处理、特征选择、训练和参数选择等子任务，应用了人工选择或基于软计算技术的启发式方法。该系统还支持使用统计、财务分析和可视化分析的分析任务。信用风险分析被视为这三种分析的结合。该系统架构表现为一个模块化的多层系统，它整合了以下域的功能：机器学习，实现相关的统计和机器学习功能；数据和元数据管理，包括 XBRL 元数据和模型

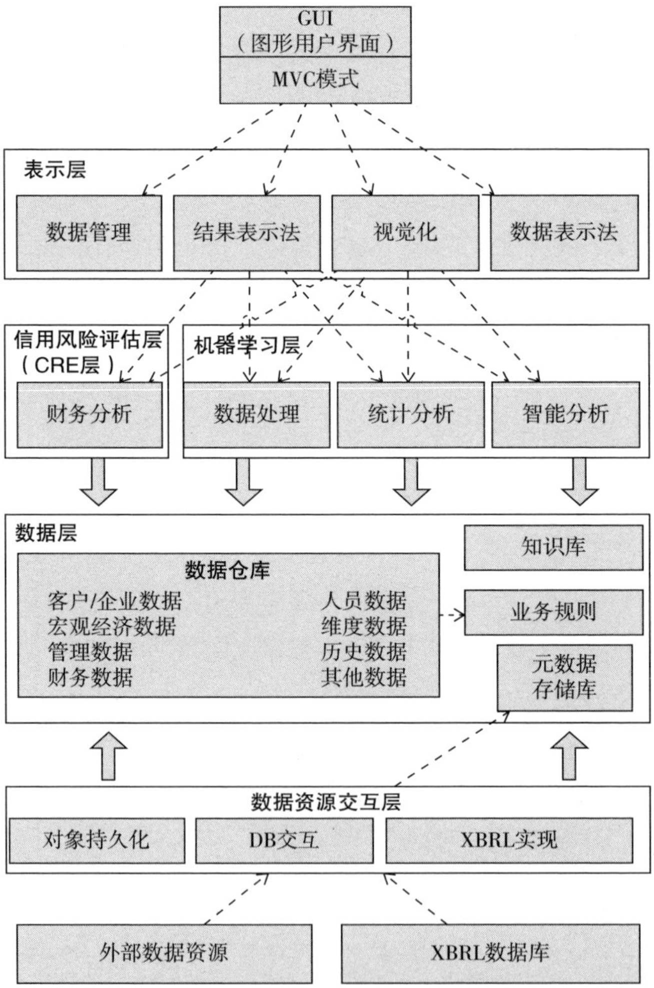

图 7–3　决策支持系统概念结构

存储库以及这些模型的元数据，如执行日志和评估结果；信用风险评估。信用风险评估层定义了整个分析、建模、预测和评估功能。财务分析、建模和预测模块是专门为信用风险评估层定义的，因为它们可以提供特定领域的分析、模拟和预测。请注意，数据管理层的功能同时涉及人工智能 / 机器学习（模型存储库）和金融 / 信用风险域（XBRL 元数据、相关业务规则）。各种支持服务的功能被嵌入附加数据源交互层、信息处理层和表示层中。

该架构拓展了霍尔萨普尔提出的面向数据库和求解器的组合概念决策支持系统模型。该框架被广泛应用于开发能够进行财务预测、分析和优化任务的决策支持系统。目前很多大型组织经常使用基于此框架并将数据仓库工具与分析【如联机分析处理（online analytical processing，OLAP）】或数据挖掘解决方案相结合的决策支持系统。

虽然最初的架构包括知识和问题处理子系统，但为了支持自动数据导入和机器学习驱动的模型更新功能，同时还添加了元数据（分类数据、映射）和附加数据管理以及模型处理系统，如图 7–4 所示。更进一步的扩展是元数据管理（分类数据、映射），它是在问题处理系统中被定义的。

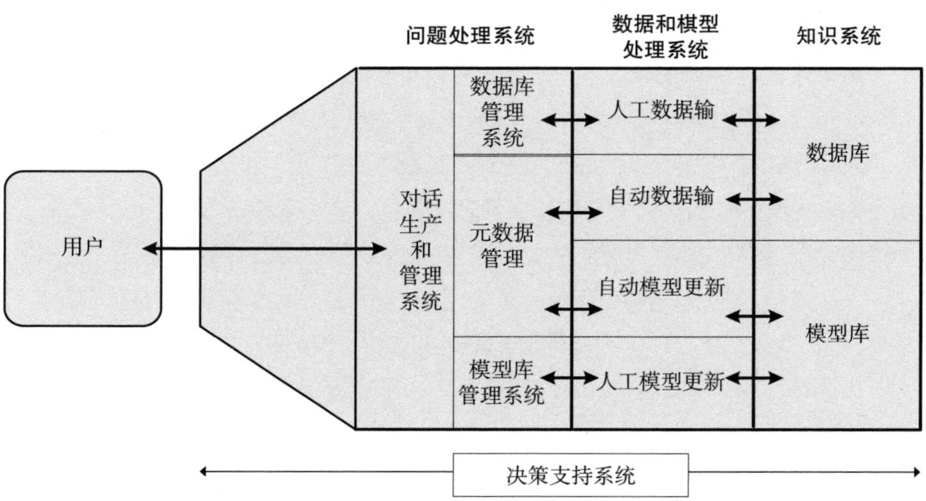

图 7–4　使用数据和模型处理层扩展霍尔萨普尔的合并数据库和求解器驱动的决策支持系统架构

为了说明具有自动自学习功能的交换，该系统被建模为一组具有特定目标的主体。该模型如图 7–5 所示，不同主体（通知）之间的消息和数据流分别使用“信息流”和“数据流”进行建模。这些主体的模型如下。

- **监控主体**。分为两种专用主体，即 XBRL 监控主体和外部资源处理主体。这些主体的作用相似，它们的主要目标是监视数据源，以发现新的 XBRL 文档实例或现有实例中的更改。
- **处理主体**。分为两个子类，但与监控主体相反，它们的目标略有不同。XBRL 处理主体使用存储在数据存储设备中的分类信息来处理 XBRL 实例。如果该实例带有一个实例中未标识的分类法，它也会被处理并归入映射信息数据库中。外部数据源处理主体使用在其适配器中实现的规则来处理可用数据。每个处理主体都包含这个适配器，实现数据访问接口，从而实现数据处理所需的特定功能和规则。请注意，它可以有多个外部 XBRL 或其他外部数据源，并分配一个主体来监视每个数据源，因此，一对多被用来定义此类任务。
- **处理管理主体**。充当处理主体的管理者和协调者的角色。由于可以有多个处理主体，该主体可以获得新数据可用性通知以及准备发送到数据仓库的新数据通知。当成功地将数据发送到数据存储设备后，该主体将向**建模管理主体**发出通知，并发送新实例的元数据，这些元数据标记了需要更新的模型。
- **建模管理主体**。也充当协调者的角色，通过通知数据存储中可用新数据相应的**预处理主体**来触发模型更新过程。这些任务必须通过至少一个预处理和至少一个相应的模型主体来执行。请注意，在这个扩展中，预处理和相应主体之间的基数被建模为一对一，但它也可以被扩展为一对多，只是需要使用不局限于分类法的集合技术，每个主体在该集合中被作为一个单独的主体。
- **预处理主体**。对检索到的数据执行数据预处理任务，如数据清理、输入和转换。这些数据之后将被传递给建模主体（在集成学习的情况下被传递给多个主体），以执行建模任务，如模型（重新）训练、测试和 / 或验证，并更新存储库中的模型。如果开发了一个新模型，那么该模型及其元数据也会被添加到存储库中。

这种决策支持系统的扩展可以被视为一个自组织和学习系统，能够根据其配置来获得的历史知识采纳其决策和建议。此外，它还可以通过 web 服务提供决策，

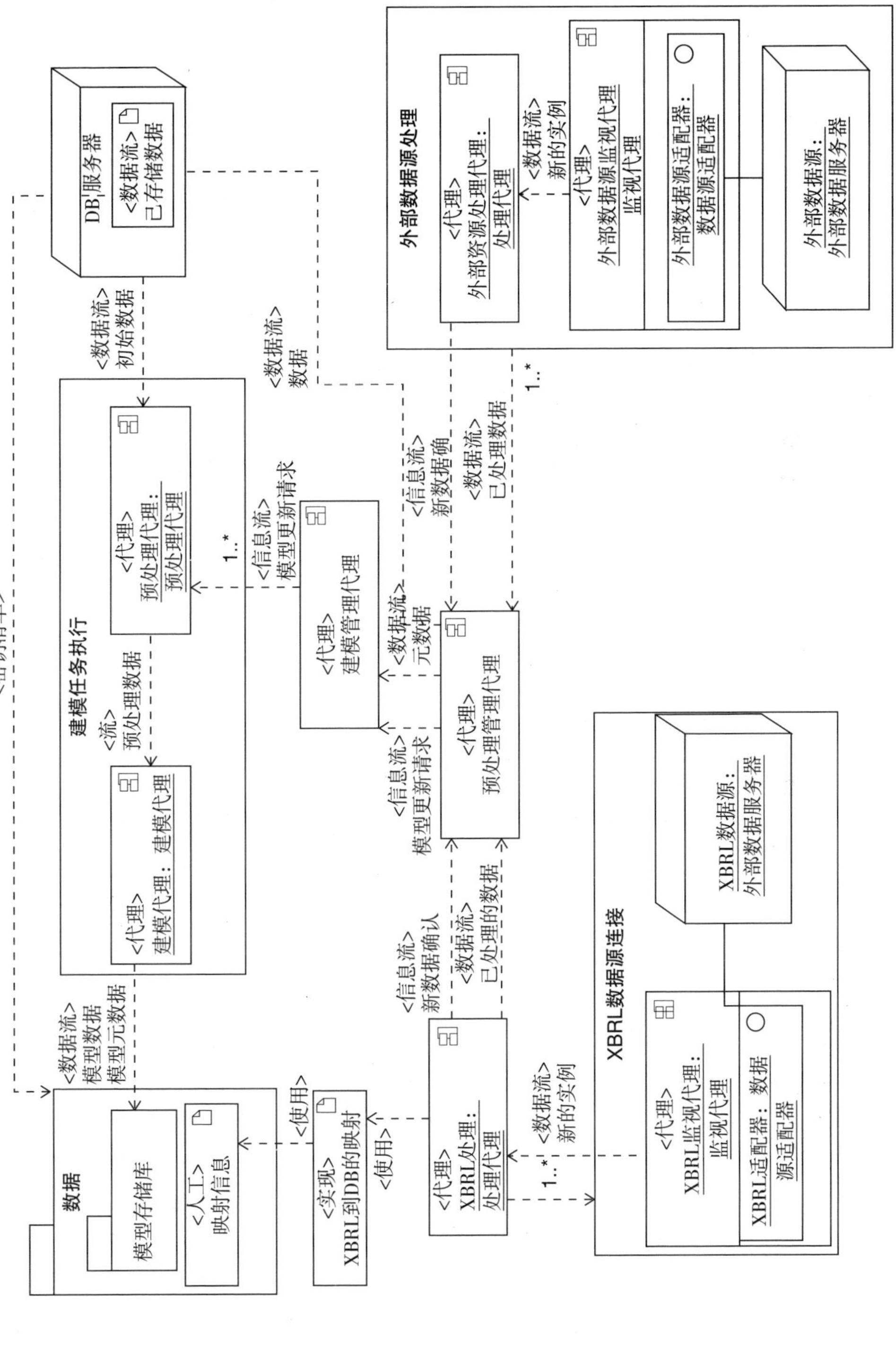

图 7-5　作为一组主体的决策支持系统架构

将其转换为分析即服务（analysis-as-a-service，AaaS）。在执行过程中，我们需要处理以下几个问题。

- **数据的兼容性**。客户端可能没有决策支持系统中特定模型所需的所有数据。因此，可能需要使用可用数据的不同子集来生成多个模型，以满足不同的需求。
- **变量的兼容性**。客户端和决策支持系统可以使用不同类型的变量来描述同一个对象（如变量“工作年限”可以定义值为“8 年”的名义变量和值为整数值“8”的数值变量）。
- **由特征选择定义的已开发模型的动态性质**。这将导致模型的永久性更改，这也需要动态生成界面，以便为客户端输入用于预测的数据。因此，它要求模型元数据必须被发送到客户端，客户端将在每次使用评估服务时保留格式正确的用于评估的数据。它可能还需要额外的模型开发策略（如一些模型可能只使用最典型的且所有金融机构都可以获得的变量，而另一些模型可能包含更多属性，但可能只有拥有相关数据的机构的子集才能使用）。

结　论

自银行业开始向其客户发放贷款以来，信用风险评估已成为该行业面临的核心问题之一。现代人工智能的最新发展关注的是模仿人类学习和行为，这为现代复杂决策支持在该领域的应用提出了很多新的挑战。最近的研究表明，机器学习技术（如人工神经网络、支持向量机或随机森林等）往往优于典型的统计技术，并在实际应用中呈现出较好的结果。它们与其他技术（如进化计算、集成学习、群体智能或模糊逻辑等）的结合往往优于这些技术的独立应用。因此，对该领域的研究仍然十分活跃。大量被研究出的技术、多数相关技术的“黑箱”性质、技术实现的复杂性和最佳方法的确定也是使它们的实际应用复杂化的因素。

用于决策支持的高度可配置的数据驱动和模型驱动系统是域专家执行相关分析和建模任务的一个先决条件。开发这些系统时必须使用适当的架构、设计和实现方法，包括用于创建决策功能的技术的开发、改进和评估。让它们适应现有标准、重新使用和利用它们的优势来保证数据的完整性或执行模型的更新也是合理的。这在金融领域是尤其有利的，因为不同的金融系统包含大量以业务规则形式存在的约束。我们尝试通过使用来自基于 XBRL 分类法的金融元数据的附加组件来补充基于机器学习的信用风险决策支持系统功能来为这种系统设计一个框架。这种方法可用于加强数据管理中的特定约束，提高查询质量，加速数据集的形成，以进行连续的模型再训练。最后，自动化水平的提高可能会导致自学习智能决策支持，这可能会减少模型存储库更新的负担，并将这个过程中的“人为错误”因素最小化。

目前出现了几个未来的研究方向。我们开发的框架包含了一个单一的金融信息交换标准（即 XBRL），而它也可能受益于其他开放的金融交换标准，如金融信息交换（financial information exchange，FIX）、统计数据和元数据交换（SDMX），这些标准将为最终数据集提供额外的变量。在信用风险问题的背景下研究这些变量及其整合的必要性是另一个需要讨论的话题，因为很多文献也描述了宏观经济变量、统计变量或市场变量对信用风险的意义。然而，虽然大多数研究引用的是财务报表中的比率，有些研究还在其模型中纳入了其他种类的变量，但对变量的使用尚未达成共识。该框架没有涉及的另一个具有挑战性的领域是自动管理不同规定（如《国际财务报告准则》和《美国公认会计准则》）之间会计原则的差异，以及调整来自不同财务报表中的数据以用于比较。然而，我们可以使用一些技术来将这一任务完全或部分自动化。最后，这种系统还将受益于机器算法的新改进及其对环境变化的适应性，从而提高决策过程自动化和系统自治水平。

第 8 章

人工智能在伊斯兰债券评级预测中的应用

蒂卡·埃伦迪纳（Tika Arundina）
米拉·卡提维（Mira Kartiwi）
莫哈末·奥马尔（Mohd Azmi Omar）

引　言

信用评级已成为现代金融服务业的一个重要指标。它通常根据证券发行者的借贷和还款历史、标的资产、未清偿债务和整体经营业绩来评估证券及其发行者的信用价值，在资本市场中发挥着重要的信息传递功能，特别是在提高风险管理和市场流动性方面。信用评级可以减少市场参与者之间的信息不对称问题。对公司而言，拥有一个好的评级有益于提高市场对其的信任。另外，很多投资者和银行依靠评级来做出投资和融资决策。

上述种种好处促进了包括伊斯兰资本市场在内的资本市场的发展。伊斯兰金融和资本市场是国际金融市场中发展最快的领域之一。最近，伊斯兰金融和资本市场的创新已经改变了金融业的格局，其中之一就是伊斯兰债券。过去几年，伊斯兰债券作为现有传统债券的替代品越来越受到市场欢迎。国际伊斯兰金融市场（International Islamic Financial Market，IIFM）提供的 2013 年的数据显示，从 2001 年到 2013 年 1 月，全球伊斯兰债券发行总额相当可观，达到了 4726.8 亿美元。这一显著增长表现在伊斯兰债券的发行量自 2001 年以来大幅增长了 100 多倍，从 11.72 亿美元增至 2012 年的 1370 亿美元。政府可以通过发行主权伊斯兰债券来筹集资金，而企业可以通过发行公司伊斯兰债券来筹集资金。

伊斯兰债券市场的发展对伊斯兰债券的评级问题提出了更高要求。该评级不仅可以反映风险和预期业绩，而且有益于投资者，特别是投资于特定证券的银行，可以帮助银行衡量投资的资本费用。与传统银行类似，伊斯兰银行也必须满足资本充足率的要求。该比率是通过将伊斯兰银行的合格资本与其风险加权资产（Risk Weighted Asset，RWA）进行分割来衡量的。风险加权资产的计算方法如下：

$$RWA = \sum_{i=1}^{n} w_i a_i \tag{8.1}$$

其中，w_i 为资产类别 i 的风险权重；a 为资产 i 的数量；n 为资产类别的数量。对于伊斯兰债券而言，风险加权资产是通过计算伊斯兰银行在伊斯兰债券上的风险敞口来衡量的，其中伊斯兰债券本身的风险权重和伊斯兰债券的风险权重都是根据伊斯兰债券的信用评级而变化的。尽管如此，并非所有的伊斯兰债券都被评级。这种情况导致银行必须将 100% 的风险权重分配给未评级的伊斯兰债券。然而，这种做法并没有反映出各伊斯兰债券的真正风险。

巴塞尔银行监管委员会（Basel Committee for Banking Supervision）目前已根据信用评级为信用风险设定了资本收费。《巴塞尔协议Ⅲ》框架允许银行根据外部信用评级机构提供的评级来制定资本充足率要求或确定其内部投资率。因此，该模型有望引导伊斯兰银行开发一种基于内部评级的方法。

鉴于成本高昂，而且并非所有证券都由评级机构进行评级，开发一个预测伊斯兰债券评级的模型变得越来越重要。黄（Huang）等人认为，由于执行信用评估的成本很高，获得信用评级的成本非常高。评级机构需要大量的时间和人力资源，从各个方面对公司的风险状况进行深入分析。因此，一些公司负担不起通过评级机构定期更新其信用评级的费用，这就使信用评级预测对投资市场尤为有价值。

哈耶克和奥列（Olej）、迈曾（Mizen）和索卡斯（Tsoukas）、诺沃特纳（Novotna）、达伊内利（Dainelli）等人、哈耶克和麦克拉克（Michalak）、穆谢托拉（Muscettola）、那卡拉多（Naccarato）以及窦普斯（Doumpos）等人已经对评级预测进行了一些研究。然而，伊斯兰债券是最近才在金融界出现的新事物。目前，对伊斯兰债券的研究和分析非常有限，尤其是对伊斯兰债券评级的研究和分析更是有限。埃伦迪纳和莫哈末·奥马尔研究了马来西亚企业伊斯兰债券评级决定因素。

本研究将借鉴以往伊斯兰债券评级预测研究中的若干理论变量，引入如债券结构、担保状况、产业部门和宏观经济变量等附加变量，以扩展之前的研究。本研究将伊斯兰债券的结构变量作为其特定变量，旨在观察债券评级的决定变量是否能够预测伊斯兰债券的评级。

文献综述

什么是伊斯兰债券

伊斯兰债券与传统债券有一些相似之处，如固定期限、息券，它们都在二级市场上交易。塔里克（Tariq）提到伊斯兰债券有一项与传统债券类似的功能，它能使公司根据伊斯兰债券的原则筹集资金，同时扩大投资者基础，为新企业提供投资机会。理论上，传统债券和伊斯兰债券的评级方法在某种程度上应该有所不同，因为这两种工具在本质上是不同的。传统债券是一种合同债务，根据合同，发行人有义务在特定日期向债券持有人支付利息和本金。另一方面，伊斯兰金融机构会计和审计组织（Accounting and Auditing Organization for Islamic Financial Institutions，AAOIFI）17 号标准规定，伊斯兰债券是一种等价凭证，代表在特定项目或特殊投资活动的标的资产、使用收益权和服务或资产的所有权上的不可分割权益。如果发行人拖欠付款，伊斯兰债券持有人对标的资产也有索赔权，就像普通常规债券一样。因此，伊斯兰债券持有人有权分享伊斯兰债券资产产生的收入和资产变现的收益。伊斯兰债券的独特之处在于，投资者成了资产持有人，因此应该承担其标的资产的风险。伊斯兰债券持有人承担着这些独特的风险。表 8–1 简单地比较了传统债券和伊斯兰债券。

表 8–1 传统债券和伊斯兰债券的比较

	传统债券	伊斯兰债券
定义	一种债务证券，借来的钱在特定时间按照约定的金额偿还	代表标的资产、服务或投资所有权的固定收益凭证
预计现金流	利息支付	利润分享
概念	• 债务证明 • 预先确定以预先设定的金额定期偿还现金流量	• 所有权证明 • 基于原始合同承诺的从资产 / 服务 / 投资获得的收入
结构和原则	• 零息债券 • 带息票债券 • 可转换债券等	• 损益分摊 • 租赁

来源：www.bpam.com.my

伊斯兰债券和传统债券的另一个主要区别在于投资风险。伊斯兰债券与一种被称为伊斯兰教法合规风险的风险有关，这在基于现有伊斯兰金融合同的构建阶段是至关重要的。不过，伊斯兰债券与传统债券也有一些相似之处，因为它们都是由能够产生收益的实物资产构成的。这些资产的基本收入是伊斯兰债券利润的收益来源。根据伊斯兰金融机构会计和审计组织的规定，伊斯兰债券基于各种交易合同发行。这些伊斯兰债券包括 Ijara、Murabaha、Salam、Istisna、Mudaraba 和 Musharaka、Muzara’a、Muqasa 和 Mugharasa。然而，后三种类型的伊斯兰债券在市场上很少使用。本章的附录 1 总结了每种结构的描述、与伊斯兰债券持有人的关系以及预期收益。这些结构将影响息票的支付方式和风险特征。传统债券和伊斯兰债券在信用风险敞口方面的性质不同，这导致需要对它们进行不同的评级评估。

此外，伊斯兰债券与传统债券具有相似的风险，即信用风险（违约风险）、流动性风险、经营风险、市场风险、利率风险（收益率风险）、外汇风险、股价风险和大宗商品风险。由于所有这些风险通常与企业伊斯兰债券有关，因此这些风险都反映在评级机构提供的具体评级中。与企业债券评级类似，评级越高，企业伊斯兰债券的质量越好，因此持有它的风险就越低。

基于标的资产追索权的伊斯兰债券评级方法

然而，与伊斯兰债券评级相关的评级机构只会给出与这些债券相关的信用方面的意见。由于评级机构认为伊斯兰债券从信用角度来看是中性的，因此对伊斯兰债券的评级并不意味着对伊斯兰教法合规性和马来西亚评级公司（Malaysian Rating Corporation，MARC）[①]的任何确认。大多数由评级机构评级的伊斯兰债券都是由伊斯兰教法委员会批准的。委员会对交易结构进行评估，并在发行伊斯兰债券之前确定其遵守伊斯兰教法的情况。评级机构只处理交易的信用方面，因此既不审查伊斯兰教法委员会的角色或组成，也不对委员会的建议和决定的有效性发表评论。

除标的合约外，由于标的资产的追索权，伊斯兰债券还可以分为两种模式：资产担保的伊斯兰债券和基于资产的伊斯兰债券。这两种伊斯兰债券在语义上有相似的描述，但在信用风险方面存在明显差异。

资产担保伊斯兰债券代表了真正的资产出售，因为标的资产已被合法转移到特殊目的载体（special purpose vehicle，SPV）。因此，在违约的情况下，标的资产将完全独立于发行人。伊斯兰债券持有人或投资者对伊斯兰债券的标的资产有追索权，也就是说，投资者对标的资产拥有完全的索赔权，而不存在任何随后被当地法院或伊斯兰教法法院推翻的出售风险。惠誉国际、标准普尔公司、穆迪公司、RAM Ratings 和 MARC 认为，标的资产如何产生现金以履行其合同义务决定了资产担保伊斯兰债券的评级评估。

而基于资产的伊斯兰债券的结构是这样的，即投资者只拥有标的资产的实际利益所有权，而不是标的资产的法定所有权。在这种结构中，资产通常由发行人以信托的形式出售给特殊目的载体。受托人出具表明投资者所有权权益的证明，而所得收益用于购买资产。投资者从发行人处获得一份分配收益，这份收益代表标的资产或任何来源产生的收益份额。在基于资产的伊斯兰债券中，我们可以很

① 马来西亚的一个信用评级机构。——译者注

明显地看出，伊斯兰债券的信用风险反映的是发行人的信用风险，而不是标的资产的信用风险。这是因为投资者并非标的资产的合法所有人，因此在违约情况下，投资者对标的资产没有任何追索权。在破产的情况下，在基于资产的伊斯兰债券中，投资者拥有无担保债权，因为伊斯兰债券的债权将与其他无担保债权人处于同一级别。在优先无担保债务的情况下，与其他债权人相比，伊斯兰债券投资者对伊斯兰债券资产没有优先权，其评级将与它们相当。否则，在次级伊斯兰债券中，评级就会下调。在这种情况下，评级机构会采用基本评级方法或企业信用评级来对伊斯兰债券进行评级。

由于大多数伊斯兰债券的发行都是基于企业资产的模式，这意味着评级机构采用了更常见的传统评级方法。因此，本研究采用债券评级预测研究来确定基于资产的伊斯兰债券评级的预测因子。

评级预测的前期研究

研究者们为研究评级预测开展了大量的工作。最早的一些关于债券评级预测的研究分别是在 1966 年和 1970 年由霍里根（Horrigan）和韦斯特（West）进行的。霍里根和韦斯特使用最小二乘法（ordinary least squares，OLS）回归来预测穆迪公司和标准普尔的债券评级。平奇斯（Pinches）和明戈（Mingo）应用多元判别分析来提高统计拟合度，以建立准确的模型。在这项研究之后，贝克奥伊（Belkaoui）采用了同样的方法，利用来自财务报表和宏观经济变量的信息来预测债券评级。该模型使用多元判别分析，正确预测了实验样本中 62.5% 的评级和验证样本中 65% 的债券评级。

自 20 世纪 90 年代末以来，研究人员使用人工智能模型来预测债券评级。人工智能神经网络是杜塔（Dutta）和谢卡尔（Shekhar）首次提出的。他们使用非统计方法，以神经网络的形式来预测企业债券的评级。他们的研究受到了缺乏债券评级理论和方法的启发：神经网络不需要预先指定一个功能域模型。他们试图从训练输入 – 输出示例中学习基础域模型。杜塔和谢卡尔基于霍里根、平奇斯和明戈的研究结果，使用六个金融指标比较了神经网络和基于回归的技术。该研究发现，神经网络在债券评级预测方面优于回归技术。

辛格尔顿（Singleton）和瑟肯（Surkan）应用反向传播神经网络对 1982 年从美国电话电报公司剥离出来的 18 家贝尔电话公司的债券进行了分类，并比较了神经网络模型和 MDA 模型。该研究表明，与判别分析相比，神经网络在预测债券评级方向方面取得了更好的效果。

权（Kwon）等人比较了传统的神经网络方法和一种新的神经网络训练方法，即按序成对划分（ordinal pairwise partitioning，OPP）。在同一时期，夏弗苏克（Chaveesuk）等人比较了径向基函数、学习向量量化（learning vector quantization，LVQ）和反向传播这三种人工智能神经网络方法在三种不同的逻辑回归模型（一阶逻辑、二阶逻辑和逐步逻辑回归法）中的预测率和准确性。实验结果表明，该方法的预测性能优于传统的神经网络和多元判别分析。

随后，黄（Huang）等人提出了一种新的机器学习技术，即支持向量机。本章将反向传播神经网络作为基准与最新的进化技术进行比较。这两种方法分别于 1991—2000 年和 1998—2002 年在美国和中国台湾市场的债券评级数据集中获得了 80% 左右的收益。

李（Lee）还应用支持向量机对 1997 年至 2002 年间被评级的 3017 家韩国公司的债券评级进行了预测。李等人的论文将支持向量机与反向传播神经网络、多元判别分析和案例推理（case base reasoning，CBR）进行了比较。支持向量机在训练数据和验证数据上均显示了其在债券评级预测准确度方面的优越性。预测债券评级的第二好的模型是反向传播神经网络模型，其次是多元判别分析模型。

最近，哈耶克和奥列利用核函数的方法以及支持向量机的设计来预测企业和市政信用评级分类。结果表明，该模型对二级和七级企业信用评级的预测率分别为 87% 和 91%。科尔斯（Kors）等人试图预测标普 500 家上市公司 2008 年、2009 年和 2010 年的债券评级。为了估算最优模型，他们的研究采用了多元判别分析、有序 logit 模型和有序 probit 模型。有序 logit 模型的准确率为 63.9%，优于其他两个模型。这一结果略高于有序 probit 模型，该模型的准确率为 61.7%。多元判别分析的预测能力最低，分类准确率仅为 57.9%。

迪亚内里（Dianelli）、琼塔（Giunta）和奇波利尼（Cipollini）使用《巴塞尔协议Ⅲ》方法来确定中小企业的信用价值。他们研究了意大利中小企业的信用历史和财务比率，建立了 187 家意大利中小企业的失效预测 logit 模型。穆谢托拉和那卡拉多还试图用逻辑回归方法预测 2007—2010 年间意大利北部 5000 家中小企业的信用风险。鲍尔（Bauer）和阿加瓦尔（Agarwal）比较了英国的 z 分数模型、基于或有权要求的模型和风险模型来预测破产，他们发现 z 分数的结果好于其他方法的结果。最近，加利尔（Galil）和谢尔（Sher）进行了一项研究，他们利用信用违约交换价差和财务比率，探讨了与企业相关的财务困境的不同特征。尤其是该研究使用逻辑回归解释了 5542 家上市公司退市、1495 家公司破产、1503 家公司从金融机构借款和 1098 家公司发生违约案例的违约模型概率。然而，该研究发现，正如之前研究所建议的，从 logit 模型转换到风险模型并没有提高准确率。

唯一可预测伊斯兰债券评级的研究是埃伦迪纳和奥马尔进行的。本研究采用有序逻辑回归和多项逻辑回归，根据托雷（Touray）的理论变量，建立了一个伊斯兰债券评级模型。结果表明，有序逻辑回归模型的预测准确度为 70%，而使用多项逻辑回归模型的预测准确度为 78.3%。由于样本数量有限，该研究无法使用验证样本来验证模型。该研究的另一个局限性是，它没有考虑到理论上具有不同信用风险的不同的伊斯兰债券结构。因此，该研究试图拓展了先前对伊斯兰债券评级预测的研究，并结合了不同的伊斯兰债券结构和行业类别。

变量选择

该研究采用阿尔特曼的方法来选择以往研究中用于伊斯兰债券评级预测的最常见变量。我们通过对变量进行和汇总（见本章的附录 1）发现，规模变量是以往研究中使用最频繁的变量。此外，表 A1 显示，流动性、盈利能力和杠杆比率也经常被使用，并被视为预测债券评级的重要指标。一些研究将定性变量作为公司的附加信息，如从属关系、担保状态或税负。

以往的债券评级研究很少使用信用价差、股价波动或国内生产总值等市场变量。然而，杜（Du）、哈耶克和麦克拉克等人认为，市场变量是一个重要的指标，可以捕捉到一家公司或特定证券的情况。因此，该研究在预测模型中也使用了一个市场变量。

数据与研究方法

数据与样本选择

现在，我们将介绍样本选择过程。对于统计方法而言，所有的数据都被用来建立模型。而对于神经网络方法而言，数据将被分为两组：训练数据（用于构建模型）和验证或保留数据（用于验证模型）。验证方法对于避免过拟合（overfitting）问题很重要。财务变量每季度收集一次。本研究采用黄（Huang）等人和曹（Cao）等人的方法，即使用评级发布日期前两个季度的财务变量作为评级预测的基础。

因变量和自变量

伊斯兰债券评级被作为因变量。由于因变量具有多元性，本研究将因变量分为四类。表 8–2 列出了由 AAA、AA、A 和 BBB 四类评级。

表 8–2　　所有评级分类的数量

类别	数量
AAA	35
AA	120
A	150
BBB	9
Total	314

同时，24 个自变量的列表如附录中的表 A3 所示。所有财务比率分别代表了

规模、杠杆率、流动性、覆盖率、盈利能力和市场变量。数据来自彭博社和马来西亚债券定价机构的数据库。信用增级和伊斯兰债券结构变量取自马来西亚评级机构和 MARC 网站。

研究方法

受到先前对评级预测模型的研究的启发，本研究采用多项 logit 回归、决策树和人工智能神经网络，从公司财务比率和 / 或财务特征中获得的几个理论变量来建立评级概率模型。

多项 Logit 回归

如果分类因变量在本质上是有序或无序的，而且问题涉及两个以上的类别，则二元 logit 模型的扩展版本（称为多元 / 多项回归模型）仍然可以被应用于解决问题。多项 logit 还提供了逐步回归模型，来根据其意义寻找最优拟合模型。多项 logit 策略通常允许一个类别假定一个特定的值（如 Y=h0，其中 h0=0），然后将此类别用作其他类别的参考类别。这种方法也称为基线类别类型，由梅纳德（Menard）、阿格雷斯蒂（Agresti）、霍斯默（Hosmer）和莱梅肖（Lemeshow）和托雷提出。在这种情况下，与其他评级类别不同的基线类别逻辑模型如等式（8.2）所示。

$$\log\frac{p(group\ j)}{p(group\ J)}=\alpha_{i0}+\beta_{i1}X_1+\beta_{i2}X_2+\beta_{i3}X_3+\beta_{i4}X_4+\beta_{i5}X_5+\cdots+\beta_{in}X_n*(Dp) \tag{8.2}$$

其中，J 指的是基线类别；*j* 指的是其他类别；α_{i0} 是一个常数项；β 是预测因子 X 的对应系数；X_1-X_n 是预测（自）变量；Dp 是虚拟 / 二元变量。

决策树

决策树算法相对稳定和准确，也不需要任何关于目标变量数据频率分布的假设，而且对异常值相对不敏感。决策树是一个决策支持系统，它利用的是树状图决策及其可能的分类，包括偶然事件问题或分类问题。决策树或分类树被用于派生一个分类函数，该函数根据自变量（输入变量）的值确定一个因变量的值。由于因变量和目标类的信息是给定的，因此这克服了一个被称为监督分类的问题。罗卡赫（Rokach）和迈蒙（Maimon）以及诺沃特纳指出决策树是一个预测模型，既可以用于决策问题，又可以用于分类问题。分类树可用于将对象（如公司）分类为一组预定义的类或评级组。首先根据最相关的变量对公司进行分类，然后根据其他变量将企业分成若干类或组。为了构建分类树，这需要几个阶段/步骤。首先是选择要放置在根节点上的属性。这个根节点有外部边缘，没有传入边缘。分支节点有一个传入边缘，而叶节点或决策节点是没有外部节点的节点。图 8–1 是决策树图表的简单说明。

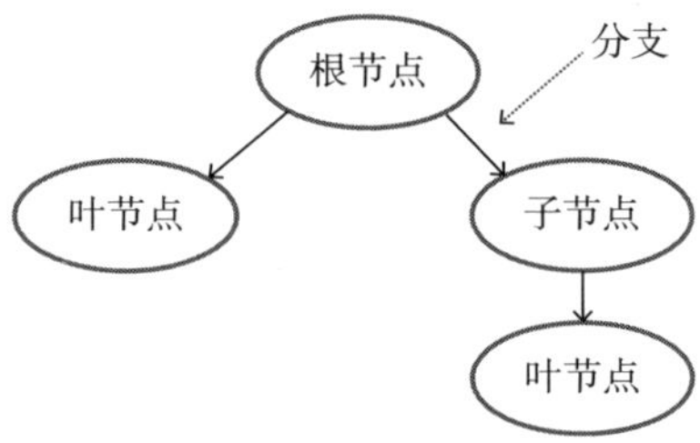

图 8–1　决策树

在决策树中，每个内部节点将输入集分割为几个子集，每个子集对应属性的每个值。然后对每个分支递归地重复此过程。最后，最后一个节点被分配给一个表示最合适的目标值（叶）的类。根据路径上测试的结果，将样本（实例）从根 n 导航到叶，从而对它们进行分类。

人工智能神经网络

人工神经系统能够模仿人类的学习过程。相互连接的节点/神经元通过重复采样输入/输出信息集来学习输入和输出之间的关系。当数据嘈杂或不完整时，神经网络与专家系统相比，具有一个独特的优势。神经网络具有三个结构特征：输入单元、连接权值和隐藏单元。

神经网络方法被进行训练来学习分类模式。多层感知器是一种前馈神经网络模型，它将输入数据集映射为输出数据集。该模型调整层间的连接权重，直到预测误差最小化并达到稳定状态。为了建立模型，神经网络形成三个节点（输入节点、隐藏单元和输出节点）。输入节点有线性激活函数，无阈值（临界值）。除权重之外，每个隐藏的单元节点和每个输出节点都有与它们相关的阈值（临界值）。

图 8–2 概括展示了神经网络训练过程的工作原理。输入代表系统接收到的数据（如公司的财务比率）。每条信息都被分配了一个权重（w1，1；w2，1；…；wn，1），这个权重指定了它对每个隐藏单元的相对重要性。这些权重是通过网络在“训练”过程中使用一系列训练算法来“学习”的。然而，反向传播算法是应用最广泛的算法，每个隐藏单元计算所有输入的加权和，并将结果传输给其他隐藏单元。与此同时，其他隐藏单元对它们的输入进行加权，以便将它们的信号传输给其他连接的隐藏单元。从其他隐藏单元接收到的信号进一步转换每个节点的输出，系统继续迭代，直到所有信息都被合并。

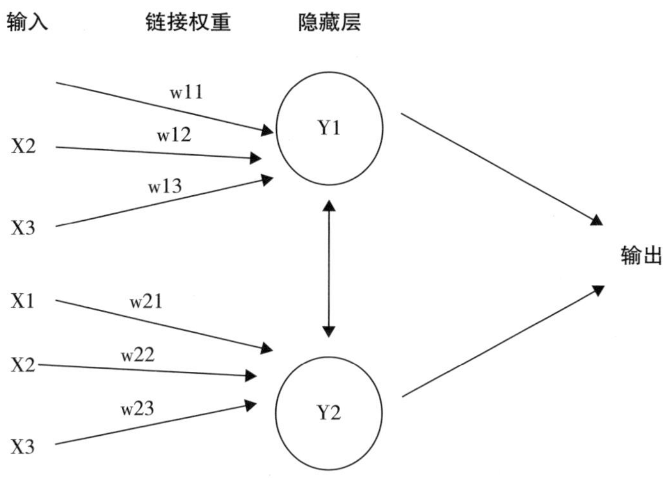

图 8–2　人工智能神经网络

这个模型整合了隐藏单元之间复杂的相关性，以提高模型的拟合度，减少Ⅰ型误差和Ⅱ型误差。海尔（Hair）等人指出，Ⅰ型误差是错误地拒绝零假设的概率。在大多数情况下，它意味着存在差异或相关性，但实际上并不存在时，它也被称为 α。在这种情况下，当预测器的评级高于实际评级时就会发生Ⅰ型误差。

Ⅱ型误差是指错误地拒绝零假设的概率，它被称为 β（1-α）。Ⅱ型误差与Ⅰ型误差成反比。对评级而言，当预测评级低于实际评级时，就会出现Ⅱ型误差。

结果与分析

数据筛选

海尔以及霍斯默和莱梅肖认为，逻辑回归之所以受欢迎，部分原因是它能使研究人员克服最小二乘法回归的很多限制性假设，如线性、正态性和异方差。一般来说，在进行多元分析之前，筛选数据有三个初始步骤：第一步是处理丢失的数据；第二步是评估用于分析的极端值（即异常值）的影响；第三步是评估数据与假设之间的拟合充分性（即统计检验，如均方误差、平均绝对误差、平均绝对百分比误差）。

由于数据不完整和有影响的异常值，样本从 340 个初始数据减少到 314 个。逻辑回归方法不能处理多重共线性问题。这个问题的严重程度将导致难以发现变量之间的重要关系。因此，梅纳德建议进行采用共线性诊断试验来评估指标之间的相互关系。通过这种试验发现，规模变量之间的共线性问题比较严重。因此，我们纳入了一个可以代表规模并且排除了其他变量的变量。在这种情况下，模型中只使用总资产。总资产是从其他规模变量中选择，因为这种变量主要用来表示公司的规模。

多项逻辑结果

对自变量与因变量定义的组之间的整体关系的检验结果如表 8–3 所示。模型的似然比（likelihood ratio）被用于检验所有预测因子的回归系数是否同时为零。我们可以拒绝零假设，这样我们得出了这样一个结论，即至少一个模型中的回归系数不等于零，并且说明我们最终模型明显优于截距模型（intercept model）。附录 2 中的表 A2 显示了三个伪 R2 值，这些值给出了模型充分性的拟合指标。结果表明，该模型能够有效地捕获数据。诺希斯（Norusis）和托雷承认，该方法试图模拟最小二乘法来计算 R2 值。

表 8–3　多项式逻辑参数估算

			似然比			
模型	功能	影响	测试	Wald 检验		
			Sig	P (A) / p (BBB)	P (AA) / p (BBB)	p (AAA) / p (BBB)
0	Entered	Intercept		1278.891	1261.436	1270.37
1	Entered	LPX_LAST	0.000***	(−6.777)*	−0.73	(10.849)**
2	Entered	structure	0.000***			
		[structure=BBA]		−16.247	−18.09	−26.92
		[structure=Ijarah]		14.106	44.655	47.617
		[structure=Mudharaba]		8.442	11.011	48.398
		[structure=Murabahah]		17.713	19.256	−7.3
		[structure=Musharakah]		0c	0c	0c
3	Entered	Industrial Sector	0.000***			
		[construction and engineering]		−5.365	−3.161	−18.45
		[consumer product]		0.062	−14.295	10.494
		[diversified holdings]		−7.122	14.489	−9.668
		[industrial product]		−3.661	−3.547	3.953
		[infrastucture and utilities]		−24.139	−17.742	−7.122
		[mining and petroleum]		−52.349	−35.139	−84.9
		[plantation and agriculture]		7.8	−3.403	−9.819
		[property]		−16.753	−19.227	4.3
		[trading/service transportation]		0c	0c	0c
4	Entered	guar_status	0.000***			
		[guar_status=.00]		−8.314	−15.06	−35.221
		[guar_status=1.00]		0c	0c	0c

续前表

模型	功能	影响	似然比测试	Wald 检验		
			Sig	P (A) / p (BBB)	P (AA) / p (BBB)	p (AAA) / p (BBB)
5	Entered	RETURN ON ASSET	0.001***	(2.182)*	(2.32)*	1.685
6	Entered	LLGDP	0.003***	(−231.359)*	(−227.882)*	(−227.237)*
7	Entered	LT DEBT TO TOT ASSET	0.000***	(1.813)*	(1.747)*	0.946
8	Entered	subordinate	0.000***			
		[subordinate=.00]		12.586	−7.896	−53.269
		[subordinate=1.00]		0c	0c	0c
9	Entered	TOT DEBT TO TOT ASSET	0.000***	(−1.701)**	(−1.654)*	−1.182
10	Entered	CASH_RATIO	0.007***	(15.049)*	(15.51)**	(17.284)**

注：*、**、*** 表示 10%、5%、1% 的显著水平。

卡方检验（chi-square statistic）是最终模型和简化模型之间的 -2 对数似然性的差异。简化模型是通过忽略最终模型中的一个影响而形成的。零假设是该效应的所有参数都是 0。

a. 参考类别是：BBB。

b. 计算此统计信息时出现浮点溢出。因此，它的值被设置为系统缺失值。

c. 该参数设置为零，因为它是冗余的。

在进行逻辑测试之前，本研究采用逐步前向选择方法。这种逐步的方法允许系统只根据基于似然比检验的卡方值将重要变量输入模型。这一步主要用来客观地确定重要变量，以预测伊斯兰债券评级。

多项逻辑回归通过二元逻辑回归组合对多组进行比较。组间比较将因变量（A、AA、AAA）与一个参照组进行基线比较。多项 Logit 策略通常允许一个类别假设一个特定的值，比如 Y =h0，其中 h0 = 0。然后这个类别被用作其他类别的参考类别。这里，我们使用 BBB 作为参考类别。在这种情况下，这可以转化为等式（8.3）、等式（8.4）和等式（8.5）。

对比 AAA 评级与 BBB 评级，预测 $\text{Logit}\left(\frac{\text{AAA}}{\text{BBB}}\right)$=1278.89−6.78 log（股价）+

2.18（ROA）− 231.35（log GDP）+1.81（长期负债/总资产）− 1.70（总负债/总资产）+15.05（现金比率） （8.3）

对比 A 评级与 BB 评级，预测 $\text{Logit}\left(\frac{AA}{BBB}\right)$=1261.44 + 2.32（ROA）− 227.88（log GDP）+ 1.75（长期负债 / 总资产）− 1.65（总负债 / 总资产）+15.51（现金比率） （8.4）

对比 A 评级与 BBB 评级，预测 $\text{logit}\left(\frac{A}{BBB}\right)$=1270.37 + 10.85（log 股价）− 227.24log（GDP）+ 17.28（现金比率） （8.5）

该模型评估了伊斯兰债券相对于 BBB 的评级为 A，相对于 BBB 的评级为 AA，相对于 BBB 的评级为 AAA。表 8–3 中的 Wald 检验的结果表明，由于它影响了 A、AA 和 AAA 至 BBB 评级之间的分类概率，因此股本回报率、流动比率、总负债与总股本之比、长期负债与总资产之比、现金比率和 GDP 在统计学上具有显著意义。系数表示的是一个评级类别相对于线类别之间的关系概率。在这种情况下，以及在保持所有其他变量不变的情况下，股本回报率每增加一个单位，公司获得 A 评级（而非 BBB）的对数概率就会增加 0.524 倍。同样的解释也适用于其他重要变量。负值表示自变量与因变量之间存在负相关关系。

似然比检验评估了自变量与因变量之间的整体关系。如表 8–3 所示，似然比检验的结果显示，在 24 个变量中，股价、结构、工业部门、担保人、资产回报率、GDP、长期负债与总资产之比、从属关系、总负债与总股本之比和现金比率等这些变量确定了伊斯兰债券的评级模型。与这些变量相关的系数等于零的零假设被拒绝。因此，评级与上述变量之间存在关系。

然而，如果一个自变量与因变量之间存在整体关系，那么在区分由因变量所定义的组时，自变量可能具有统计学意义，也可能不具有统计学意义。

表 8–4 展示了多项逻辑模型的预测准确度检验，这是这种方法的最终检验。结果表明，在所有有效案例中，有 91.72%（268/314）的案例被正确地划分了原始的评级类别。

表 8–4　多项逻辑分类准确度

多项逻辑						
	预测					
观察值	AAA	AA	A	BBB	正确数量	正确率
AAA	31	4	0	0	31/35	88.57
AA	9	110	1	0	110/120	91.67
A	1	8	140	1	140/150	93.33
BBB	0	1	1	7	7/9	77.78
预测数量 / 总样本	13.06%	39.17%	45.22%	2.55%	288/314	91.72

注：结果表明，A 评级分类的准确率最高，为 93.33%（150 例中有 140 例准确）。AA 评级能准确预测 150 例中的 110 例（93.3%），AAA 评级的准确率为 88.57%。同时，BBB 分级的准确率最低，为 77.78%。

决策树和人工智能神经网络结果

金（Kim）等人指出，人工神经网络和决策树是人工智能和数据挖掘应用中最常用的方法。与神经网络相比，决策树更有优势，因为它能够容忍学习阶段（训练数据集）的小规模目标变量数据，从而在多变量数据中获得诱导规则。

决策树是一种机器学习工具，用于从训练数据集构建树形结构。决策树生成的模型如图 8–3 所示。该决策树共有 65 个叶节点，将 314 个样本分为四类评级。它显示，在 26 个输入变量中，只有 15 个变量用于构建树结构。这些变量包括担保状况、从属关系、总资产、长期负债与总资本之比、总负债与总资产之比、现金比率、速动比率、ROA 和 ROE 之比、总市值、股价、营运利润率、GDP、利率、伊斯兰债券结构和工业部门。

值得注意的是，神经网络有一些缺点，包括计算强度和无法解释的结论及其推导方式，因此被归类为“黑箱”方法[①]。因此，社会研究的效度是有限的，因为

① “黑箱”方法也称黑箱系统辨识法。——译者注

神经网络仅显示预测结果，而不显示与输入和输出相关的潜在过程的特征。预处理和输入变量的选择将决定神经网络模型的性能及其结果的鲁棒性。因此，本研究利用从决策树中选定的变量来建立神经网络模型，并预测伊斯兰债券评级。

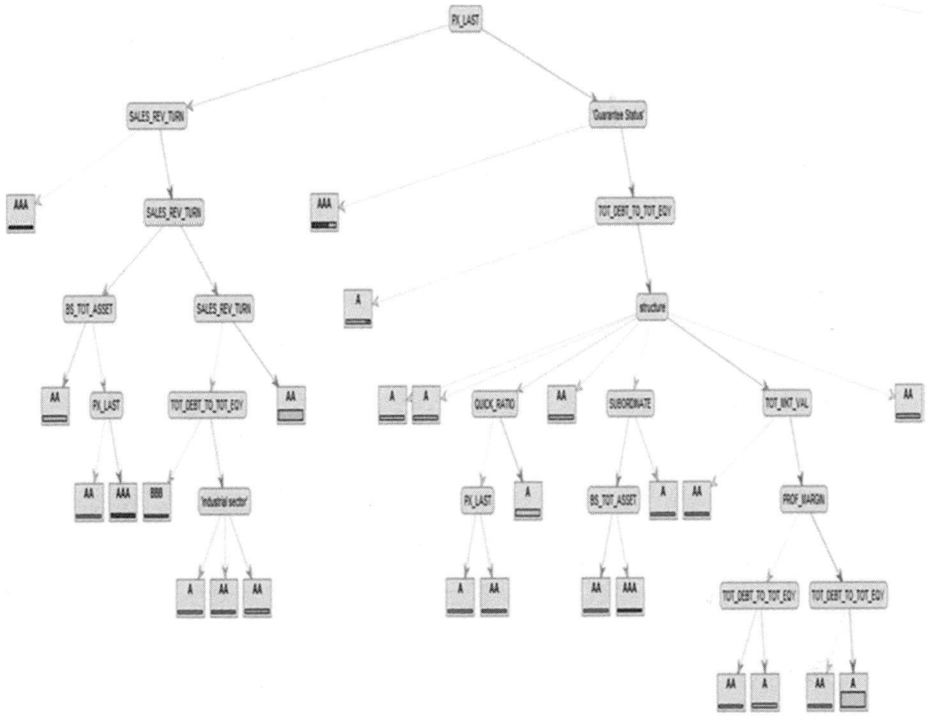

图 8–3　决策树可视化

为了预测这两种分类器模型的性能，本研究使用了两组数据：通用训练数据和验证数据。通用训练数据用于构建一组分类器的模型。验证数据用于优化这些分类器的参数。试验分为以下几个阶段。

第一阶段：通用训练

决策树和多层感知器神经网络模型训练样本的平均命中率如表 8–5 所示。列显示的是预测值，行显示的是实际值或观察值。

表 8–5　　决策树与神经网络分类的准确度

决策树训练集						神经网络 – 决策树变量集					
	预测值						预测值				
观察值	AAA	AA	A	BBB	准确率	观察值	AAA	AA	A	BBB	准确率
AAA	33	1	1	0	94.29	AAA	34	1	0	0	97.14
AA	2	114	2	2	95.00	AA	1	119	0	0	99.17
A	2	0	148	0	98.67	A	0	1	149	0	99.33
BBB	0	0	1	8	88.89	BBB	0	1	2	6	66.67
无预测 / 总样本	11.78%	36.62%	48.41%	3.18%	96.50	无预测 / 总样本	11.15%	38.85%	48.09%	1.91%	98.09

所有 314 个伊斯兰债券样本都被用于构建模型。分类模型由训练样本生成。这些样本被确定为训练组，以便决策树和神经网络机器学习数据，并对数据模式进行分类。接下来，输出被分为四个类别：AAA、AA、A 和 BBB。分类器预测每个实例的类别，并生成显示模型性能的分类准确度。

从表 8–5 中可以看出，决策树模型的分类准确率为 96.5%（314 例样本中有 303 例准确）；而多层感知器神经网络模型的分类准确率为 98.09%（314 例样本中有 308 例准确）。神经网络结果中的 A 评级分类的预测率最高，单项评级的分类准确率为 99.33%（150 个 A 评级样本中有 149 个准确），而神经网络 BBB 评级分类的预测率最低，仅能将 9 个单项评级样本中的 6 个进行准确分类。

第二阶段：验证测试

验证测试是根据分类器对一定比例的数据的预测程度来评估分类器，这些数据是为了测试而保留的。所有伊斯兰债券样本被随机分为两组，即训练组和验证组。在伊斯兰债券案例中，80% 的实例（251 个实例）被用作训练数据，以构建模型；其余 63 个实例用于验证模型。

表 8–6 展示了这些方法的正确率统计表。决策树模型能够预测两种验证实例 77.78%（63 个验证案例中的 49 个）的验证测试。结果表明，A 评级类别的准确率最高，为 82.76%；其次为 AA 评级类别，准确率为 80.77%。然而，随机样本验证测

试对 BBB 评级分类的测试结果并不好。验证测试没有预测到该分类中的两个实例。

表 8-6　　决策树和神经网络验证测试

决策树训练集						神经网络 - 决策树变量集					
	预测						预测				
观察值	AAA	AA	A	BBB	准确率	观察值	AAA	AA	A	BBB	准确率
AAA	4	1	1	0	66.67	AAA	5	1	0	0	83.33
AA	2	21	2	1	80.77	AA	0	20	4	2	76.92
A	0	4	24	1	82.76	A	0	5	23	1	79.31
BBB	0	1	1	0	0.00	BBB	0	0	0	2	100.00
无预测 / 总样本	9.52%	42.86%	44.44%	3.17%	77.78	无预测 / 总样本	7.94%	41.27%	42.86%	7.94%	79.37

对神经网络的验证测试的结果较好，整体准确率达到了 79.37%，63 个验证数据中有 50 个被正确预测。此外，在验证测试中，该模型对 20.63% 的伊斯兰债券（63 个验证数据中的 13 个）进行了错误分类。BBB 评级分类得到了 100% 的准确率，这与决策树模型的结果有巨大差距。神经网络模型中的 AAA 评级的准确度取代了该类别的决策树模型。而对于 AA 评级和 A 评级分类，决策树方法的预测准确度高于神经网络。

结果比较

现在，我们来讨论使用多项逻辑、决策树和神经网络方法对变量选择和预测准确度的比较。运用以往大量与债券预测和金融危机相关的研究方法，我们选取了 24 个自变量开发了一个模型，用以预测马来西亚市场的伊斯兰债券评级。在所有变量中，我们发现一些变量可以基于多项逻辑和决策树方法来决定伊斯兰债券评级。表 8–7 展示了两组重要变量的比较。

如表 8–7 所示，两种方法得到的重要变量基本相似，但数据挖掘的列表变量比逻辑变量更广泛。需要强调的是，这两个结果都表明，股价、伊斯兰债券结构、工业部门和担保状况是决定伊斯兰债券评级的关键因素。

表 8–7　重要变量的比较

多项逻辑	决策树 / 神经网络
股价	股价
伊斯兰债券结构	担保状况
工业部门	工业部门
担保状况	伊斯兰债券结构
资产收益率	长期负债占总资本之比
GDP	总资产
长期负债与总资本之比	吉隆坡银行同业拆息率（Klibor）
从属关系	总市值
总债务与总资产之比	GDP
现金比率	营运利润率
	速动比率
	每股账面价值
	销售额
	从属关系
	长期债务与总资产之比
	现金比率

至于股价，标准普尔公司认为，股价提供的信息不仅超出了公司的基本状况，而且反映了公司的现状。因此，股价变动会对其信用评级产生影响。与财务比率不同，伊斯兰债券结构和工业部门对评级有不同的影响。两者都对信用风险有间接影响，但它们在评级评估中却非常重要。由于每种特定结构所蕴含的信用风险性质不同，所以伊斯兰债券结构会影响伊斯兰债券的评级。工业部门显示了公司的经营风险，它反映了行业的竞争水平和市场集中度。然而，担保状态在信用评级中也起着重要作用，因为它在公司无力支付的情况下为其提供了强有力的保护。此外，这两种方法显示，盈利能力比率、杠杆率、流动性比率、宏观经济变量等也与伊斯兰债券评级显著相关。

表 8–8 显示，神经网络模型对通用训练数据的分类准确率最高，达到了

98.09%。另一方面，决策树准确地将 96.5% 的有效案例分类到其原始的评级类别中；而多项逻辑在这三种方法中准确率最低，仅为 84.5%。

表 8-8　　分类准确率对比

通用训练				验证测试		
观测值	多项 Logit	决策树	神经网络	观测值	决策树	神经网络
AAA	88.57%	94.29%	97.14%	AAA	66.67%	83.33%
AA	91.67%	95.00%	99.17%	AA	80.77%	76.92%
A	93.33%	98.67%	99.33%	A	82.76%	79.31%
BBB	77.78%	88.89%	66.67%	BBB	0.00%	100.00%
正确率 %	91.72	96.5	98.09	正确率 %	77.78	79.37
I 类误差	20	5	5	I 类误差	8	5
II 类误差	6	6	1	II 类误差	6	8

对于 Ⅰ 型和 Ⅱ 型误差的误分类代价，在我们的五种误分类例子中，通过神经网络和决策树方法获得了基线训练模型中的最小 Ⅰ 型误差。多项逻辑模型产生的 Ⅰ 型误差最高，有 20 个错误的预测案例。另一方面，对于 Ⅱ 型误差，神经网络只有一个；而决策树和多项逻辑模型各有 6 个 Ⅱ 型误差。

科赫（Koh）还补充说，Ⅰ 型误差的误分类代价高于 Ⅱ 型误差。从这两种方法中可以看出，多项逻辑和决策树的结果比神经网络有更多的 Ⅰ 型和 Ⅱ 型误差。这使我们得出了一个结论，即神经网络方法将在准确度方面给出了更稳健的结果。

以往很多的债券评级预测研究表明，人工智能和数据挖掘方法比传统的统计方法有更好的预测结果，因为这些模型需要一些可能不适合债券评级的假设。例如，杜塔和谢卡尔、埃德林顿（Ederington）等人、金等人、权等人、马赫（Maher）和森（Sen）、夏弗苏克等人，以及胡（Hu）和安塞尔（Ansell）发现，神经网络比线性回归、多元判别分析和 / 或逻辑回归具有更好的预测能力。这一结论与本研究的实证结果一致，我们的研究发现，数据挖掘和人工智能方法在对马来西亚伊斯兰债券的评级预测中优于多元分析方法。

结　论

本研究通过比较多项逻辑模型、决策树模型和神经网络模型，来预测企业伊斯兰债券评级。从分类准确度看，我们可以得出的结论是，在使用非统计方法时，当使用马来西亚伊斯兰债券市场样本预测伊斯兰债券评级时，神经网络和决策树比多项逻辑统计方法更有效。这些发现有望丰富文献，并且具有实际意义。该模型将有助于评级机构进行初始评级的影子评级，也有助于发行公司和基金公司出于风险管理和交易目的进行信用分析。此外，该模型还有助于依赖评级系统的银行，使它们能够按照《巴塞尔协议Ⅲ》的要求改进风险评估技术、定价策略和拨备水平。

实证结果也有望为伊斯兰金融的发展贡献丰富的知识，同时鼓励分析师和学术研究人员开发与此相关的其他潜在研究。本研究有望为该领域的进一步研究提供帮助。关于数据收集问题，我们建议收集更多的观测数据。如果能将两种类型的伊斯兰债券结合起来，在讨论中比较资产担保伊斯兰债券和基于资产的伊斯兰债券（如本文所述），那么分析就将更加全面。对于因变量，研究人员可以尝试使用更具体的评级分类，而不是我们在本研究中使用的一般评级分类。一个有趣的问题是担保状况变量。伊斯兰债券结构显示，有多种不同类型的担保状况或有约束力的协议。考虑了模型中各种担保状况的研究能更好地了解研究伊斯兰债券的信用风险。

附录 1

表 A1　　债券和公司评级中使用的变量、概况和技术摘要汇总表

编号、作者	规模变量	流动性变量	盈利性变量	覆盖率变量	杠杆变量	市场变量	定性变量	方法
1. Belkaoui	√	√		√	√		√	MDA
2. Ederington et al.	√		√	√	√		√	MDA

续前表

编号、作者	规模变量	流动性变量	盈利性变量	覆盖率变量	杠杆变量	市场变量	定性变量	方法
3. Dutta and Shekar		√	√		√	√	√	Al ANN
4. Singleton and Surkan V	√	√	√	√	√			Al ANN MDA
5. Kwon et al.	√	√	√	√	√	√	√	OPP
6. Chaveesuk et al.	√	√	√	√	√			RBF、LVQ、BP、Logit
7. Kamstra et al.	√		√	√	√		√	COMBINED LOGIT
8. Huang et al.	√	√	√	√	√			SVM、BP
9. Touray	√	√		√	√		√	MDA-MLOGIT
10. Kim	√	√	√		√	√	√	Al ANN
11. Caoetal.	√	√	√	√	√	√		Logit、OPR、SVM
12. Brabazon and Neill	√	√	√	√	√	√		Grammatical Evolution
13. Lee	√	√	√	√	√	√		SVM、BP、MDA
14. Hwang et al.	√	√	√	√	√		√	OLPM
15. Hajek and Olej	√	√	√		√			SVM、ANN
16. Kors et al.	√	√	√	√	√	√		MDA、Logit、Probit
17. Mizen and Tsoukas	√	√	√	√	√		√	OPM
18. Novotna	√	√	√	√	√			MDA、M-logit、Decision Tree
19. Hajek and Michalak	√	√	√		√	√	√	MLP、RBF、SVM、NB、RF、LDC、NMC
20. Doumpos et al.	√	√	√	√	√		√	MCDM

附录 2

表 A2 模型拟合信息与伪 R2

模型	模型拟合准则	似然比检验		
	-2 对数似然性	卡方检验	Df	有效值
仅截获值	667.233			
结果	131.891	535.342	60	0.000***
伪 R2		Cox and Snell		0.818
		Nagelkerke		0.928
		McFadden		0.799

注：*** 指 1% 的检验水准。

附录 3

表 A3 自变量列表

变量	缩写	公式
规模变量		
X1 BS_TOT_ASSET	总资产	流动资产总额加上长期资产总额
X2 SALES_REV_TURN	销售额 // 收入 / 营业额	总收入
X3 TOTAL_EQUITY	权益总额	股东权益合计
X4 TOT_MKT_VAL	总市值	总市值
杠杆变量		
X5 LT_DEBT_TO_TOT_ASSET	长期负债与总资产之比	长期负债 / 总资产
X6 LT_DEBT_TO_TOT_CAP	长期负债占资本总额	长期债务 / 总资本
X7 TOT_DEBT_TO_TOT_ASSET	总负债与总资产之比	总债务 / 总资产
X8 TOT_DEBT_TO_TOT_EQY	总负债与总股本之比	总债务 / 总股本
流动性变量		
X9 CUR_RATIO	流动比率	流动资产 / 流动负债

续前表

变量	缩写	公式
X10 QUICK_RATIO	速动比率	流动资产清单 / 流动负债
X11 CASH_RATIO	现金比率	现金 + 有价证券 / 流动负债
覆盖范围变量		
X12 INTEREST_COVERAGE_RATIO	利息偿付率	未计利息、税项、折旧及摊销前的利润 / 利息支出
可配置变量		
X13 PROF_MARGIN	净利润率	净利润 / 销售额
X14 RETURN_ON_ASSET	资产回报率	净利润 / 总资产
X15 RETURN_COM_EQY	股本回报率	净利润 / 股票
X16 OPER_MARGIN	营业利润率	营业利润 / 销售额
市场变量		
X17 BOOK_VAL_PER_SH	每股账面价值	账面价值 / 最新的价格
X18 PX_LAST	股票价格	股票价格
X19 GDP	国内生产总值	国内生产总值
X20 INTEREST RATES	三个月 Klibor	三个月的同业拆息利率
X21 Industrial Sector	行业	工业产品、房地产、种植园和农业、建筑和工程、贸易 / 服务运输、基础设施和公用事业、消费品、多元化控股、采矿和石油
信用增级变量		
X22 Guarantee Status	担保状态	有 / 没有担保人
X23 Subordinate	从属行业	高级 / 初级状态
其他特殊变量		
X24 Structure	伊斯兰债券结构	Musharakah、Ijarah、Mudharaba、Murabahah、BBA

第五部分

ARTIFICIAL INTELLIGENCE IN FINANCIAL MARKETS

Cutting Edge Applications for Risk Management, Portfolio Optimization and Economics

投资组合管理、分析与优化

第9章

不确定性下的多周期投资组合选择：一种基于交互的方法

马加兹·史坦巴赫尔（Matjaz Steinbacher）

引　言

本章内容基于一项模拟研究，用基于交互的方法来检验在不确定性下的多周期投资组合选择问题。从方法论上讲，它建立在个体行为人及其主观特征的基础上。我们的基本前提是，在主体投资组合选择中，局部互动和信息共享是必不可少的，而主体的选择是由个体层面的简单行为准则和社交网络上的局部互动产生的。

金融市场天生就充斥着涉及时间和不确定性的问题。不确定性的存在对投资组合选择至关重要，也是建立投资组合的主要原因。在一个充满确定性的世界里，投资者（我们称他们为主体）只会（或应该）拿一种资产追求最高回报，并以最优的方式实现他们的目标。在马科维茨的开创性工作和默顿随后的多周期扩展之后，对投资组合选择进行的研究开始朝着不同的方向发展。研究的一个分支主要关注的是解决动态选择问题的显式解。其他人则研究了不同参数对主体优化问题的影响。加拉皮埃（Garlappi）等人拓展的均值－方差模型明确地说明了预期收益的不确定性。刘（Liu）将多个风险资产和可预测回报纳入默顿模型。昂（Ang）和贝卡特（Bekaert）研究了制度变迁对投资组合选择的影响。本佐尼（Benzoni）等人研究了劳动收入和股息协整时的投资组合选择。贝纳茨（Benartzi）和泰勒

（Thaler）将行为因素纳入静态投资组合问题中。伯克拉尔（Berkelaar）等人推导出了在损失厌恶下的最优投资组合选择的闭式解。坎贝尔（Campbell）和维瑟拉（Viceira）提出了基于摄动法（perturbation methods）的投资组合选择问题的近似解。谢夫林（Shefrin）和斯塔特曼（Statman）提出了一个积极行为投资组合理论。这些均衡模型为我们提供了很多有益的见解，降低了模型对参数估计的敏感性，但也留下了很多未得到解答的经验事实，它们因此也受到了很多批评。

我们将微观结构引入了投资组合选择的过程，这是以前的模型所没有的。我们的主要目标是将投资组合选择与基于主体的方法相结合，并将行为视角纳入主体的选择功能。知识不是碎片化的，而是分散在不同的主体之间，并且随着时间的推移而不断进化的。我们假设每个主体只能跟踪他所持有的投资组合的回报，但对驱动回报的动态一无所知。然后，这些有限理性主体不断地与临近的主体进行局部互动，影响他人决策的同时也被他人的决策所影响。选择过程是一个永恒的活动，它包括四个阶段，从观察个人的投资组合的过往收益开始，通过主体选择和对两个投资组合进行比较，最后做出决策。[①]选择的过程反映了一种强化学习，在这种学习中，主体倾向于采用在过去获得高回报的投资组合。我们通过引入主体的不完全选择来扩展这个概念，并将其表示为怀疑程度。如果一个主体完全不会采用回报率更高的投资组合，那么他就被视为可疑的。这种描述暗示着可疑主体很容易做出错误的决定，无论是故意的还是意外的。这种行为可以通过一些主体的特征来解释，这些特征体现在投资组合选择问题的行为方面。最后，一小部分主体从不改变它们的初始投资组合，它们被称为流动性主体。因此，投资组合选择的问题不仅是技术性的，而且是复杂的。

我们的模型根据实际数据进行了模拟。数据集涵盖了道琼斯工业指数五家上市公司的股票每日收益，主体可以据此制定投资组合。我们考虑三个不同的时间段：没有特定趋势的基准期、熊市和牛市。后两个时间段是卡尼曼（Kahneman）和特沃斯基（Tversky）的研究选定的，他们认为主体在亏损情况下的行为与在获

① 信息通过口碑在网络上传播。经济学中基于传播的模型通常使用口碑传播作为思想传播的来源。

益情况下的行为不同。此外，巴尔贝里斯（Barberis）等人认为，主体不愿意在熊市中承担风险，因为他们是最先开始认识到风险并评估风险的人。

我们将在有效边界理论的背景下分析所选择的投资组合。我们并不打算对这个理论本身提出质疑；相反，我们感兴趣的是相互作用的主体能否在一个不确定和动态的环境中获得均值–方差组合。经过一系列基于模拟的实验，我们证明了它们是可行的。即使主体不断地基于已实现的收益做出决策，我们也还是发现，风险是两组主体选择投资组合的决定性因素，它们非常偏好风险最低的均值–方差投资组合。此外，主体倾向于同步它们的选择，并区别胜利者和失败者。可疑主体的选择要比无疑主体的选择略为分散，而两组主体大多都是胜利者。这一结论在牛市和熊市中都得到了证实。然而我们发现，在熊市中，主体更容易受到风险的影响，而且在风险最小的投资组合中，它们的选择极其同步。在牛市中，主体的选择与有效边界投资组合有轻微偏差，而同步水平则弱于熊市。此外，我们通过使用蒙特卡罗方法和变异系数来检验主体选择的一致性，发现主体在最期望或最不期望的选择上表现最一致。无疑主体的选择比可疑主体的更一致。两种主体选择的比较说明了投资组合选择对选择模式的敏感性，这可能是一个实质性的发现。

本章对经济学和金融学领域中基于主体的模型的增长领域做出了贡献。研究人员主要包括塞曼（Zeeman）、金和马尔科维茨、布罗克（Brock）和霍姆斯（Hommes）、勒克斯（Lux）、勒克斯和马基西（Marchesi）、博斯威基克（Boswijk）等人、利维（Levy）等人、康（Con）和博查德（Bouchaud）、伊洛里（Iori）、帕尔默（Palmer）等人、亚瑟（Arthur）和勒巴伦（Lebaron）等人。经济学中的一些早期尝试使用了网络，这是基于迈尔森（Myerson）和基尔曼（Kirman）的研究。

本章其余内容分别介绍了构建模型、结果描述以及投资组合选择的一致性，并在结尾给出了结论。

模 型

主体

该模型是一个离散时间和离散状态的模型。它由一组由节点表示的主体组成，并通过无向链接彼此连接到一个类似于瓦茨（Watts）和斯特盖斯（Strogaz）提出的网络中。[①] 这个网络被称为小世界网络，其中每个主体只与一小部分对等方连接，而且主体主要与最近的邻居连接，也与一些较远的邻居连接。因此，主体与局部的联系要比与整体的联系紧密得多。图 9–1 展示了一个拥有 30 个节点的小世界网络。

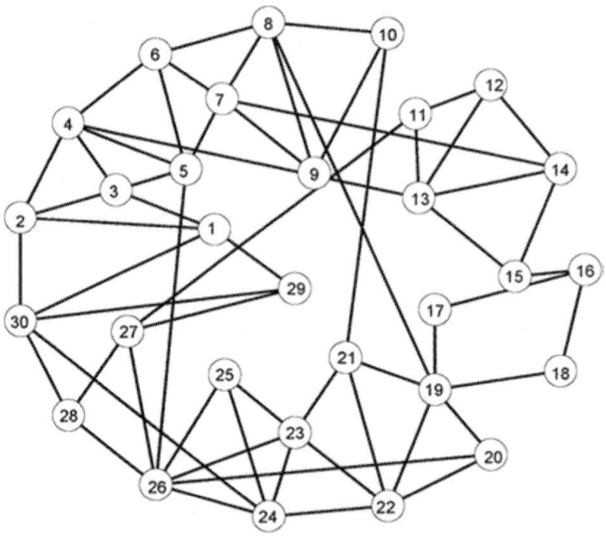

图 9–1　小世界网络示意图

主体使用网络作为与相邻对等方通信的基础，它们和对等方交换与投资组合相关的信息。虽然只有连接的主体才可以互相通信，但连接链允许主体从那些没

① 根据定义，建立无向链接需要双方同意。因此，如果主体 i 与主体 j 连接，那么主体 j 也与主体 i 连接。但是在两个主体之一不知道链路的定向网络中，情况并非如此。

有直接连接的主体处接收间接信息。例如，如图 9–1 所示，假设主体 1 与主体 29 通信并采用了其投资组合，主体 2 与主体 1 通信并采用了其投资组合，那么主体 2 实际上采用的是主体 29 的投资组合，尽管它们并没有直接连接。因此，每个主体的行为直接或间接地影响着其他主体。

目前的模型由 $n = 5000$ 个主体组成。每个主体最初与 10 个最近的邻居（$k = 10$）相连，每个环状晶格每侧有 5 个主体。然后，每个连接被重新连接到任意选择的节点的概率 p 为 0.1，这可能会给主体一些远程连接。由此产生的网络仍是直径较小的局部连接。[①]假设网络是静态的，因此，主体既不被允许随着时间的推移形成新的连接，也不被允许破坏现有连接。每次模拟都从一个独特的网络开始。

在每次模拟开始时，每个主体被随机分配一个初始投资组合，其数量为 W_0=1。每个主体的主要目标是随着时间的推移来积累财富。

$$\begin{aligned} &W_{t+1}\left(A_{\mathrm{i}}\right)=W_t\left(A_i\right)\left[1+R_t(\bullet)\right] \\ &W_0\ \left(A_i\right)=1;\ q_t^i \geq 0 \end{aligned} \tag{9.1}$$

W_t 和 W_{t+1} 表示主体 i 在时间间隔 t 和 t+1 中的财富，而 R_t（•）表示主体在 t 内使用的替代（•）的回报。我们假设投资组合的全部收益都转化为主体的财富并再投资。当 $q_t^i \geqslant 0$ 时，不允许卖空或借款。主体也不被允许购买昂贵的信息信号。目标函数的简洁性说明了主体所面临的问题的简洁性，也就是说，在每个时间段内都可以按照如图 9–2 所示的四个阶段的程序选择投资组合。

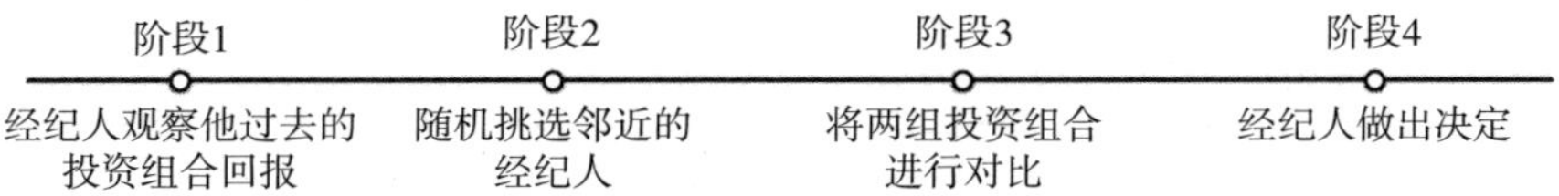

图 9–2　决策过程图

主体们按顺序见面，每个周期 t 从主体 1 开始，他观察其投资组合 t-1 期的值。每个主体只有他所持有的投资组合的信息。第 2 阶段，一个主体随机选择一个相

① 网络的直径是网络上任意两个节点之间的最大距离。

邻的主体。通过随机选择，我们假设没有人能够系统地跑赢市场，因此我们认为主体没有准确的预测方法。在选择了对等方之后，双方会比较各自的投资组合，尤其是在 t-1 期时的组合结构和相应的值。在最后一个阶段，两个主体中的每一个都需要决定是继续当前的投资组合，还是切换到对方的投资组合。与在很多其他基于主体的模型中可以找到的复杂决策规则相反，我们假设两个主体 i 和 j 的每一个都比较两种收益，并根据以下逻辑函数，即等式（9.2）做出决策：

$$\Phi=\frac{1}{1+\exp\left[\frac{W_{t-1}\left(A_i\right)-W_{t-1}\left(A_j\right)}{\kappa}\right]} \tag{9.2}$$

选择规则包含了主体倾向于采用过去表现良好的投资组合的想法。[①] 如等式（9.2）所示，主体的选择受到可疑参数 $\kappa\in$（0，1）的限制。[②] 该参数是一个外生因素，影响主体在比较两个投资组合时没有选择更好的一种可能性。为了执行选择，我们使用了一个随机数生成器，它的实现如下：如果 $ran>\Phi$，主体就会保留其投资组合，否则他会采用相邻主体的投资组合。参数 $ran\sim$ U（0，1）是一个均匀分布的独立同分布（independent and identically distributed，IID）随机数。选择收益较少的投资组合的概率与主体 i 与主体 j 的组合回报之差 W_{t-1}（A_i）$-W_{t-1}$（A_j）负相关，并与参数 κ 正相关。κ 越低，主体采用收益率更高的投资组合的概率就越高，反之亦然。根据定义，完全不可疑的主体的 $\kappa=0$，完全可疑主体的 $\kappa=1$。[③]

在两个主体都更新了各自的投资组合之后，主体 2 都会重复该过程，以此类

① 严格地说，强化学习不是我们所知道的学习，而是模仿。它已被广泛应用于社会学习的“廉价磋商”的交际游戏中，以描述经济主体对某些类型的“模拟”的结果。

② 包含可疑性参数的理由是多方面的。泽尔滕（Selten）认为，在决定采取某种行动和行动本身之间可能会出现错误。怀疑程度还可能与（不）信任、对数据的怀疑、暂时的情绪或某些代理的特定因素，甚至运气等有关。此外，可能不倾向于选择潜在收益较少的替代方案。如果存在交易成本，代理机构更有可能不愿意进行转换。主体也可能没有持久的偏好，而是在行动前使用启发式方法，这可能再次导致“错误”。塞勒等人认为，短期的评估期迫使投资者做出更糟糕的决策。这些因素的作用是非常不确定的，但也不能忽视。因此，这个变量包含了投资者可能与预期行为不同的所有因素。从技术角度来看，它也可以被视为一种噪音。

③ 为了使证明更易于处理，我们分别用 A_i 和 A_j 来表示主体的财富：W_t（A_i）和 W_t（A_j）。

推，直到最后一个主体。最后一个主体在给定期间内做出决策后，将报告给定时间段内的股票收益，系统继续进行下一个时间段并重复，直到 $t=T$。必须强调的是，尽管主体相互作用，但它们是在不知道其他人的选择的情况下，同时自主地做出决策。因此，不能强迫主体做出某种决策，主体之间也不互相竞争。

命题 1：一个无疑主体显示出对预期收益较高的投资组合的绝对偏好。

证明：令 Φ：$R\to R$，使得 $\Phi(A)=\{[1+\exp[(A_i-A_j)\kappa^{-1}]\}^{-1}$；$A_i$，$A_j\in R$ 且 $\kappa\in(0,1)$。如果我们将 $ran\sim U(0,1)$ 简单地表示为 U，我们就可以得到 f 的表达式：

$$f=\begin{cases}A_i & U>\Phi\\ A_j & U<\Phi\\ 0 & U=\Phi\end{cases}$$

随着 $\kappa\downarrow 0$ 以及 $A_i>A_j$，得到 $\lim\limits_{\kappa\to 0}(\Phi)=0=\inf(\Phi)$，也就是说，我们可以选择 $\varepsilon\in$U，使得 $\varepsilon\leqslant\Phi$。遵循 $\Pr(\varepsilon\leqslant\Phi)=\int_0^{\varepsilon\leq 0}du=0\to\Pr(\varepsilon>\Phi)=1$ 和 $f(\varepsilon>\Phi,\Phi)=A_i$ 的过程，对于所有的 A_i 而言，都有 $A_i>A_j$。无疑主体将会选择 A_i。

随着 $\kappa\downarrow 0$ 以及 $A_i<A_j$，得到 $\lim\limits_{\kappa\to 0}(\Phi)=1=\sup(\Phi)$，然而，我们总是可以选择 $\delta\in$U，使得 $\delta\geqslant\Phi$。遵循 $\Pr(\delta\geqslant\Phi)=\int_0^{\delta\geq\Phi}du=0\to\Pr(\delta<\Phi)=1$ 和 $f(\delta<\Phi,\Phi)=A_i$ 的过程，对于所有的 A_j 而言，都有 $A_i<A_j$。同样，在两者之间，无疑主体一定会选择更好的一个，即 A_j。

怀疑系数 κ 的水平不影响两个同样盈利的投资组合的选择，因为这两个投资组合之间的选择是随机的：对于 $\kappa\in[0,1]$ 且 $A_i=A_j$，$\Phi=0.5$。如果我们选择 $\beta\in U$，使得 $\beta=\Phi$，遵循 $\Pr(\beta=\Phi=0.5)=\int_0^{0.5}du=0.5$。结果也显示在这两个投资组合的附近 $\lim\limits_{A_j\to A_i}\Phi=0.5$。

命题 2：无疑主体和可疑主体随机选择预期收益相同的投资组合。

证明：见前一证明的最后一部分。

命题 3：一个完全可疑主体表现出对预期收益较高的投资组合的相对偏好。

证明：我们保留了命题 1 证明中的设置。根据定义，完全可疑主体的 $\kappa = 1$。

根据先前证明的映射 f，一旦 $\Phi > 0.5$，持有 A_i 的可疑主体就会开始表现出对 A_j 的相对偏好，这反过来对所有 $A_i < A_j$ 的主体都成立。假设我们选取 $\varepsilon \in U$，使得 $\varepsilon < \Phi$，可疑主体转而选择两个备选方案中更好的一个的概率，即 Pr（$\varepsilon > 0.5$）$= \int_0^{\varepsilon \leq 0} du = \varepsilon > 0.5 \rightarrow \varepsilon \in$（0.5，1），这对所有 $A_i < A_j$ 的主体都成立。主体仍保留 A_i 组合的概率是 $q = 1 - \text{Pr} \rightarrow q < \text{Pr}$，这显示出主体对两个备选更好的一个的相对偏好。

对于 $A_i > A_j$，当主体显示出一种相对偏好时，即当 $\Phi < 0.5$ 时，这反过来也使用与所有 $A_i > A_j$。假设我们选择 $\delta \in \text{U}$，使得 $\delta > \Phi$。可疑主体选择两个组合中更好的一个的概率是 q（$\delta > 0.5$）$= \int_0^{\delta \geq \Phi} du = \delta > 0.5 \rightarrow \delta \in$（0.5，1），这对所有 $A_i < A_j$ 都成立。然而，主体采用 A_j 的概率是 $\text{Pr} = 1 - q \rightarrow \text{Pr} < q$，这再次显示出主体相对偏好两个备选方案中更好的一个。在这两种情况下，主体对两个方案中更好的一个的相对偏好会随着两个方案的收益差呈指数增长，从不低于 0.5，也从不达到统一。

图 9–3 展示了在两个投资组合中选择更好的一个的概率，作为两个备选方案（价差）差和可疑程度的函数。价差以基点计算。

在基于交互的模拟中，主体之间共享信息会导致羊群效应。羊群效应是模拟不可避免的后果之一，也是金融市场中最被普遍认可的观察结果之一。它促进了同步，而同步的副作用可能是从样本集中剔除偶尔收益不佳的投资组合。请记住，只有一个或多个主体持有的投资组合才是可行的。巴拉（Bala）和戈亚尔（Goyal）的研究表明，当主体更喜欢较高的收益并从其邻居那里学习时，无论他们的初始状态如何，他们的选择都与概率 1 同步。那些完全重新平衡投资组合的无疑主体尤其容易同步。为了避免这种结果，我们引入了流动性主体。流动性主体是指

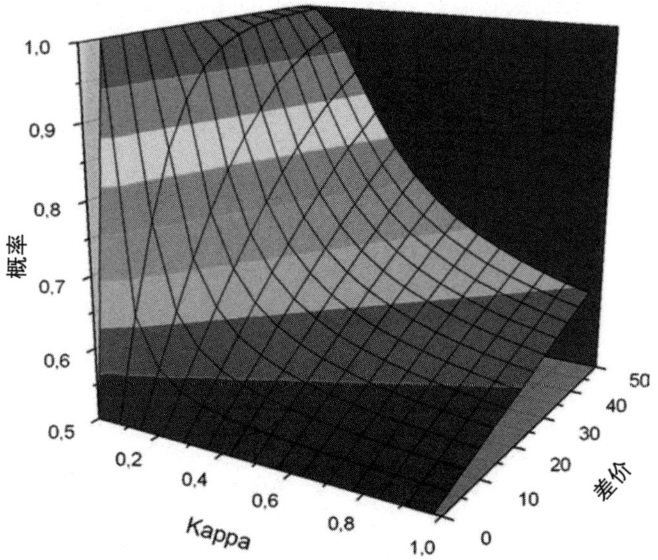

图 9-3　选择两个投资组合中更好的一个作为利差和可疑参数函数的概率

考虑收益而保留初始投资组合的主体。[①] 流动性主体可能代表的是那些参与市场，但不愿意改变其投资组合的被动投资者，或者是极其忠诚的投资者。我们称它们为流动性主体是因为它们保持了每个投资组合的流动性。具备这种特征使它们的选择过程得以顺利进行。流动性主体只占主体的一小部分，并被分为几个同质组，编号从 700 到 719，从 1000 到 1019，从 1200 到 1219，从 1500 到 1519，从 2500 到 2519，从 3500 到 3519，从 4800 到 4819。随着模拟的重复，流动性主体可能持有不同的投资组合，并与不同的主体相邻。

证券和投资组合

投资组合是一组投资。资产单位可能包括储蓄账户、股票、债券和其他证券、债务和贷款、期权和衍生品、ETF、货币、房地产和大宗商品。

如果 $M=(1, 2, \cdots, n)$ 表示一组有限的资产单位集合，那么一个投资组合

① 初始投资组合被随机分配给每个流动性主体，分配方式与分配给其他所有流动性主体的方式相同。

就是由这 n 个资产单位的持有量组成的。如果非零持股数量大于 1，那么该投资组合就被称为多元化投资组合。我们排除了卖空，这意味着主体只能持有非负数量的不同资产，因此$q_t^j \geq 0$。多元化投资组合只能包含 n 个可用资产总数中相等比例的 i 个资产，这使得不同的投资组合数量最多为$K(n)=\sum_{i=1}^{n}\binom{n}{r}=2^n-1$个。[①]

我们使用道琼斯工业指数中不同行业的五家公司的股票，即 C、KFT、MSFT、AA 和 XOM。[②]因此，n=5，这是一个包含 31 个投资组合的样本集，如表 9–1 所示。

表 9–1　　投资组合说明

S1	AA	S12	MSFT-KFT	S23	MSFT-XOM-KFT
S2	MSFT	S13	XOM-C	S24	MSFT-C-KFT
S3	XOM	S14	XOM-KFT	S25	XOM-C-KFT
S4	C	S15	C-KFT	S26	AA-MSFT-XOM-C
S5	KFT	S16	AA-MSFT-XOM	S27	AA-MSFT-XOM-KFT
S6	AA-MSFT	S17	AA-MSFT-C	S28	AA-MSFT-C-KFT
S7	AA-XOM	S18	AA-MSFT-KFT	S29	AA-XOM-C-KFT
S8	AA-C	S19	AA-XOM-C	S30	MSFT-XOM-C-KFT
S9	AA-KFT	S20	AA-XOM-MSFT	S31	AA-MSFT-XOM-C-KFT
S10	MSFT-XOM	S21	AA-XOM-KFT		
S11	MSFT-C	S22	MSFT-XOM-C		

主体是价格接受者。所有股票都具有无限小的可分割性和流动性，主体可以在不受价格影响的情况下快速买卖任何数量的股票。[③]如果没有这个假设，当那些在第一次迭代后持有表现最差的投资组合的主体想买入任何其他投资组合时，就需要投入新资金。由于这是无法实现的，因此我们将限制这些主体的选择活动。

① 这是一种简化。在现实中，主体可以将不同比例的资产放入其投资组合中，因此不同投资组合的数量接近无穷大。

② 自 2009 年 6 月 8 日起，花旗集团（NYSE：C）从该指数中退市，取而代之的是其姊妹保险公司 Travelers（NYSE：TRV）。

③ 研究发现，流动性不足对股市产生显著影响。

当主体转换为相邻主体的投资组合时，一个隐含的假设是，他出售当前投资组合的所有股票，并购买相邻主体投资组合中的股票组合。为了简单起见，我们进一步假设投资组合转换不产生交易成本或任何其他与交易相关的成本，包括税收。①

数据

我们使用了股票收益的真实数据。每日收益按照连续两个交易日收盘价的相对差额计算。一个投资组合在 t 时刻的收益率由投资组合股票回报率的加权值求和得到，因此，$R_t^S = \sum_{j=1} q_t^j R_t^j$，其中，$\sum_{j=1} q_t^j = 1$。

该模型在三个不同的时间跨度内运行。基准时间段覆盖 2009 年 1 月 2 日至 2010 年 1 月 21 日期间。熊市开始于 2008 年 9 月 22 日，结束于 2009 年 3 月 13 日。熊市之后，牛市从 2009 年 3 月 16 日开始，到 2010 年 1 月 11 日结束。期间有两个非交易日，即 2009 年 3 月 14 日和 15 日。基准时间段包括 264 个区间，熊市包括 120 个区间，牛市包括 209 个区间。

表 9–2 报告了每只股票在这两个子期间内的累积收益率。我们从表 9–2 可以看出，最糟糕的投资是在熊市开始时投资于 C 的每 1 美元在熊市结束时变成了 8.90 美分。在牛市中，投资于 AA 的每 1 美元的收益是 85.13 美分。XOM 仅受到了熊市的轻微影响，但在牛市中也没有表现出任何明显的积极走势。它在熊市中的损失为 14.81%，牛市时的收益率低于 5%。

表 9–2　　熊市和牛市的累积收益率（百分比）

	AA	C	KFT	MSFT	XOM
熊市	−78.62	−91.10	−31.91	−34.45	−14.81
牛市	185.13	55.79	25.93	86.28	4.79

① 这种假设受到这些成本可能对交易政策产生的影响的限制。康斯坦丁尼德斯（Constantinides）和罗等人认为，主体通过降低交易频率和缩小交易规模来适应大额交易成本。此外，交易成本还决定了对无风险证券的选择，并决定了投资组合中证券的数量。

接下来，我们将描述投资组合的风险。通常，投资组合 β 是衡量投资组合风险的一个指标。对于每个投资组合 i 而言，其 β 值是根据市场模型估算的：

$$R_{i,t} = \alpha_i + \beta_i R_{M,t} + \varepsilon_{i,t}$$
$$\text{同时}, E\left(\varepsilon_{i,t}\right) = 0; Var\left(\varepsilon_{i,t}\right) = \sigma_i^2 \tag{9.3}$$

β 系数反映了投资组合与市场风险之间的关系，而 R^2 则衡量的是相对于市场投资组合的多样化程度。不同之处在于投资组合的特殊风险本来是可以分散的。在我们的案例中，投资组合 S31 代表的是一个市场投资组合，因为它包含了所有可用股票，并且代表了最高的可分散化程度。因此，S31 的方差表示市场风险 σ_M^2。表 9–3 报告了投资组合的 β 值和相应的 R^2 值。

表 9–3　　投资组合的 β 系数和三个子期间对应的 R^2 值

	基期		熊市		牛市	
	β	R^2	β	R^2	β	R^2
S1	1.246	0.574	1.205	0.680	1.461	0.540
S2	0.551	0.431	0.711	0.650	0.584	0.352
S3	0.413	0.490	0.724	0.615	0.439	0.385
S4	2.475	0.753	1.907	0.651	2.167	0.641
S5	0.314	0.264	0.453	0.552	0.530	0.241
S6	0.899	0.681	0.958	0.794	1.022	0.655
S7	0.830	0.670	0.965	0.764	0.950	0.647
S8	1.861	0.936	1.556	0.893	1.814	0.902
S9	0.780	0.642	0.829	0.769	0.905	0.624
S10	0.482	0.587	0.718	0.706	0.511	0.497
S11	1.513	0.848	1.309	0.833	1.378	0.775
S12	0.433	0.551	0.582	0.733	0.467	0.484
S13	1.444	0.835	1.316	0.858	1.303	0.749
S14	0.364	0.499	0.588	0.706	0.394	0.448
S15	1.395	0.813	1.180	0.769	1.258	0.719
S16	0.737	0.732	0.880	0.807	0.828	0.713
S17	1.424	0.972	1.274	0.962	1.404	0.959

续前表

	基期		熊市		牛市	
	β	***R***^{2}	***β***	***R***^{2}	***β***	***R***^{2}
S18	0.704	0.729	0.790	0.830	0.798	0.715
S19	1.378	0.965	1.279	0.968	1.355	0.947
S20	0.658	0.703	0.794	0.805	0.750	0.700
S21	1.345	0.961	1.188	0.937	1.326	0.937
S22	1.147	0.897	1.114	0.931	1.063	0.837
S23	0.426	0.633	0.629	0.754	0.458	0.568
S24	1.113	0.891	1.024	0.892	1.034	0.830
S25	1.068	0.871	1.028	0.909	0.985	0.799
S26	1.171	0.988	1.137	0.992	1.163	0.982
S27	0.631	0.760	0.773	0.831	0.708	0.753
S28	1.147	0.992	1.069	0.982	1.140	0.985
S29	1.112	0.980	1.072	0.985	1.104	0.969
S30	0.938	0.924	0.949	0.955	0.885	0.873
S31	1.000	1.000	1.000	1.000	1.000	1.000

模拟结果

我们在两种不同的假设下模拟了博弈，首先使用无疑主体（κ= 0.01），然后使用可疑主体（κ= 0.1）。尽管我们称其为可疑主体，但它们并不会盲目猜测，仍具备从两个备选方案中选择一个更好的方案进行比较的能力，尤其当它们的距离足够远时更是如此。例如，当 $\kappa = 0.1$ 时，两个投资组合的收益率之差为 10 个基点时，收益率较低的投资组合被选中的概率为 26.9%；当收益率之差为 25 个基点时，相应的概率为 7.6%。

每次模拟运行重复 30 次，并报告平均结果。我们给出了两种类型的结果。[①]

① 部分伪码见本章后附录。

平均终局结果（以下简称“终局”）表示的是上一个时间段内每 30 个独立重复的投资组合中主体的平均比例。平均博弈结果（以下简称“平均博弈”）表示所有时间段和所有 30 次重复中每个投资组合中主体的平均比例。平均博弈结果提供了整个模拟过程中单个投资组合的可获得性的信息，而终局决策表明了单个投资组合的最终可获得性，因此呈现出收敛模式。需要强调的是，我们没有假定均衡，但也不排除这种情况。

基准框架

如图 9–4 所示，可疑主体的平均博弈决策高度集中在最小方差点附近。超过 5% 的主体选择的投资组合用灰色方块标记；图中的黑色三角形代表少于 1.5% 主体选择的投资组合；黑色圆圈代表超过 1.5% 但少于 5% 主体选择的投资组合；曲线代表虚构的有效边界。这是一张均值 – 标准差图。

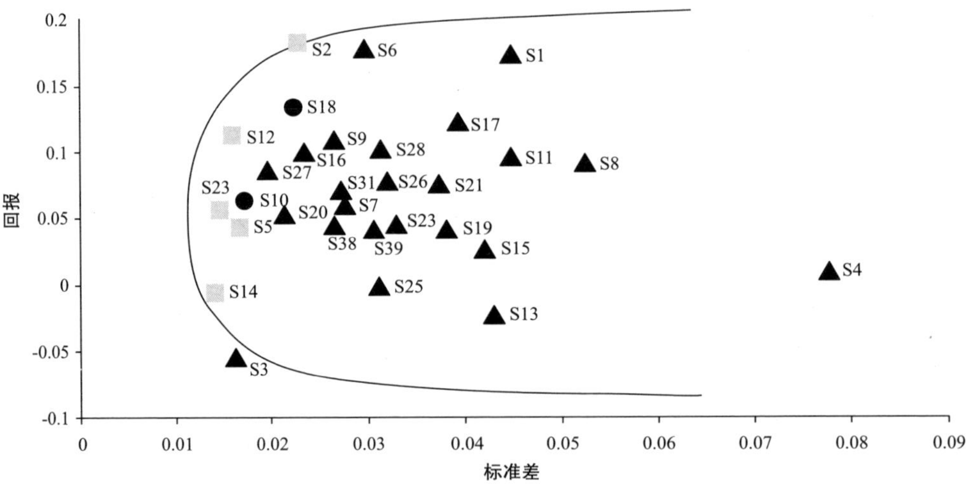

图 9–4 模拟环境下每个投资组合中无疑主体的平均比例

我们从图 9–4 中可以看出，主体选择的是聚集在最小方差点附近的有效低风险投资组合。最理想的投资组合是单一资产投资组合 S5，有 29.48% 的无疑主体选择了该组合。其次是 S12（27.18%）、S23（11.07%）、S2（8.78%）和 S14

（8.24%）。最理想的投资组合是高度多元化的，有大量的特殊成分。S12 是由两种最理想的单一股票，即 S5 和 S2 组成的双资产投资组合。有趣的是，S23 是一个由 S2、S5 和 S3 组成的三资产组合；S3 是回报率最低的资产，也是最不理想的选择之一。表 9–4 展示了一些进一步的结果。

表 9–4　　基准框架中，每个投资组合的无疑主体和可疑主体的比例

	平均实验		最终实验	
	无疑主体	可疑主体	无疑主体	可疑主体
S1	0.18	1.39	0.28	2.28
S2	8.78	9.87	14.49	15.07
S3	1.07	3.58	0.32	0.92
S4	0.17	0.25	0.08	0.17
S5	29.48	6.40	22.02	3.19
S6	0.46	4.15	0.81	7.36
S7	0.19	2.09	0.18	2.07
S8	0.15	0.49	0.11	0.46
S9	0.53	3.78	0.59	4.91
S10	3.60	5.73	3.33	4.11
S11	0.23	1.37	0.11	1.51
S12	27.18	7.94	36.64	7.68
S13	0.18	0.82	0.10	0.59
S14	8.24	5.14	3.33	2.06
S15	0.33	0.97	0.10	0.68
S16	0.49	4.15	0.64	4.96
S17	0.20	1.14	0.21	1.68
S18	1.61	4.80	2.24	6.53
S19	0.15	1.38	0.11	1.48
S20	0.75	3.41	0.66	2.94
S21	0.19	1.51	0.13	1.68
S22	0.24	2.19	0.12	1.97
S23	11.07	6.47	9.91	4.64

续前表

	平均实验		最终实验	
	无疑主体	可疑主体	无疑主体	可疑主体
S24	0.59	2.85	0.30	2.98
S25	0.39	1.73	0.13	1.09
S26	0.20	1.93	0.18	2.29
S27	1.42	4.73	1.58	4.60
S28	0.28	2.23	0.22	2.83
S29	0.24	1.66	0.14	1.38
S30	1.08	2.84	0.69	2.35
S31	0.33	3.00	0.23	3.53

S14 是最小方差投资组合，而 S2 是最高均值投资组合。S3 是最低均值的投资组合，S4 是风险最高的投资组合，而这两种投资组合在平均博弈设置中都是被严格避免的。56.66% 的无疑主体选择了两种最理想的投资组合，84.75% 的无疑主体选择了前五种。只有流动性主体选择了 S4。

可疑主体的平均博弈决策与无疑主体的平均博弈决策略有不同。在无疑主体中，如果从最理想的投资组合到最不理想的投资组合的转换几乎是离散的，那么它将在可疑主体的设置范围内通过相对理想的投资组合组间接转换，如图 9–5 中的虚线所示。可疑主体不会像无疑主体那样同步它们的选择，因此在这种情况下需要更多的投资组合，分布甚至在无疑主体的情况下更均匀。最理想的可疑主体投资组合是 S2（9.87%）、S12（7.94%）、S23（6.47%）、S5（6.40%）和 S10（5.73%），这些组合均为有效的前沿投资组合。尽管可疑主体愿意承担比无疑主体更高的风险，但它们会回避风险最高的投资组合。投资组合的可取性会随着风险水平的降低而降低，这与无疑主体的情况相同。

无疑主体的最终结果显示出同步模式。无疑主体主要以投资组合 S12（36.64%）和 S5（22.02%）结束，其次是 S2（14.49%）和 S23（9.91%）。S12 是一个由 S5 和 S2 组成的两种资产组合，S23 是一个由 S2、S5 和 S3 组成的三种资产组合。这些是来自有效边界的低风险投资组合。有很多高风险和无利可图的投资组合被极力避免：S4（0.08%）、S13 和 S15（0.10%）以及 S8、S11 和 S19（0.11%）。除了 S4 和 S19（由 S1、S3 和 S4 组成的三种资产组合），其余的都是包括风险最高的股票 S4 的两种资产组合。由于 S4 的风险，增加一只股票并不能充分降低风险，使多元化投资组合更具吸引力。这两只主要股票是 S5 和 S2。86.4% 的无疑主体选择了排名前五的投资组合。如图 9–6 所示，在无疑主体的最终结果设定中，从最理想的投资组合到最不理想的投资组合的过渡非常直接，中间只有四个投资组合。这些是组合是 S10（3.33%）、S14（3.33%）、S18（2.24%）和 S27（1.58%）。

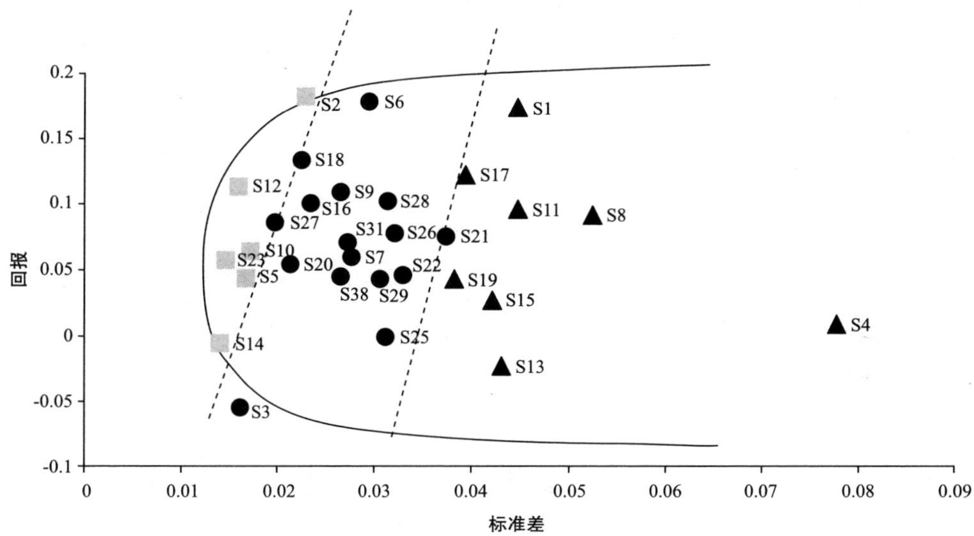

图 9–5　平均试验环境下每个投资组合中可疑主体的比例

如图 9–7 所示，与可疑主体的对比结果显示，无疑主体也偏好风险较低的投资组合。同样，从最理想的投资组合到最不理想的投资组合的过渡是分阶段进行的，如虚线所示。最理想的投资组合包括高收益和低风险投资组合，如 S2（15.07%）、S12（7.68%）、S6（7.36%）和 S18（6.53%）。绝大多数的投资组合属于第二类中 – 高收益和中 – 高风险投资组合。第三组是最不理想的投资组合，即

S4（0.17%）、S13（0.59%）和 S15（0.68%），以及组合 S8（0.46%），S8 是低回报和中 – 高风险的组合。这一组合还包括 S3，它是回报率最低和（几乎）风险最低的组合。第二个最理想的无疑主体投资组合被可疑主体归入第二组中 – 高回报和中 – 高风险投资组合。

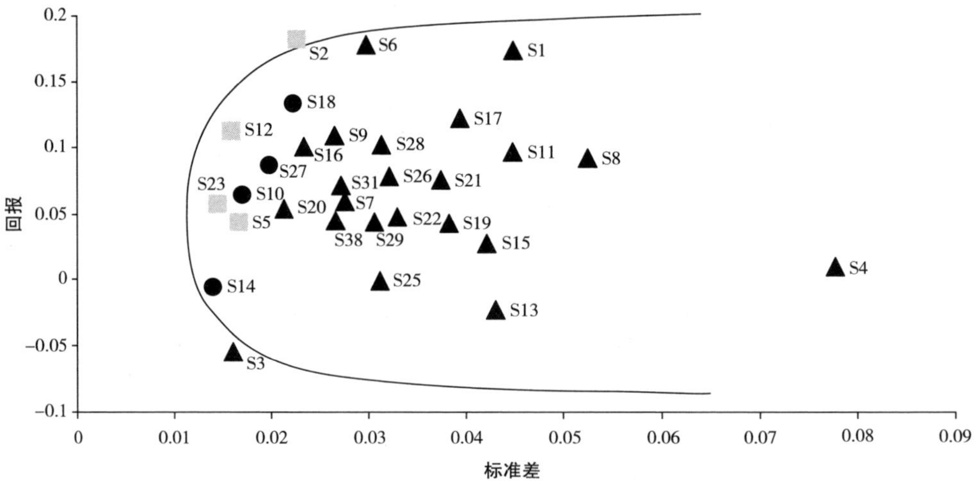

图 9–6　在最终环境中每个投资组合中无疑主体的比例

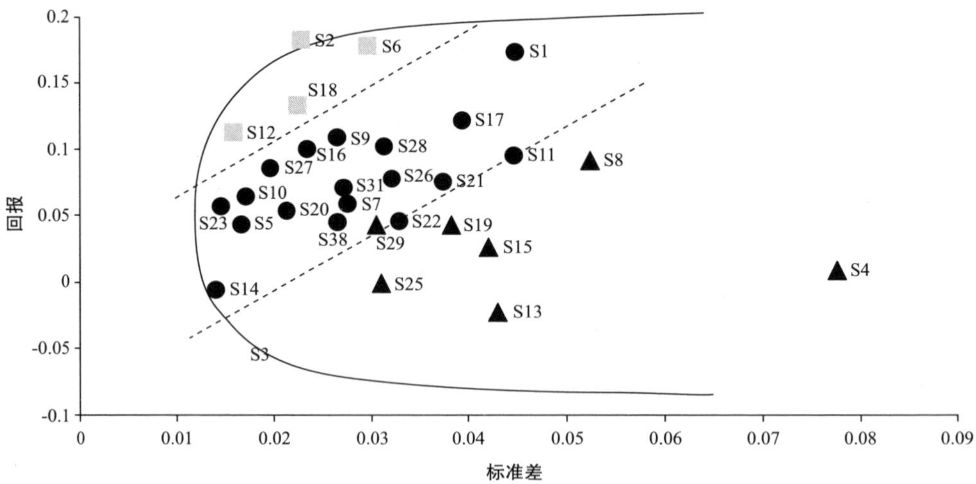

图 9–7　在最终环境下每个投资组合中可疑主体的比例

熊市中的投资组合选择

第二个时间区间与熊市有关。熊市反映了股票价格的普遍下跌。在我们的例子中，熊市的特点是标准差较大，平均回报率为负。

表 9–5 报告了在平均实验设置中每个投资组合中无疑和可疑主体的比例。结果表明，两类主体都能够选择风险较小的投资组合，并且能够避免高风险的 S4 和 S1 组合。几乎 42% 的无疑主体拥有平均回报最高的投资组合 S3，其次是 S10（14.22%）、S14（5.72%）和 S23（5.06%），这些投资组合也位于有效边界或附近，而 S13（6.10%）和 S22（5.22%）则没有。当主体试图从方差中获利时，S13 和 S22 可能意味着主体在选择中寻求风险。在比较投资组合 S13 和 S28 时，我们也能注意到主体的风险寻求行为。这两种投资组合都有接近的均值，但 S13 的风险更大。在这两种情况下，只有 6.10% 和 2.80% 的可疑主体选择了 S13，而只有流动性主体持有 S28。有趣的是，平均值最小、方差最大的投资组合 S4 被视为最差的选择，却被 2.11% 的无疑主体和 1.32% 的可疑主体选择。可疑主体选择的投资组合比无疑主体选择的组合分布更均匀，有效边界的 S3（23.20%）、S10（11.50%）、S14（10.28%）和 S23（8.37%）仍然是最理想的投资组合。

表 9–5　　熊市中每个投资组合中无疑和可疑主体的比例

	平均实验		最终实验	
	无疑主体	可疑主体	无疑主体	可疑主体
S1	0.22	0.30	0.09	0.11
S2	2.99	4.76	2.47	4.16
S3	41.97	23.20	62.19	37.74
S4	2.11	1.32	0.08	0.09
S5	0.42	3.81	0.38	4.04
S6	0.23	0.58	0.10	0.16
S7	0.26	0.89	0.09	0.30
S8	0.31	0.47	0.09	0.09
S9	0.18	0.57	0.09	0.23

续前表

	平均实验		最终实验	
	无疑主体	可疑主体	无疑主体	可疑主体
S10	14.22	11.50	17.90	15.74
S11	2.37	1.82	0.10	0.10
S12	1.21	4.55	1.11	4.83
S13	6.10	2.80	0.10	0.24
S14	5.72	10.28	7.14	14.75
S15	0.92	1.33	0.09	0.10
S16	0.31	1.72	0.14	1.12
S17	0.34	0.62	0.09	0.11
S18	0.21	0.89	0.10	0.48
S19	0.38	0.92	0.10	0.14
S20	0.26	1.51	0.14	0.89
S21	0.27	0.64	0.10	0.10
S22	5.22	3.22	0.21	0.59
S23	5.06	8.37	5.97	10.29
S24	1.23	1.82	0.09	0.19
S25	2.81	2.83	0.14	0.48
S26	0.42	1.16	0.09	0.23
S27	0.31	1.68	0.18	1.08
S28	0.28	0.83	0.07	0.13
S29	0.32	1.01	0.08	0.22
S30	2.97	3.26	0.37	0.94
S31	0.40	1.35	0.11	0.32

最终实验结果表明，当超过 5% 的主体选择了 31 个备选方案中的 4 个时，同步到无疑主体的选择中表现得非常明显。它们分别是 S3（62.19%）、S10（17.90%）、S14（7.14%）和 S23（5.97%），占所有无疑主体选择的 93.20%。它们都是来自有效边界的投资组合，并且以 S3 为主要股票。在其余的投资组合中，只

有 S2（2.47%）和 S12（1.11%）不以流动性主体结束。对于可疑主体而言，情况并没有太大的不同，也存在同步模式。最理想的投资组合与无疑主体类似，即 S3（37.74%）、S10（15.74%）、S14（14.75%）和 S23（10.29%）。

在熊市中，主体的最终决策集中在低风险或高收益的投资组合上。

牛市中的投资组合选择

相比之下，牛市的特点是回报率的正向变动。S1 和 S2 的平均回报率最高，分别为 0.50% 和 0.30%；S3 的平均回报率最低，为 0.023%；S4 的风险最高，标准差为 8.65%；而 S3 和 S5 的风险最低，标准差为 7.05%。

如表 9–6 所示，最理想的无疑主体的投资组合为 S8（41.70%）、S17（13.70%）、S4（11.05%）、S21（7.37%）、S19（6.27%）和 S1（3.36%）。其中，只有 S1 来自有效边界，而 S17 非常接近有效边界。S8 显然处于有效边界之外，其风险高于 S6。此外，S8 是一个多股票投资组合。一般来说，主体在牛市中会选择风险较高的投资组合。无疑主体最希望做出的最终决策为 S8（50.11%）、S17（17.37%）、S21（6.37%）、S1（5.66%）和 S6（2.25%），占所有选择的 84.83%。从这些数据来看，只有 S1 和 S6 位于有效边界上，而 S17 非常接近有效边界。

表 9–6　　牛市中，每个投资组合中无疑主体和可疑主体的比例

	平均实验		最终实验	
	无疑主体	可疑主体	无疑主体	可疑主体
S1	3.36	14.91	5.66	24.59
S2	0.13	1.59	0.13	1.79
S3	0.19	0.38	0.11	0.10
S4	11.05	6.11	0.10	3.35
S5	0.17	0.39	0.25	0.15
S6	1.58	6.30	2.25	9.52
S7	0.54	2.20	0.29	1.54
S8	41.70	14.75	50.11	16.77

续前表

	平均实验		最终实验	
	无疑主体	可疑主体	无疑主体	可疑主体
S9	0.43	3.29	0.43	3.49
S10	0.13	0.75	0.09	0.34
S11	2.83	3.60	2.17	2.77
S12	0.14	0.70	0.09	0.32
S13	0.89	1.51	0.11	0.57
S14	0.17	0.38	0.09	0.12
S15	0.76	1.93	0.17	0.86
S16	0.37	2.18	0.28	1.78
S17	13.70	7.93	17.37	9.16
S18	0.31	2.67	0.26	2.91
S19	6.27	4.15	4.00	2.75
S20	0.22	1.30	0.12	0.69
S21	7.37	4.89	6.37	4.36
S22	0.46	1.36	0.16	0.61
S23	0.15	0.61	0.09	0.26
S24	0.46	1.80	0.20	1.24
S25	0.30	1.05	0.08	0.35
S26	2.09	3.19	1.29	2.43
S27	0.21	1.11	0.13	0.68
S28	2.02	3.61	1.72	3.14
S29	1.13	2.19	0.44	1.40
S30	0.24	0.99	0.09	0.40
S31	0.65	2.18	0.30	1.57

可疑主体也能够同步，尽管程度较低。然而，如果选择的五个最理想的投资组合几乎与无疑主体相同，那么每个组合的需求程度就可能存在差异。可疑主体最理想的五个最终实验投资组合是 S1（24.59%）、S8（16.77%）、S6（9.52%）、

S17（9.16%）和 S21（4.36%），占所有选择的 64.38%，远远低于无疑主体。例如，只有不到 6% 的无疑主体选择了可疑主体的最佳组合 S1。

选择的一致性

主体在其选择中的一致性还有待研究。有界理性基于随机交互的博弈的交互会产生路径依赖的结果。因此，尽管外部条件不变，过程重复还是并不一定会复制结果。一个一致选择的投资组合应该在每个时间段的独立重复中表现出很小的可变性。我们应该承认，由于我们不收集整个过程中单个主体持有的特定投资组合的数据，因此，我们使用每个投资组合中的主体比例作为衡量标准。[①]选择的一致性用两种不同方法来检验：变异系数和蒙特卡罗法。

变异系数

变异系数是指标准差和均值之比。我们用它来衡量投资组合在单一时间段内在程序重复中的可变性。为了估算系数，我们采用以下程序。首先，我们以 30 列（代表重复次数）和 T 行（代表周期）的矩阵形式显示给定周期内每个投资组合中主体的比例。然后，我们估计每个投资组合在每个重复周期中主体的平均比例和相应的标准差，从中得到单个周期的行变异系数。然后，对单个投资组合报告的变异系数值取 T 个周期的平均值。如果一个投资组合总是被重复选择，则标准差很小，或接近于零，相应的变异系数也很小，或接近于零。反之，重复选择不一致的组合的标准差较大，因此变异系数值也较大。

考虑到每个投资组合中流动性主体的比例，并将其与投资组合的可获得性脱钩，我们将投资组合持有的底线设定为 0.5%。因此，如果少于 0.5% 的主体在给定时间内拥有给定的投资组合，那么该值就被设置为 0.5%，这样我们就避免了流动性主体比例潜在的高可变性，这可能是没有意义的。例如，如果一个投资组合

① 可能出现的情况是，即使系列重复本身，不同的主体可能持有相同的投资组合。

仅由流动性主体持有，其比例在第一次变现时设置为 0.1%，在第二次变现时设置为 0.2%，那么这就意味着投资组合持股具有 100% 的可变性，尽管这与投资组合的可获得性无关，但与流动性主体的比例有关。在这两种情况下，只能由流动性主体持有的投资组合始终被避免，其真正的可变性应为零。表 9–7 报告了所有三种设置下的无疑主体和可疑主体的结果。

表 9–7　可疑主体和无疑主体的变异系数

	基准		熊市		牛市	
	无疑主体	可疑主体	无疑主体	可疑主体	无疑主体	可疑主体
S1	17.47	80.02	0.51	1.68	31.13	16.89
S2	35.11	34.92	44.51	28.60	0.24	58.40
S3	52.94	49.12	14.03	16.52	0.46	11.16
S4	7.06	37.13	8.27	9.48	20.78	29.79
S5	20.71	34.35	25.37	39.15	0.43	28.80
S6	37.44	61.10	0.99	22.86	40.88	27.20
S7	23.16	56.01	0.90	40.90	20.42	44.99
S8	9.11	59.13	1.28	5.47	6.61	19.53
S9	53.13	58.68	0.67	29.52	16.54	39.36
S10	38.82	42.94	24.56	19.29	0.53	44.87
S11	9.32	75.83	9.43	25.41	38.35	34.16
S12	24.51	31.05	57.89	40.67	0.51	40.95
S13	7.77	67.57	21.25	36.61	14.36	52.08
S14	30.46	39.03	31.61	22.37	0.45	16.41
S15	10.38	64.04	9.83	20.95	23.86	48.82
S16	66.47	45.48	3.04	40.57	12.89	49.96
S17	22.53	80.11	1.76	11.55	16.07	29.40
S18	57.17	46.22	1.23	45.87	14.20	45.36
S19	10.86	74.43	1.63	30.55	28.07	38.15
S20	58.92	50.82	1.96	43.76	2.13	56.16
S21	13.91	75.67	1.55	17.18	25.84	31.46

续前表

	基准		熊市		牛市	
	无疑主体	可疑主体	无疑主体	可疑主体	无疑主体	可疑主体
S22	15.88	58.93	29.11	35.97	12.82	47.88
S23	25.09	38.00	33.74	29.38	0.47	38.00
S24	42.10	46.93	22.28	35.24	19.68	55.33
S25	27.52	62.16	27.58	40.86	1.91	54.43
S26	18.33	57.69	3.52	32.23	38.56	39.42
S27	52.94	44.01	13.36	41.95	1.94	50.20
S28	26.59	56.87	2.15	30.41	46.97	39.52
S29	18.35	57.64	2.46	29.92	39.70	41.23
S30	58.02	58.44	42.84	34.59	3.70	42.50
S31	39.93	47.93	4.86	35.52	27.34	45.73

在基准设置内，最不受欢迎的无疑主体的投资组合（S4、S13、S8、S11、S15和S19）表现出最小的持有量平均行变化，这意味着这些投资组合的平均每期持有量在程序的重复中是最稳定的。这些投资组合距离有效边界的投资组合最远，也是最不受欢迎的。这表明主体可能能够首先确定最不喜欢的投资组合，然后持续地避免持有它们。事实上，主体更能规避最不理想的投资组合，而不是在持有最理想的投资组合上保持一致。也就是说，对于两组主体而言，最理想的投资组合（S5、S12、S23、S2和S14）的可变性非常相似，无疑主体的可变性从20.71%（S5）到35.11%（S2），可疑主体的可变性从31.05%（S12）到39.03%（S14）。在无疑主体最理想的投资组合中，行可变性最小的是最理想的投资组合S5，其次是S12（可变性为24.51%），然后是S23（可变性为25.09%）、S14（可变性为30.46%）和S2（可变性为35.11%）。然而，投资组合S14（8.24%）和S2（8.78%）也同样理想。

由于可疑主体在选择表现较好的投资组合和避免损失的投资组合方面的能力稍逊色于无疑主体，因此它们的选择比无疑主体表现出更大的行可变性。通过可疑主体，最理想的有效边界投资组合S12、S5、S2、S23和S14以及最不理想的投资组合 S4 的行可变性最小。在所有这些投资组合之后，都是相邻的投资组合 S10、S27、S16 和 S18。因此，可疑主体更能坚持最理想的投资组合，而对最不理想的投资组合则不那么坚持，尽管它们也能持续地回避后者。然而，对于介于两者之间的投资组合而言，它们就不那么一致了。与无疑主体相比，这个结果表明可疑主体没有正确地识别出最不理想的投资组合。因此，它们可能持有的时间过长或交易过多。这个含义与奥登（Odean）在研究中确定的含义相似。总的来说，无疑主体比可疑主体更坚持它们的选择，这并不奇怪。

在熊市中，可疑主体的决策表现出很小的可变性，对于最不理想的投资组合而言尤其如此。请注意，流动性主体所持有的投资组合与上述情况相反。最理想的投资组合（S3、S10、S14 和 S23）表现出很小的可变性（不超过 34%）。最不稳定的投资组合是那些要么没有流动性主体，要么不是最理想的投资组合，如 S2 和 S12。在牛市中，对于风险最小的投资组合和最不理想的投资组合而言，无疑主体也是最一致的，这最终导致了流动性主体。和以前一样，可疑主体的变异系数值超过了无疑主体的变异系数值，这表明在这方面，它们的表现不如无疑主体的那样一致。

蒙特卡罗法

尽管对变异系数的分析很有说服力，但它仍然不够完善。变异系数衡量的是在每个时间段内重复持有的投资组合的行离散度，但这可能没有意识到程序重复的潜在线性依赖性。

蒙特卡罗法的基本理念是，如果一个投资组合在所有程序的重复中被持续选择，那么对于它从一个时间段 t 到一个连续时间段 $t+1$ 的转变，它就应该与 30 次重复的观察结果中的哪一个都无关。在完全一致的决策中，一个主体总是会选择相同的选择，而不管在相同的重复模拟或任何其他模拟中从一个时间段过渡到下一个时间段。否则，这就意味着重复很重要，即主体的选择不一致。

为了运行蒙特卡罗法，我们采用以下六步程序。第一，我们对数据进行转换，因为重复的投资组合的初始持有量可能不同（投资组合的初始分布是用一个变量

“种子”随机完成的)，这将妨碍适当的期间可比性。第二，以最后一个时间段作为基础，以尽量减少初始设置的影响，而每次重复实验中每个投资组合的数据被表示为该重复的最后一个时间段中投资组合持有价值的比率$\tilde{X}_t = \frac{X_t}{X_T}$。[①] 第三，从每个选定投资组合的 30 次重复中随机选择一次。从初始时间段 t 开始，计算机算法被设置为从每个选定投资组合（A）的所有 30 次重复中随机选择一次重复，然后，不考虑第一次选择，从随后的 t+1 时间段（B）中选择一次重复。第四，将（B）项下持有的投资组合的价值与时间段 t+1 中（A）项的价值进行比较，并将差额平方。如果这些投资组合的持有被一致地选择，那么无论从（B）中选取的重复数是多少，两个比较值之间都不应该存在差异。第五，对每个时间段的所有 10 000 次运行的平方差求和。第六，将所有时间段的中位数报告为投资组合的持续性系数。[②] 根据规则，值越低，持续性水平越大，反之亦然。表 9–8 报告了所有三种设置的蒙特卡罗法结果。

表 9–8　　差平方和的中位数

	基准		熊市		牛市	
	无疑主体	可疑主体	无疑主体	可疑主体	无疑主体	可疑主体
S1	2608	3735	951	7667	309	265
S2	87	334	3575	1333	5518	1531
S3	804 228	489 909	307	340	7431	48 318
S4	0	816	87 687	3282	9291	9250
S5	312	142 580	58 912	1463	4504	103 892
S6	1645	490	6316	9595	1004	676
S7	4269	10 603	5133	1 150 530	12 060	37 204
S8	560	11 231	917	79 428	59	812
S9	3498	1987	1457	621 128	48 888	5412

① 在基准情况下，T=264；在牛市中，T=209；在熊市中，T=120。

② 我们使用中值代替均值来减少极值的影响。

续前表

	基准		熊市		牛市	
	无疑主体	可疑主体	无疑主体	可疑主体	无疑主体	可疑主体
S10	1499	10 142	846	809	2424	1 059 915
S11	1310	896 429	117 730	177 042	12 463	2998
S12	39	1468	75 968	48 811	6615	73 898
S13	325	44 102	5 585 360	54 851	78 240	100 291
S14	4829	79 743	1408	648	7061	261 609
S15	784	179 501	25 602	9103	81 889	959 069
S16	5066	3532	28 150	7575	450 027	8536
S17	2611	5934	5898	39 218	313	2668
S18	385	796	10 889	227 040	13 822	1315
S19	623	21 631	12 430	56 259	7387	8894
S20	2199	86 009	933	12 366	35 987	25 621
S21	2281	22 005	2487	510 585	4927	3654
S22	10 378	76 915	2 466 410	19 956	134 300	2 182 880
S23	213	5324	3168	1196	1328	1703
S24	7712	51 176	478 540	485 670	152 316	4994
S25	12 509	36 583	181 188	770 585	2034	17 258
S26	4872	5621	33 154	25 409	36 027	6402
S27	2709	398 750	69 253	1996	33 213	22 804
S28	5638	2618	146 572	4 633 220	4606	9460
S29	3735	56 333	9334	6240	17 734	3068
S30	5657	38 936	3 897 070	3884	54 837	11 137
S31	5327	31 181	53 111	730 177	3169	6355

在基准设置中，无疑主体最常选择中位数为 0 的 S4，这代表完全拟合。主体不仅总是回避 S4，而且在实验的早期阶段也是如此。在投资组合 S4 之后的是投资组合 S12 和 S2，它们仍然表现出非常大的持久性水平，然后是投资组合 S23 和 S5，其持久性水平稍低（仍然很高）。分组与上述变异系数分析非常相似，只有一

个例外。也就是说，在变异系数分析中，投资组合 S4 在有效边界投资组合之后，而非在本例中这样领先的有效边界投资组合。

其他投资组合的持续性水平随着它们与最一致选择的投资组合的距离而降低。最不一致的投资组合是 S3，它位于效率低下的边界。可疑主体对高回报和高风险投资组合 S6、S18 和 S9 表现出很大程度的一致性。然而，可疑主体的行为远不如无疑主体的行为一致。这意味着，在一般情况下，可疑主体对投资组选择的偏好要低得多。

在熊市中，无疑主体最一致选择的投资组合是 S3、S10、S8、S20、S1、S14 和 S9，而可疑主体最一致选择的投资组合是 S3、S14、S10、S23、S5 和 S27。其中，S3、S10 和 S14 是最理想的投资组合，而可疑主体选择的 S23 也是如此。最不一致的投资组合是那些随着时间推移，比例不稳定的投资组合（可疑主体的 S13、S11、S22、S24、S28、S31、S7，无疑主体的 S30），它们在平均实验和最终实验设置之间表现出巨大的差异。这些投资组合与最常被选择的投资组合相距最远，而且我们发现它们处于中间位置。在这两组主体中，可疑主体的选择不太一致，因为它们无法像无疑主体那样选择表现较好的投资组合。

在牛市中，无疑主体和可疑主体最常选择投资组合 S8，其次是投资组合 S1、S6 和 S17，这些投资组合仍然表现出很高的持续性。这三个投资组合是平均实验和最终实验设置中最理想的投资组合。投资组合 S22、S15、S10、S13、S14、S16 和 S5 的持续性最低。这些投资组合的平均回报率最低，方差最低，是最不理想的投资组合。我们再次观察到，其他投资组合的持续性水平随着它们与最常被选择的投资组合的距离而降低。和之前的结果一样，在牛市中，可疑主体的行为远不如无疑主体的行为一致。

讨 论

表 9–9 总结了所有设置的结果。它报告了两组主体所有三个时间跨度的平均实验（AVG）和最终实验（END）结果。对于每个设置，我们首先报告拥有五

个最理想投资组合的主体比例，然后报告拥有最后十分之一主体的投资组合数量（31 个），并报告持有投资组合的加权 β，以及五个最理想投资组合和十个最不理想投资组合的加权 β，最后报告了来自幂律分布的情况。

表 9–9　　结果概述

	无疑主体		可疑主体	
	平均实验	最终实验	平均实验	最终实验
基准				
前 5%	84.75	86.4	36.41	41.6
后 10%	24/31	25/31	10/31	11/31
权重	0.459	0.467	0.731	0.778
前 5	0.396	0.419	0.451	0.637
后 10	1.45	1.424	1.391	1.28
λ	1.826	2.03	0.838	0.945
熊市				
前 5%	73.23	95.67	57.9	83.35
后 10%	21/31	28/31	13/31	25/31
权重	0.842	0.714	0.808	0.696
前 5	0.789	0.706	0.684	0.679
后 10	1.487	1.16	1.088	1.257
λ	1.672	2.017	1.885	2.037
牛市				
前 5（%）	80	84.83	50.01	64.38
后 10%	23/31	25/31	12/31	17/31
权重	1.6	1.61	1.317	1.346
前 5	1.712	1.692	1.587	1.471
后 10	0.6	0.674	0.677	0.841
λ	1.82	2.088	1.077	1.883

平均 β 与加权 β 值分别由等式$\overline{\beta}=\frac{1}{n}\sum_{i=1}^{n}\beta_i$和$\beta_W=\frac{1}{n}\sum_{i=1}^{n}\beta_i h_i$计算得到，其中，

h_i 代表持有投资组合 i 的主体，且 $\sum_{i=1}^{n} h_i = 1$。在子样本中，$\sum_{i=1}^{n} h_i \neq \sum_{i=1}^{n} q_i$，为了达到要求的条件 $\sum_{i=1}^{n} h_i = 1$，一部分被选择的投资组合被重新计算。至于 λ 值，我们假定 $y=Ax^{-\lambda}$ 形式的幂律分布，参数 λ 为致密参数。如果事件的频率随事件大小的增加而降低到某个指数级的倒数，则随机变量的分布就遵循幂律。在我们的例子中，参数度量主体选择中的同步级别。较高的 λ 值表示一种惊人的同步模式，这意味着少量的投资组合被大量主体持有，而剩余的绝大多数投资组合仅由少数主体持有。当 $\lambda>1$ 时将发生同步现象。我们用最小二乘法回归估计相应的幂律指数。[①]

图 9–8 根据三个时间跨度的投资组合 β 系数绘制了无疑主体和可疑主体的平均实验和最终实验选择。图中的点根据其 β 值（X 轴）和选择它们的主体的比例（Y 轴）代表不同的投资组合。

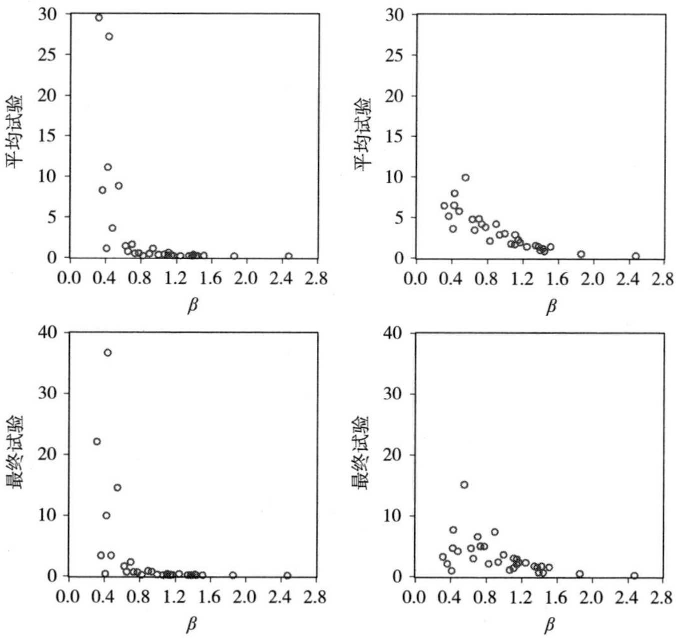

a. 基准

① 相关系数通常被用作幂律分布拟合优度的非正式度量。

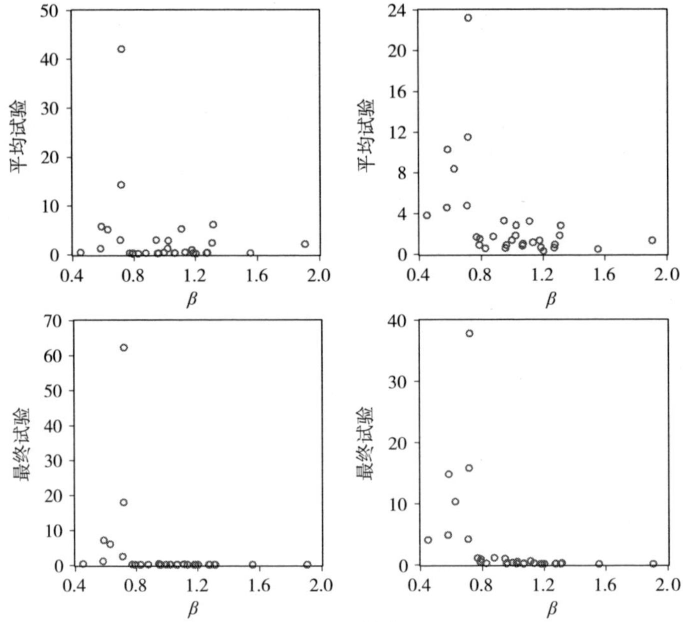

b. 熊市

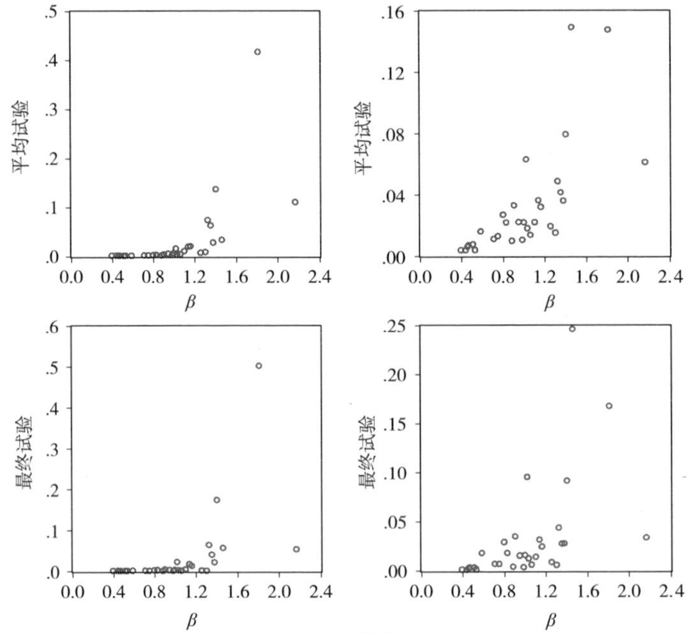

c. 牛市

图 9-8　基于投资组合 β 系数的无疑主体和可疑主体的平均实验和最终实验选择的散点图

由于主体根据回报率来选择投资组合，我们预计投资组合的期望值会随着回报率的增加而增加，但事实并非如此。研究结果表明，投资组合的风险越大，就越有可能被投资者回避。因此，主体可以被视为风险规避者。这两组主体都是如此。然而，这两组主体选择的主要区别在于，无疑主体从最理想组合到最不理想组合的过渡非常离散，而可疑主体的这种过渡是通过一种中度理想的投资组合进行的。在这两种情况下，投资组合 S2 和 S3 都表明主体能够选择高收益投资组合，并避免低风险低均值投资组合。可疑主体选择的散点分布情况（如图 9–8 所示）表明，它们不太厌恶风险，尽管它们需要更高的回报来承担额外的风险。然而，主体并没有在基准框架（如 S1）内选择高均值、高风险投资组合。更陡的散点分布意味着平均实验决策更受方差的驱动，而较少受回报的驱动。一般的观察结果是，无疑主体更关注风险而不是回报，并试图将风险最小化。这很有启发性，而且很鼓舞人心，因为主体是根据回报而不是风险来选择投资组合的，而风险对于投资组合的选择至关重要。另一方面，尽管可疑主体更偏好风险，但是它们仍然会权衡回报和风险。此外，主体持有的投资组合非常多元化，这与一些经验事实是一致的。此外，多元化的投资组合是最不一致的选择。

在基准框架中，无疑主体选定的投资组合可以分为两组。第一组由来自有效边界的五个投资组合组成，每个投资组合都有超过 5% 的主体选择（S10 也可以被添加到该组中，因为它位于有效边界，有 3.6% 的主体选择）。第二组包括所有剩余的投资组合。S3 是风险最小的投资组合，但收益最低，而 S18 和 S27 非常接近有效边界，但风险略高。S1 和 S6 都是高回报和高风险的投资组合，无疑主体会避免持有这两个组合。因此，投资组合要么被持有，要么被回避。另一方面，可疑主体选定的投资组合可以分为三个组，如图 9–8 所示，即来自有效边界的六个投资组合，被超过 5% 的主体选择；四个最不理想的投资组合（S4、S8、S13 和 S15）有不到 1% 的主体选择；以及介于两组之间的其他投资组合。第二组中最不理想的投资组合是风险最高的投资组合，而且回报率也最低。第三组的大多数投资组合的风险高于第一组，而低于第二组。在这种明显的线性风险规则中有三个异常值，即 S1、S11 和 S3。S1 和 S11 与第二组有相同的风险，但回报率更高；S3

是最安全的投资组合，但回报率最低。这三个都属于第三组投资组合。

可疑主体比无疑主体更倾向于风险更高的投资组合，这反映在它们的加权 β（0.731）远高于无疑主体（0.459）。尽管如此，这两个值都远低于市场风险；这表明这两个群体都会规避风险。最理想的无疑主体投资组合（S5）的 β 系数最小，只有 0.314，而第二理想的投资组合（S12）的 β 系数也很小（0.433）。五个最理想的无疑主体投资组合的平均 β 系数为 0.418，加权 β 系数为 0.396。五个最理想的可疑主体投资组合的平均 β 系数也较小（0.441），加权 β 系数为 0.451。这是一个合乎逻辑的结果，因为那些无疑主体有能力选择最优的组合，即那些 β 系数最低的投资组合。因此，最不理想的投资组合有更大的 β 值。更准确地说，10 个最不理想的无疑主体投资组合的平均 β 系数为 1.469，加权 β 系数为 1.450，而那些可疑主体投资组合的平均 β 系数为 1.519，加权 β 系数为 1.391。在这两种设置下，只有流动性主体选择了投资组合 S4，它是 β 值最大的投资组合，为 2.475。考虑到这些结果，有人可能会说高 β 系数的投资组合的损失太大，因此主体不会持有。

为了了解主体如何权衡风险与回报，有三种情况似乎特别有趣，因为替代方案表现出很多相似之处，但被主体持有的情况却有所不同。第一种情况涉及与 S6 和 S18 相关的 S2。S2 是均值最高、方差中等的投资组合，其风险与 S18 相似，但平均收益要高得多；其平均收益与 S6 非常相似，但风险要小得多。8.78% 的无疑主体和 9.87% 的可疑主体选择了 S2，这使它成了排名第四的最理想的投资组合。另一方面，只有 1.61% 的无疑主体和 4.80% 的可疑主体选择了 S18，0.46% 的无疑主体和 4.15% 的可疑主体选择了 S6。显然，无疑主体不愿意放弃 S2 额外的“无风险”回报，而可疑主体也倾向于风险更高、利润更低的替代品。第二种情况涉及与 S14 相关的 S3。S3 的波动性略高于 S14，但平均回报率明显较低，是所有投资组合中最低的。然而，有 1.07% 的无疑主体和 3.58% 的可疑主体选择了 S3。另一方面，分别有 8.24% 的无疑主体和 5.14% 的可疑主体选择了 S14。最后一种情况涉及 S20 和 S23。这两个投资组合的平均收益相似，但方差明显不同。无疑主体大部分选择了 S23（11.07%），而将风险较高的 S20 大部分留给了流动性主体。

相反，3.41% 的可疑主体选择了 S20，6.47% 的可疑主体选择了 S23，这意味着可疑主体更偏好较高的风险。基于这三种情况，我们认为，当主体选择投资组合时，它们首先会根据收益和风险制定一组令人满意的投资组合。这个投资组合的范围取决于主体的怀疑程度。与那些非常准确地选择具有较高回报的投资组合的无疑主体不同，可疑主体的决策分布在很多密切相关的投资组合中。因为当两个可疑主体比较它们的结果时，它们选择回报较低的投资组合的概率不同于零。当两个收益率接近时，这种情况更可能发生（见命题 3）。投资组合 S3 的可获得性表明，主体可能不希望选择风险最小、也无法产生令人满意的收益的投资组合。

主体的最终实验与平均实验有很多相似之处，主要结论是投资组合的期望值随风险的降低而降低。在这两种情况下，从最理想的投资组合到最不理想的投资组合的过渡都是渐进的。然而，斜线倾斜的幅度越小，意味着最终实验越受回报的影响，而不是受风险的影响。显然，从最理想的投资组合到最不理想的投资组合的过渡是从高均值且低风险的投资组合到低均值且高风险的投资组合的斜线。

无疑主体对应的最终实验加权 β 值为 0.467，远低于可疑主体（0.778）。五个最理想的无疑主体的最终投资组合的加权 β 值为 0.419，低于五个最理想的可疑主体投资组合的相应 β 值（0.637）。最不理想的投资组合的加权 β 系数对于无疑主体而言为 1.424，对于可疑主体而言为 1.280。我们之前已经看到，无疑主体远比那些选择更分散的可疑主体更喜欢风险更低的投资组合，而且 β 值也证明了这一点。此外，随着试验的进行，无疑主体不仅会更加规避风险，而且它们在做最终决策时也会规避风险。这两组人在行为上的最大差异不在于对最优组合的选择，而在于选择最优组合和最差组合的比例。此外，它们有能力选择最优组合，而可疑主体则没有能力。对于无疑主体而言，平均实验的相应 λ 值为 −1.826（R2= 0.97）；对于可疑主体而言，平均实验的相应 λ 值为 −0.838（R2= 0.75）。在最终实验设置中，对于无疑主体而言，相应的 λ 值为 −2.030（R2= 0.98），对于可疑主体而言，λ 值为 −0.945（R2 = 0.77）。84.75% 的无疑主体选择了五个最理想的投资组合，最后 10% 的无疑主体选了 31 个可能的投资组合中的 24 个。这是羊群效应的体现，这在无疑主体中非常明显。流动性主体阻止了绝对羊群效应的发生。可疑主体的选择不存在致密模式，因为它们的选择更均匀地分布在一组可用的投资组合中。36.41% 的可疑主体平均持有最理想的五个投资组合，最后 10% 的可疑主体平均持有 31 个可能的投资组合中的 10 个。

从蒙特卡罗值可以看出，可疑主体在其周期间选择的一致性上要比无疑主体差得多。无疑主体总是最一致地从有效边界和那些离第一组最远的投资组合中选择投资组合。第一种投资组合可以被视为一贯理想的投资组合，而第二种投资组合则被视为一贯避免的。S14 是其中的一个例外，即在有效边界投资组合中不被一致持有的投资组合，对此没有任何具有说服力的解释。投资组合 S10 和 S27 位于有效边界投资组合附近，但它们的持续性水平明显低于有效边界投资组合。对此，一个直观的解释可能是，当主体决定持有哪一个投资组合时，它们会选择第一个最佳的替代方案，在我们的例子中，它位于有效边界，而不是它们最近的相邻投资组合。后者是一个一旦拥有就不急于改变的投资组合，也是其他主体也不急于获得的投资组合。S10 就是这样的情况，有 3.6% 的主体持有 S10。位于有效边界的投资组合是最一致的选择。S14 是非常理想的，平均持有率高于 8%，且变异系数值非常小。然而，其蒙特卡罗值结果表明，主体对其实施了高度不一致的交易策略。尽管这样的投资组合的收益非常稳定，波动性最低，但收益却非常低，在零附近波动。无疑主体会权衡收益和波动性，重视投资组合的低波动性，但投资组合的低回报可能是其不被持续需要的原因之一。

另一个有趣的案例（投资组合 S4）来自可疑主体的情况。投资组合的持有在特定的重复周期内非常稳定，但在重复周期之间的波动很大。较高的行波动性和较低的列波动性可能表明，随着时间的推移，这种投资组合的持有在个别重复中会稳定在不同的水平上。在不同水平上的稳定保持了重复之间的行波动性，但同时消除了列的可变性。坚持持有其最初的投资组合，且不顾回报进行交易的流动性主体很可能持有这样的投资组合。此外，可疑主体持有的投资组合 S5 和无疑主体持有的投资组合 S3 表现出第二低水平的行可变性，但期间可变性最大。蒙特卡罗测试表明，主体对投资组合没有任何一致的偏好，而较小的行可变性表明投资组合的持有并不稳定。S1 也是可疑主体最一致选择的投资组合之一，但另一方面，即使平均收益排名第三，这个投资组合也是可疑主体最不理想的选择之一。最理想的可疑主体投资组合（S2）也是可疑主体最一致选择的投资组合。投资组合 S2 既有利可图，又有风险。

在熊市和牛市中，结果的差别不大。在熊市中，市场的同步性非常大，其中 62.19% 的主体选择了最优的投资组合 S3，80% 的主体选择了前两个投资组合，95.7% 的主体选择了五个最理想的投资组合。最优投资组合是一个单资产投资组合 S3，接下来的两个是包括 S3 和 S2 以及 S3 和 S5 的两种资产组合，S2 和 S5 是在 S3 之后损失最少的两只股票。在牛市中，最终实验设置的加权 β 值（无疑主体为 1.61，可疑主体为 1.35）要比熊市（无疑主体为 0.714，可疑主体为 0.696）高得多。平均设置也是如此（熊市中，无疑主体为 0.84，可疑主体为 0.81；牛市中，无疑主体为 1.60，可疑主体为 1.32）。结果表明，在不同的时间趋势下，主体对风险的反应是不同的。更具体地说，主体在牛市中比在熊市愿意承担更多的风险，这与巴尔贝里斯等人的研究结果一致。

在熊市中，主体的决策也比在牛市中同步得多，这是之前的结果的一个暗示。在熊市中，超过 62% 的无疑主体选择了最优投资组合，而在牛市中，这一比例为 50.11%。在熊市中，无疑主体的平均实验设置的幂律参数 $\lambda = -1.672$（$R^2 = 0.95$），可疑主体的幂律参数 $\lambda = -1.885$（$R^2 = 0.83$）。无疑主体的最终实验设置的相应参数 $\lambda = -2.017$（$R^2 = 0.91$），可疑主体的相应参数 $\lambda = -2.037$（$R^2 = 0.97$）。最终实验的设定值比平均实验更高说明，随着时间的推移，主体接近它们想要的投资组合。在最终实验设置中，两组主体显示出一种惊人的同步模式。在牛市中，无疑主体的平均实验设置的幂律参数 $\lambda = -1.820$（$R^2 = 0.98$），可疑主体的幂律参数为 $\lambda = -1.077$（$R^2 = 0.89$）。无疑主体的最终实验设置的相应值 $\lambda = -2.088$（$R^2 = 0.97$），可疑主体的相应值 $\lambda = -1.883$（$R^2 = 0.81$）。与熊市相比，牛市的 λ 值稍小，这表明主体在牛市中选择最优投资组合的能力比在熊市中选择最优投资组合的能力弱。对于多头趋势中可疑主体的平均实验决策尤其如此，因为在多头趋势中几乎不满足同步模式。然而，两组主体的最终实验决策呈现出惊人的同步模式。尽管在熊市中，主体的行为比在牛市中更规避风险，但选择投资组合 S13 和 S22 可能意味着存在一种反射效应，即当主体寻求风险而出现损失或被困于风险时，随后出现的损失识别和从替代品中收回损失的现象。这两种风险投资组合在熊市的平均实验环境中占有相对较大的比例，但在最终实验中以流动性主体收场。这两种效应都只存在于无疑主体中。反射效应是这些模拟实验的一个重要结果，它被视为一种异常而被记录下来。

两组主体的选择差异表明，主体的投资组合选择在某些情况下对选择参数高度敏感。与无疑主体相比，可疑主体不仅选择了不同的投资组合，而且它们的选择也不那么一致。根据定义，随着主体的怀疑度增加，采用这两种投资组合利润较低的那一种的可能性也会增加。越来越多的怀疑所带来的一个值得注意的影响是，为了避免选择的同步性，需要更少的流动性主体。

结　论

在本章中，我们研究了不确定性下的投资组合选择，并将其与基于社交网络的模拟程序联系起来。模型的核心是具有配对关系的有限理性主体。因此，投资组合选择被视为人类认知和社会网络在动态和紧急环境中的综合。我们需要补充的是，我们采用了积极的决策分析方法，需要解决的是选择哪些投资组合，而不是应该选择哪些投资组合的问题。

虽然主体是根据股票收益来选择投资组合的，但相关研究已经证明，相互作用的主体能够选择均值 – 方差投资组合，并且他们的行为具有规避风险的特点。此外，投资组合的风险越高，主体就越有可能规避它。无论是在一段时间内还是在最终的选择中，无疑主体的选择都显示出很强的同步模式。最终实验设置中的 λ 值高于平均实验设置中的 λ 值，这意味着整个实验过程中存在同步模式。主体的怀疑会对投资组合的选择产生重大影响。可疑主体的选择差异更大，这是因为它们在选择时没有同步，即使它们也能像无疑主体一样识别出最优组合。这一结论在牛市和熊市都得到了支持，但是在牛市中，主体选择风险更高的投资组合是一个例外。行为研究证实了主体不愿意在损失（熊市）中承担风险的假设。更受欢迎的投资组合是在最理想的投资组合中再增加一种股票的两种资产投资组合。增加的股票要么充分降低了占主导地位的股票的风险，要么提高了其盈利能力，要么两者兼而有之，从而使其更受欢迎。在熊市中，同步是极端的。尽管在熊市中，主体更倾向于规避风险，但该模型能够将反射效应作为一种异常现象单独指出，这一点已被记录在案。一致性测试表明，无疑主体在选择上比可疑主体更一致。此外，最一致选择的投资组合是最理想和最不理想的投资组合，后者可以被视为一贯避免的。同样，这一结论在牛市和熊市也得到了支持。更受欢迎的投资组合是多元化程度较低的投资组合，而市场投资组合往往留给流动性主体。此外，多元化投资组合是最不一致的选择之一。所有这些都表明，投资组合选择在某些方面可能对选择参数的变化高度敏感。

附录：部分伪码

```
// import the data and create the network

// distribute initial strategies and set the payoffs
for (x=0;x<L;x++) {
      pay[x]=1.0;
      strat[x]=randl(31);
      stratnew[x]=strat[x];
}

// define the strategies / portfolios / and their dynamics
for (x=0;x<L;x++) {
      if (strat[x]==0) {
             pay[x]+=pay[x]*rAA;
      } if (strat[x]==1) {
             pay[x]+=pay[x]*rMSFT;
      } ... {
      } if (strat[x]==30) {
             pay[x]+=pay[x]*(0.2*rAA+0.2*rMSFT+0.2*rXOM+0.2*rC+0.2*rKFT);
      }

// selection procedure
for (x=0;x<L;x++) {

      if (x==lA) {} // do nothing if an agent is a liquidity agent
```

```
        else {
        center=x;
        k=randl(con[x]); // an adjacent agent is chosen at random
        neigh=vertex[center][k];
        prob=1.0/(1.0+exp(-(pay[neigh]-pay[center])/kapa));
            if (randd()<prob) {
                adopt=strat[neigh];
            } else {}
        }
}

// calculate fractions of agents per portfolio

// export results
```

第 10 章

运用多目标遗传算法应对投资组合选择中的模型风险

普里萨丹格·斯科尔帕登基（Prisadarng Skolpadungket）

克沙夫·达哈尔（Keshav Dahal）

纳帕·哈恩邦柴（Napat Harnpornchai）

引　言

马科维茨模型又被称为均值 – 方差分析模型，它以这种方式命名是因为它以所涉及的资产的平均回报率和这些回报率的方差作为模型输入。作为一个试图解释人类行为的模型，为了简单起见，它假设投资者有一个同质特征，即他们都是厌恶风险和贪婪（喜欢更多的钱）的人。这种人试图找到一个能产生最大回报和最小风险（即投资组合收益的最小方差）的资产集合（称为资产组合）。此外，该模型还假设所有可投资资产的收益都是正态分布的。然而，如果这个假设是不成立的，尤其是在短期内，资产回报的方式可能因时而异。因此，为了找到一个在短期内最优的投资组合，我们需要基于一些数学或计算模型，利用它们以前的值和一些以前的经济变量来预测这些预期收益和波动率。预测模型远非完美无缺，其不准确性是模型风险的一个来源。在本章中，我们选择了一种近似的遗传算法来解决具有一定现实约束的投资组合优化问题。新算法的提出考虑了模型风险因素。

本章的结构如下：

- 讨论马科维茨的投资组合优化模型相关的局限性；

- 简要介绍模型风险的概念；
- 介绍本研究选择的多目标遗传算法（multi-objective genetic algorithm，MOGA）；
- 介绍股票收益和波动预测模型；
- 介绍实验的参数和方法；
- 讨论实验结果及其分析；
- 总结研究结果，指出未来的研究方向。

投资组合优化与现代投资组合理论

马科维茨提出了现代投资组合理论。该理论基于一个经济假设，即经济主体是理性的存在。当他们做出投资决定时，他们会在预算的约束下最大化他们的预期效用。马科维茨均值–方差分析模型假设投资者在投资周期结束时会选择有望使其投资组合收益最大化的资产来做出投资组合构建决策。假设所有的投资者都是厌恶风险的，最简单的模型有很多不切实际的约束，即完美的无税市场、无交易成本和资产是无限可分的，那么马科维茨投资组合优化可以在数学上表示如下：

$$\mathrm{Min}_{x_i}\,\sigma_p^2 \tag{10.1}$$

使得

$$\sigma_p^2 = \sum_i\sum_j x_i x_j \sigma_{ij}$$

$$r_p = r^*$$

$$r_p = \sum_{\mathrm{i}} x_i r_i$$

$$\sum_i x_i = 1$$

$$x_i \geqslant 0$$

其中，σ_{ij} 为资产 i 和 j 的协方差（如果 $i=j$）和资产 i 的方差（如果 $i=j$）；σ_p^2

是资产组合的方差；r_i 是资产 i 的预期收益；r_p 是投资组合的预期收益。

马科维茨模型经过简化，可以得到闭式解[①]。它的假设并不代表资本市场中存在的现实约束。除了强加一些不现实的约束和忽略一些现实的约束外，目标函数也被认为是不现实的。投资组合优化的目标是找到在给定的投资组合收益水平下风险最小的资产组合。给定预期收益的投资组合实现风险最小化来优化资产组合。这里有两个定义问题：第一，如何衡量“风险”，因为风险的本意是主观的，取决于个人的风险偏好；第二，由于资产的所有收益都将在未来实现，那么应如何估计预期收益呢？这将最终使我们得出一个重要的假设，即未来的回报是确定性的还是随机的。我们将资产的预期收益视为理所当然，并在此基础上对模型进行优化，希望在未来能够实现对资产的预期。或者我们假设未来资产的收益是不确定的，但遵循某种随机规则。建模的另一个方面是，投资者是否只关心下一阶段，还是也关心未来的一系列结果。为了满足投资者的投资需求，需要对目标函数进行单周期优化或多周期优化。

除了上述理论问题之外，还有一些动机改变了组合优化问题的目标函数，以实现其他目的。为了方便求解，我们可以对目标函数进行修改，如降低计算的复杂度或者使其与一些已知的求解方法或算法兼容。

投资组合优化的一个关键问题是如何选择模型的输入。目前有两种输入可供选择，即风险表示和资产收益预估。这些输入必须表示“尚未确定”的值，并预期在未来实现。用错误的输入估计来优化投资组合选择模型将产生错误的资产组合，最终导致投资组合效率低下。这是我们试图处理的模型风险。

模型风险的概念

对现有文献的回顾表明，模型风险有很多种定义。就我们而言，特别是为了本项研究的目的，我们从广义上定义了模型风险。模型风险是使用不准确的模型

① 闭式解是可以用数学公式表示的解。

进行决策，以协助决策过程中的一种固有风险，做出这样的决策将导致经济损失或经历意想不到的风险，这是建模过程中涉及的主观性。加藤（Kato）和吉叶（Yoshiba）分别在定价模型和风险度量模型中定义了模型风险。在定价模型中，模型风险被定义为“由于使用了一个无法准确评估市场价格的模型或不是市场主流的模型而产生的风险”。然而，在风险度量模型中，模型风险被定义为“未能准确估计未来损失概率的风险”。本文将定价模型中模型风险的来源描述为错误假设的设定、参数估计的误差、离散化所引起的误差和市场数据的误差。风险度量模型中模型风险的来源是模型的假设分布与实际分布之间的差异以及模型逻辑框架中的误差。

另一方面，德尔曼（Derman）将金融模型分为基础模型、现象学模型和统计模型三类。不同类别的模型容易产生不同的模型风险来源。对于基础模型（即基于一组假设的数学模型）而言，模型风险的来源是不正确的假设和错误识别的输入。现象学模型建立在对潜在行为观察的基础之上，风险的主要来源是试图在其有效性范围和情况之外应用它们。上述两个类别都体现了因果关系的某些要素，与它们不同的是，统计模型依赖于相关性，而不是因果关系。它们是建立在变量相关性的基础上的，假设这些相关性随着时间的推移是稳定的。这类模型的模型风险的主要来源是模型不规范，即用错误的变量或错误的关系函数和不稳定的相关性构建了模型。后者在样本中看起来可能是正确的，但在样本外区间可能是不可复制的。

在基于等式（10.1）的投资组合优化中，准确预测投资组合收益和标准差是至关重要的。投资组合预期收益是由所包括的所有股票的预期收益的加权平均计算得到的，投资组合标准差由股票过去收益的标准差及其相关性计算得到的，如等式（10.1）所示。需要注意的是，原始的马科维茨模型在假设所有资产收益都服从某种统计分布（即正态分布）的前提下，使用资产收益的均值和标准差作为对资产未来收益和波动的最佳预测。然而，随着时间的推移，它们的可预测性可能会受到相关性、不稳定性的影响。这种模型风险反过来又会导致投资组合优化的结果是次优的。因此，投资者将经历投资组合预期收益的短期下降和/或大于预期的波动，从而降低风险 / 收益。

有很多措施可以帮助管理或减轻模型风险。这些措施是互补的，而不是相互替代的。第一，任何用于决策的模型都需要由独立的模型控制器进行评审，并向管理层或投资委员会报告。第二，使用模型的人需要意识到模型的局限性。第三，模型在投入使用之前需要彻底检查其有效性和局限性。第四，使用中的模型应定期接受审查。

我们提出了一种应对模型风险的方法，即在投资组合选择过程中，根据预测模型的准确性或有效性嵌入股票选择。预测模型大多是统计模型，往往存在不稳定性。如果我们将模型结合起来，并不断地评估它们的准确性，以便基于它们的准确性做出偏差选择，我们就能够降低模型风险。在我们的例子中，我们有很多可替代的资产（股票），它们有不同的预期收益、预期波动率和预期预测能力，可以作为模型风险的度量。当我们将模型风险最小化纳入投资组合选择过程中时，我们就有可能管理前面提到的很多模型风险。

用于组合优化的 MOGA

在这里，用于组合优化的 MOGA 是基于丰塞卡（Fonseca）和弗莱明（Fleming）于 1993 年初提出的算法。MOGA 依靠帕累托排名来为所有非支配个体分配最小的排名值。另一方面，对于那些占支配地位的个体而言，它们的排名是根据种群中有多少个体实际上支配它们。因此，个体的原始适应度是其帕累托排名的反函数。两目标遗传算法投资组合优化的任务是根据投资组合收益（最大化）和投资组合标准差（最小化）对种群中的个体进行排序。在数学上，这两个目标可以用等式（10.2）来表示：

$$\text{Max} : r_p = \sum_{i}^{N} x_i r_i \tag{10.2}$$

$$\text{Min}: \quad \sigma_p = \sum_i^N \sum_j^N x_i x_j \rho_{ij} \sigma_i \sigma_j \tag{10.3}$$

其中，x_i 是资产 i 在资产组合中的比例；x_j 是资产 j 在资产组合中的比例；ρ_{ij} 是资产 i 和 j 的相关系数；σ_p 是资产组合的预期或预测标准差；σ_i 是资产 i 的预期或预测标准差；σ_j 是资产 $_j$ 的预期或预测标准差；r_p 是资产组合的预期收益；r_i 是资产 i 的预期或预测收益。

为了应对预测资产收益和标准差带来的模型风险，我们在原有的两目标遗传算法的基础上增加了第三个目标，并将模型重新命名为三目标遗传算法模型。第三个目标基于等式（10.2）和等式（10.3）可以表述为：

$$\text{Min}: \quad SRE_p = \sum_i^N x_i \left(\frac{\partial ESR_p}{\partial x_i} \right)^2 \tag{10.4}$$

其中，SRE_p 是由于包含所有资产而导致的资产组合的近似夏普比率误差。$\frac{\partial ESR_p}{\partial x_i}$ 是将资产 i 纳入投资组合对投资组合夏普比率误差的近似影响，该项被平方是为了消除符号。

为了使种群中的个体沿帕累托前沿均匀分布，可以通过共享距离之和来调整整体适应度函数。个体 i 和个体 j 之间的共享距离可以通过等式（10.5）计算：

$$\begin{aligned} SF_{ij} &= 1 - \frac{d(x_i, x_j)}{\sigma_{\text{share}}}, \quad \text{如果} \ d(x_i, x_j) < \sigma_{\text{share}} \\ SF_{ij} &= 0, \qquad\qquad\qquad \text{如果} \ d(x_i, x_j) \geqslant \sigma_{\text{share}} \end{aligned} \tag{10.5}$$

其中，d（x_i，x_j）是目标域中两个个体之间的度量距离；σ_{share} 是预先设定的共享距离。

而且，整体适合度由等式（10.6）定义：

$$F_i = \frac{Fit(i)}{\sum_j SF_{ij}} \tag{10.6}$$

其中，Fit（i）是帕累托排名（i）的倒数【在此设定下即 1/ 排序（i）】。

在概率选择过程中使用个体的整体适应度，比较每个个体的整体适应度与具有最高整体适应度的个体的整体适应度。然后将每个个体的相对适应度值与一个随机数进行比较。如果超过随机数就将选择个体（轮盘赌选择方法）。MOGA 通常用 O（n2）表示一轮，因为它既需要计算帕累托排名，也需要［根据等式（10.5）］计算所有个体的共享距离。共享距离是用欧几里得距离来衡量个体与其他个体之间的差异程度。可能存在具有相同或相似的特征的个体（在这种情况下是收益和波动性）。该算法倾向于选择具有不同特征的个体（这些个体具有相同或相似的适应度），以形成具有均匀分布解的个体的边界或选定的集合。

问题以混合编码表示。一对基因串代表一个特定的组合（种群的一个个体）。二进制值字符串表示投资组合中包含哪些股票（或资产）（0 表示不包含，1 表示包含）。实值字符串表示投资组合中特定股票的权重。两个字符串的长度都等于选择集中的股票数量（感兴趣的股票）。这些字符串是使用其实际元素标准化生成的，这样每个组合字符串的所有元素的总和始终为 1。在一轮修复过程开始之前，两个字符串由二进制字符串和实值字符串的标量积组合在一起。一旦这个过程完成，修复过程就结束了，然后对组合字符串进行规范化，以确保所有元素的总和为 1。最后，在交叉和变异操作之前，将组合字符串分离为新的、规范化二进制字符串和实值字符串，如图 10–1 所示。

交叉和变异操作是分别对两个字符串独立执行的。但是在求值之前，需要将两个字符串组合起来，以便计算目标值。在这种设置下，所有泛型遗传算法（generic algorithm）的交叉操作都是通过为每个字符串随机选择三个点来实现的三点交叉。本研究中所有算法的突变操作都是通过随机选择突变点来进行单点突变的。对于二进制字符串，突变是通过分别从 1 变为 0 和 0 变为 1 的触发器突变。对于实值字符串，突变点由随机数（介于 0 到 1 之间）乘以 0.1 相加。

1	0	0	1	0	1	1	0	0

+

0.22	0.14	0.08	0.01	0.76	0.46	0.51	0.09	0.76

↓

0.22	0.0	0.0	0.01	0.0	0.46	0.51	0.0	0.0

图 10-1　问题表示：二进制字符串、实值字符串和组合字符串

所有约束都通过修复算法来处理。该算法由弗内斯卡（Fonesca）、弗莱明（Flemming）和施特赖歇特（Streichert）等人提出并使用。这种设置下的约束是单位约束（权重之和必须等于 1）、基数约束、下限（买入）约束和整数批次约束。

马科维茨模型是一个简化的模型，只关注一个理论观点。在投资管理的现实世界中，投资组合经理面临着很多现实的约束，如来自正常市场实践、实际问题和行业监管的约束。具有重要现实意义的现实约束包括整数约束、基数约束、下限和上限约束、成交量约束、交易约束、买进阈值和交易成本。整数约束或整数批次约束要求投资组合中包含的资产的单位数量至少是证券交易所规定的整数（如正常交易批数不能为奇数）。这可能不会经历遗传算法优化（因为它们是组合的），但会经历传统的优化方法，这需要输入变量的连续性。整数约束（或整数批次约束）可以表示为：

$$x_i = \frac{n_i}{\sum_{i=1}^{N} n_i} \tag{10.7}$$

$$n_i \bmod l_i = 0 \tag{10.8}$$

其中，n_i 为资产单位数（股）；l_i 为资产 i 的交易批数。

基数约束是指由于监控、多元化或交易成本控制，投资组合经理希望在投资组合中包含资产数量的最大值和最小值。约束条件可以表示为：

$$C_l \leqslant \sum_{i=1}^{n} b_i \leqslant C_u, \tag{10.9}$$

其中，如果 $x_i > 0$，则 $b_i = 1$，否则 $b_i = 0$。C_l 和 C_u 分别是一个投资组合中可能包含的数量最少和数量最多的资产。

下限和上限约束定义了投资组合中可以持有的资产比例的下限和上限。这些约束可能来自机构政策，目的是使投资组合多元化，或为了便于控制而排除可忽略的资产持有。约束条件可以用数学方式表示为：

$$f_i \leqslant x_i \leqslant c_i \qquad \forall i \tag{10.10}$$

其中，f_i 和 c_i 分别为组合中可持有资产 i 的最低比例和最高比例。

修复算法是用于确保投资组合的所有单独表示都符合上述约束。它首先通过将组合字符串的较小（S K）值（从 S 值）设置为零来处理基数约束，其中，S 是可选股票的数量（等于字符串的长度）；K 是投资组合中允许的最大资产（在本文中是股票）数量（基数约束）。然后，它通过将权重低于买入阈值的股票设置为零来管理下限约束（买入阈值）。接下来，它通过设置 $w_i=l_i+（w_i-l_i）/\Sigma(w_i-l_i)$ 将其余的非零权重标准化，使所有权重之和为1。其中，w_i 为股票 i 的非零权重；l_i 为股票 i 的买入阈值（可购买的最小权重）。在此之后，通过将所有非零权重四舍五入到下一批次级别来处理整数批次：$w_i'' = w_i' -（w_i' \bmod c_i）$，其中，$c_i$ 是通常可以从股票市场购买股票 i 的最小数量。最后，将四舍五入过程的余数（$\Sigma w_i' \bmod c_i$）按照 c_i 的数量分配给 w_i，w_i 的最大值为 $(w_i' \bmod c_i)$，直到余数全部耗尽。

由于所有字符串对被一个随机数填充，因此需要用修复算法进行修复。由于交叉和变异操作改变了字符串的序列，并且可能会使它们不符合原约束条件，因此在评估和选择阶段之前需要再次应用修复算法来保持投资组合（由GA表示）

符合约束条件。

还有一些投资组合约束没有讨论（如道德约束或黑名单约束），可以通过将适当股票的权重设置为零来处理。

投资组合的夏普比率误差

夏普比率是一个用于衡量经风险调整的资产或投资组合的回报率的指标。风险是通过资产或投资组合收益的标准差来衡量的。夏普比率定义为：

$$SR_p = \frac{R_p - R_f}{\sigma_p} \tag{10.11}$$

其中，SR_p 是投资组合的夏普比率；R_p 是投资组合的回报；σ_p 是投资组合的标准差。

夏普比率本质上是一个标准化的超额收益率，高于每单位绝对风险的无风险利率，用标准差来衡量。在某种意义上，我们不能直接比较资产或投资组合的任何收益，因为它们可能具有不同的内在风险水平。然而，夏普比率调整了风险水平，因此它代表标准化的回报，使得我们能够比较不同的资产和投资组合。如果我们需要简单地比较两种资产或两种投资组合，夏普比率就是实现这一目标较好的指标之一。当比较两种投资组合时，夏普比率较大的投资组合是风险收益权衡最佳的投资组合。

我们的目标是找到一个能够有效处理模型风险的投资组合。我们提出的算法需要证明其可以提供更好的投资组合，即在更多时间内具有较大夏普比率的投资组合。投资组合优化是为了构建一个同时满足两个目标的投资组合，例如，最小化风险（根据投资组合的标准偏差来衡量）和最大化投资组合的回报。这意味着在给定回报水平或给定风险水平下实现夏普比率的最大化。考虑两个稍有不同的投资组合，它们持有同一只股票 i 的数量略有不同，此时，夏普比率的差异为：

$$ESR_p=\left(\frac{R'_p-R_f}{\sigma'_p}\right)-\left(\frac{R_p-R_f}{\sigma_p}\right) \tag{10.12}$$

$$\frac{\partial ESR_p}{\partial x_i}=\left(\frac{1}{\sigma'_p}\frac{\partial R'_p}{\partial x_i}-\frac{R'_p}{\sigma'^2_p}\frac{\partial\sigma'_p}{\partial x_i}+\frac{\mathrm{R}_f}{\sigma'^2_p}\frac{\partial\sigma'_p}{\partial x_i}\right)-\left(\frac{1}{\sigma_\mathrm{p}}\frac{\partial R_p}{\partial x_i}-\frac{R_p}{\sigma^2_\mathrm{p}}\frac{\partial\sigma_p}{\partial x_i}+\frac{R_f}{\sigma'^2_p}\frac{\partial\sigma_p}{\partial x_i}\right) \tag{10.13}$$

为简便起见，假设 Rf=0：

$$\frac{\partial ESR_p}{\partial x_i}=\left(\frac{1}{\sigma'_p}\frac{\partial R'_p}{\partial x_i}-\frac{R'_p}{\sigma'^2_p}\frac{\partial\sigma'_p}{\partial x_i}\right)-\left(\frac{1}{\sigma_p}\frac{\partial R_p}{\partial x_i}-\frac{R_p}{\sigma^2_p}\frac{\partial\sigma_p}{\partial x_i}\right) \tag{10.14}$$

让我们考虑一下：

$$\frac{\partial R'_p}{\partial x_i}=\frac{\partial\sum x_i\, R'_i}{\partial x_i}=R'_i \tag{10.15}$$

$$\frac{\partial R_p}{\partial x_i}=\frac{\partial\sum x_i\, R_i}{\partial x_i}=R_i \tag{10.16}$$

$$\frac{\partial\sigma'_p}{\partial x_i}=\frac{\partial\sum_i\sum_j \mathrm{x}_i\ \mathrm{x}_j\rho_{ij}\sigma'_i\sigma'_j}{\partial x_j}=\frac{1}{2\sqrt{\sigma'_p}}\left(\sum_{j\neq i}x_j\rho_{ij}\sigma'_i\sigma'_j+2x_i\sigma'^2_i\right) \tag{10.17}$$

$$\frac{\partial\sigma_p}{\partial x_i}=\frac{\partial\sum_i\sum_j x_i\ \mathrm{x_j}\rho_{ij}\sigma_i\sigma_j}{\partial x_j}=\frac{1}{2\sqrt{\sigma_p}}\left(\sum_{j\neq i}x_j\rho_{ij}\sigma_i\sigma_j+2x_i\sigma^2_i\right) \tag{10.18}$$

把等式（10.15）、等式（10.16）、等式（10.17）和等式（10.18）代入等式（10.14），即

$$\frac{\partial ESR_p}{\partial x_i}=\left[\frac{R_i'}{\sigma_p'}-\frac{R_p'}{2\sigma_p'^{5/2}}\left(\sum_{j\neq i}x_j\rho_{ij}\sigma_i'\sigma_j'+2x_i\sigma_i'^2\right)\right]-\left[\frac{R_i}{\sigma_p}-\frac{R_p}{2\sigma_p^{5/2}}\left(\sum_{j\neq i}x_j\rho_{ij}\sigma_i\sigma_j+2x_i\sigma_i^2\right)\right]\tag{10.19}$$

通过重新排列项，我们得到：

$$\frac{\partial ESR_p}{\partial x_i}=\left(\frac{R_i'}{\sigma_p'}-\frac{R_i}{\sigma_p}\right)+\left(\frac{R_p}{\sigma_p^{5/2}}x_i\sigma_i^2-\frac{R_p'}{\sigma_p'^{5/2}}x_i\sigma_i'^2\right)+\left[\frac{R_p}{2\sigma_p^{5/2}}\left(\sum_{j\neq i}x_j\rho_{ij}\sigma_i\sigma_j\right)-\frac{R_p'}{2\sigma_p'^{5/2}}\left(\sum_{j\neq i}x_j\rho_{ij}\sigma_i'\sigma_j'\right)\right]\tag{10.20}$$

让我们来看看等式（10.10），根据假设，原始投资组合是最优的，而第二个投资组合与原始投资组合相比只有无穷小的变化，因此我们可以将近似得到：

$$R_p'\approx R_p\tag{10.21}$$

和

$$\sigma_p'\approx\sigma_p\tag{10.22}$$

第三项（在 {} 大括号内）表示股票收益的相关性。由于我们假设两种情况下资产对之间的相关性是相同的，因此我们可以假设：

$$\sum_{j\neq i}x_j\rho_{ij}\sigma_i\sigma_j\approx\sum_{j\neq i}x_j\rho_{ij}\sigma_i'\sigma_j'\tag{10.23}$$

由等式（10.21）和等式（10.22）消去第三项，将两等式代入等式（10.20），得到：

$$\frac{\partial ESR_p}{\partial x_i}=\frac{R_p}{\sigma_p^{5/2}}x_i\sigma_i^2-\frac{R_p'}{\sigma_p'^{5/2}}x_i\sigma_i'^2\tag{10.24}$$

将等式（10.24）代入等式（10.4），用于 MOGA 的第三个目标。

股票预测模型

我们使用博克斯 – 詹金斯法（Box-Jenkins Method）来选择预测股票收益和标准差的模型。该方法以序列自相关函数和偏相关函数作为指导原则，以确定预测等式中应该包括的自相关和移动平均值的滞后量。为此，我们建立了模型，并进行了估计和统计测试。我们考察了自相关和移动平均值系数的显著性检验，最终确定了等式的滞后结构。如果我们不能找到一个 ARMA 等式，要么没有自相关函数和偏相关函数的迹象，要么没有任何滞后系数的统计学意义，那么我们就尝试 GRACH 结构。如果其他方法都不奏效，我们就将使用它的平均值作为估计值。

我们对 1980 年至 1999 年（240 个月）股票收益和波动率的月时间序列进行了图表分析（仔细研究了自相关函数和偏相关函数）和统计分析（进行回归分析并审视其显著性检验）。股票系列最初是根据公司行为（如股息和股票分割）调整了收盘价。月收益率可以从每月最后一天的收盘价计算得出，而月波动率可以用该期间的标准差表示，标准差则由每日收盘价计算得出。如表 10–1 所示，股票包括 17 个股票系列，即美国铝业（AA）、波音公司（BA）、卡特彼勒公司（CAT）、杜邦公司（DD）、华特迪士尼公司（DIS）、通用电气公司（GE）、通用汽车公司（GM）、霍尼韦尔国际公司（HON）、惠普公司（HPQ）、IBM、强生公司（JNJ）、可口可乐公司（KO）、3M 公司（MMM）、默克公司（MRK）、宝洁公司（PG）、联合技术公司（UTX）和埃克森美孚公司。我们之所以选择这些股票，是因为它们都是在纽约证券交易所有着悠久历史的美国公司。我们的实验需要足够的历史数据来估计预测模型。这些数据用于训练模型选择算法和评估投资组合优化模型。因此，我们的模型只考虑有 26 年历史数据的股票，而且对于这个实验而言，这是我们选择股票的唯一标准。不过，这个实验可以扩展到任何一组股票、整个市场或只是蓝筹股。因此，该算法可以适用于任意数量的股票和领域，前提是投资者和计算机能够处理如此复杂的问题。

表 10–1　股票收益和波动率的预测模型

股票收益序列		股票波动率序列	
序列名称	选择的模型	序列名称	选择的模型
AA_RTN	GARCH-M(1,1)	AA_S	ARMA(3,3)
BA_RTN	Mean	BA_S	ARMA(3,3)
CAT_RTN	EGARCH-M(1,1)	CAT_S	ARMA(3,3)
DD_RTN	GARCH-M(1,1)	DD_S	ARMA(3,3)
DIS_RTN	ARMA(1,1)	DIS_S	ARMA(3,3)
GE_RTN	GARCH-M(1,1)	GE_S	ARMA(3,3)
GM_RTN	Mean	GM_S	ARMA(2,2)
HON_RTN	Mean	HON_S	ARMA(1,1)
HPQ_RTN	Mean	HPQ_S	ARMA(3,3)
IBM_RTN	Mean	IBM_S	ARMA(3,3)
JNJ_RTN	GARCH-M(1,1)	JNJ_S	ARMA(1,1)
KO_RTN	Mean	KO_S	ARMA(1,1)
MMM_RTN	Mean	MMM_S	ARMA(1,1)
MRK_RTN	Mean	MRK_S	ARMA(3,3)
PG_RTN	ARMA(1,1)	PG_S	ARMA(1,1)
UTX_RTN	ARMA(1,1)	UTX_S	AR(1)
XOM_RTN	ARMA(1,1)	XOM_S	ARMA(1,1)

注：后缀“RTN”表示股票收益序列，后缀“S”表示股票收益波动率。

实　验

我们进行了一个实验，看看前文描述的将投资组合夏普比率误差优化作为第三个目标修正后的三目标遗传算法，是否在投资组合夏普比率方面改善了实际投资组合的结果。我们比较了三种情况下的实际投资组合：根据表 10–1 使用股票预测模型的两目标 MOGA（预测投资组合收益和预测投资组合标准差）；使用股票平均收益和标准差作为股票预测值的两目标 MOGA；我们提出的三目标（预测投资组合收益、预测投资组合标准差和估计投资组合夏普比率误差）MOGA 模型【如等式（10.24）所示】。Java 代码中的三目标帕累托排名如图 10–2 所示。我们对 2001 年（1 月）至 2006 年（12 月）的 72 个时间段的结果进行了分析和评估，每个时间段 10 次。所有 MOGA 模型的人口规模为 400 人，有 1000 代人。我们还使用了 20 年的月历史数据（240 次观察）来估计股票预测模型，并计算样本股票收益及其标准差。我们使用等式（10.24）计算了第三个目标。它是 12 个样本外预测的投资组合夏普比率与实际投资组合夏普比率之差的平均值。例如，在 2001 年（第一年），我们使用了 1980 年到 1999 年的 240 个观测数据来估计预测模型（或训练模型）。然后，我们使用估计模型预测 2000 年接下来 12 个月的股票收益和偏差，然后用预测值与同期的实际值计算出股票投资组合夏普比率的估计误差【等式（10.14）数值结果的平方】。上述预估模型和预估投资组合夏普比率误差被用于 2001 年接下来 12 个月的投资组合选择。预测模型使用的是每月的实际观察数据，而预估股票投资组合夏普比率误差在所有 12 个月期间保持不变。在接下来的一年，观察窗口将移至 1981—2000 年，这样预测模型的估计移至 2001 年，以便估计投资组合的夏普比率误差，然后移至 2002 年，对投资组合进行选择和评估。观察窗口每年都在移动，直到 2006 年我们样本期的最后一年。

```
// compute Pareto Rank for each port
for(Portfolio ith: pop) {    // for ith
int q = 1;
for(Portfolio jth: pop) {    // for jth
        if( (ith.getPortYield() <jth.getPortYield()) && (ith.getPortStd() >jth.getPortStd()
        &&(ith.getPortPSRError() >jth.getPortPSRError()))||
        (ith.getPortYield() <jth.getPortYield()) && (ith.getPortStd() >jth.getPortStd() &&
    (ith.getPortPSRError() == jth.getPortPSRError()))||
        (ith.getPortYield() <jth.getPortYield()) && (ith.getPortStd() == jth.getPortStd()
        && (ith.getPortPSRError() >jth.getPortPSRError()))||
        (ith.getPortYield() == jth.getPortYield()) && (ith.getPortStd() >jth.getPortStd()
        && (ith.getPortPSRError() >jth.getPortPSRError()))||
          (ith.getPortYield() == jth.getPortYield()) && (ith.getPortStd() == jth.getPortStd()
        && (ith.getPortPSRError() >jth.getPortPSRError()))||
        (ith.getPortYield() == jth.getPortYield()) && (ith.getPortStd() >jth.getPortStd()
        && (ith.getPortPSRError() == jth.getPortPSRError()))||
          (ith.getPortYield() <jth.getPortYield()) && (ith.getPortStd() == jth.getPortStd() &&
        (ith.getPortPSRError() == jth.getPortPSRError())))
    q++;
    }   // for jth
ith.setParetoRank(q);
ith.setFitness((1/(double)q));
```

图 10–2　Java 代码中的帕累托排名（三目标 MOGA）

注意，为了简单起见，我们将投资组合收益率设置为 1980 年至 1999 年标普 500 的平均收益率（代表市场收益率），并将投资组合标准差设置为 1980 年至 1999 年标普 500 收益率的标准差。相应的值为 0.011874 和 0.043027，并将在以后的所有时期保持相同。同样，出于简单和估计的目的，由于每只股票在投资组合中的比例是不同的，我们假设最优投资组合由 17 只占相同比例的股票构成，因此对于每个 x_i 而言，x_i 是 1/17 或 0.0588。

实证结果与分析

表 10–2 显示了使用三种不同算法开发的选定投资组合夏普比率的平均值，即使用表 10–1（MOGA）中的股票预测模型的两目标（投资组合收益和投资组合的标准差）MOGA、使用股票的平均值和标准差作为预测值的两目标 MOGA（MOGA_MEAN）以及三目标 MOGA（MOGA3O），其中包括第三个目标，即估计的投资组合夏普比率误差。

图 10–3 以图形的形式展示了表 10–1 中的平均投资组合夏普比率。横轴是周期数（1-72），纵轴是投资组合夏普比率的值。我们可以看到，MOGA_MEAN 列的值在这三种算法中是最低的。虽然 MOGA3O 列和 MOGA 列的结果相似，但 MOGA3O 列的值略高。当我们仅使用图 10–5 的面积图来比较 MOGA3O 和 MOGA 时，很明显，在 72 个周期内，MOGA3O 要高于 MOGA，因此较浅的阴影区域主要遮挡较深的阴影区域。我们发现，当投资组合夏普比率的结果较高时，即在牛市中，MOGA 的表现可能优于 MOGA3O。由于 MOGA 坚持用单一的预测模型来预测每种股票的收益和波动，而这种预测模型对特定的股票表现最好，因此它们无法适应经济和市场环境的变化，因此，在 720 个样本中，MOGA 实现的夏普比率只有 175 个高于 MOGA3O，如图 10–2、图 10–4 和图 10–5 所示。

表 10–2　　不同算法的平均组合夏普比率

P#	MOGA	MOGA_MEAN	MOGA3O	P#	MOGA	MOGA_MEAN	MOGA3O
1	2.651694	3.002966058	3.80421191	37	16.50464	−0.977052306	15.9592374
2	1.599297	−15.30412667	2.90921088	38	4.920148	−5.622387378	10.9416912
3	11.72089	9.737898982	12.5398981	39	16.26268	−0.485199681	17.8465377
4	8.077454	1.468998179	8.44886132	40	16.91984	0.435208791	17.1918426
5	9.055536	−10.04106948	10.6681083	41	26.90916	13.97791692	29.545814
6	13.41024	5.942963992	14.7826241	42	4.727717	−20.80481464	9.97438897
7	3.777822	−5.490921177	6.11300114	43	21.62514	12.03720491	23.4815468
8	−1.22276	−6.710955757	2.51333237	44	11.23973	−2.456988529	8.31890222
9	3.22673	1.651728232	2.07981293	45	30.59138	−5.363379776	34.9955662
10	16.52173	8.236407078	16.3208842	46	27.47407	21.82218814	29.2644133
11	13.82264	7.165711399	13.062293	47	28.28008	11.00086483	50.2561757
12	5.227387	−6.327691162	12.6721137	48	5.730111	−1.082302826	9.98593583
13	16.58808	15.55835688	16.9655906	49	47.78343	39.85016557	64.52086
14	22.05061	14.72102276	19.8126013	50	15.25964	−2.902600778	17.706636
15	11.00846	2.118459466	12.7090738	51	−15.1335	−12.07221998	21.0945988
16	8.917686	−4.688920043	11.0800128	52	16.40335	2.179405446	17.1205299
17	−0.77115	−17.03096526	4.38403375	53	−0.49858	−7.944061709	7.47265331
18	0.796028	−4.793950273	5.28216702	54	38.84528	1.98534631	45.9040463

续前表

P#	MOGA	MOGA_MEAN	MOGA3O	P#	MOGA	MOGA_MEAN	MOGA3O
19	1.613768	−0.981061023	1.7787698	55	17.82275	2.336407419	19.4503365
20	−6.37475	−8.354406996	−3.47696226	56	25.64921	9.600937271	29.7207576
21	17.91655	6.707948579	18.009378	57	18.78099	−21.76925019	23.510262
22	7.397799	0.136132173	7.62045694	58	20.05064	7.094870556	20.6078077
23	−3.21423	−5.503765875	−3.01929848	59	13.10278	−9.604570324	15.9180695
24	3.47741	−9.245737519	5.14168637	60	33.59123	11.38431056	34.5891038
25	2.741908	−3.230165085	3.58539562	61	17.31738	10.60068244	18.2345987
26	19.85944	16.82725464	19.463751	62	23.10565	0.669988332	23.5894884
27	10.33042	3.412619621	11.1333695	63	45.21119	16.21852386	50.1093051
28	20.00226	3.274277358	21.0129769	64	14.26807	−4.275074836	9.71341146
29	9.889057	1.706191899	11.7125052	65	6.768207	−1.563089795	12.6601002
30	24.94557	7.709092685	27.5060266	66	26.03123	0.722956158	16.5820101
31	29.44655	1.051722096	28.5665364	67	32.00274	7.238998374	26.0553043
32	18.99602	−3.638976901	17.6767992	68	44.13047	5.240865724	45.5185342
33	36.82491	15.79729071	41.6978745	69	57.69881	32.55427308	50.8725289
34	6.468593	1.736355272	6.8218802	70	23.89759	2.48221826	24.1934988
35	97.60954	44.55992593	74.98473	71	54.7616	10.10853516	45.4241925
36	36.95656	−12.633463	27.4243178	72	30.75154	7.994603544	32.3795528

Initialize generation counter: *n = 0*
Create a population, *Pop*.
Repeat while stopping criteria is not met (n=N).
Normalise Pop.
    Evaluate *Pop* for all objective function values for all **F**(i).
    Evaluate Pareto Rank for Pop.
    Evaluate Sharing Distance for Pop.
    Evaluate Sharing Fit for Pop.
    Probabilistically Select Pop to half as ¼ Pop(1) and ¼ Pop(2).
    Crossover Pop(1) and Pop(2) to Create CPop
    Pop = Pop(1) + Pop(2) + CPop.
Probabilistically Mutate Pop.
    Shuffle the individual sequence in *Pop*.
n = n + 1.
End Repeat
Evaluate *Pop* for all objective function values for all **F**(i).
Return (*Pop*, all **F**(i),…)

图 10-3　MOGA 代码

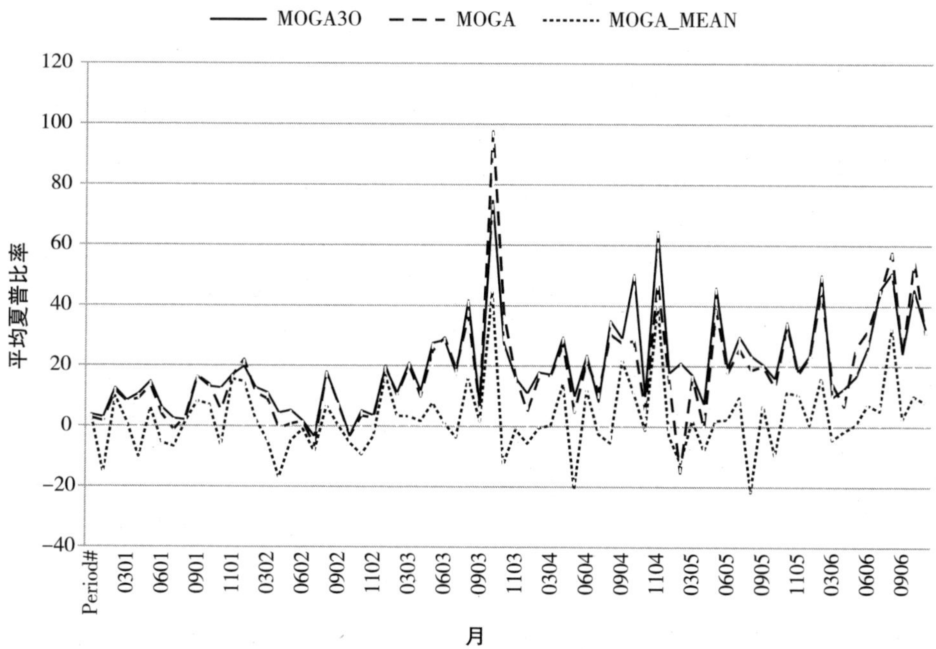

图 10-4　不同算法的平均投资组合夏普比率（2001—2006 年月度）

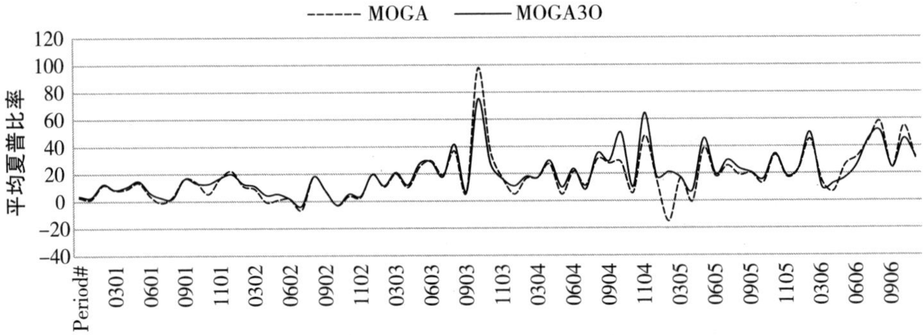

图 10–5 三目标 MOGA 和两目标 MOGA 的平均组合夏普比率
（Y 轴为夏普比率值，X 轴为 2001 年至 2006 年的月度）

我们想从结果中确定，通过纳入第三个目标（投资组合夏普比率误差的近似值）来处理模型风险是否确实改善了投资组合在投资周期结束时的实际结果。我们有 72 个周期的结果，每个周期 10 个样本，总共 720 个数据点。

为了确定这一点，我们进行了两次统计检验，即检验两种均值之间的差异以及检验关于比例的假设。检验两个均值之间的差异是为了确定两个样本组（由两个不同的种群表示）的均值在给定的置信水平内是否相等或在统计上有显著的差异。我们需要测试 MOGA3O 的夏普比率的均值是否大于 MOGA 和 MOGA_MEAN 的均值。显著性检验如下：

$$H_0: \mu_1 \leqslant \mu_2$$
$$H_1: \mu_1 > \mu_2$$
$$t = \frac{\bar{x}_1 - \bar{x}_2}{\sqrt{\dfrac{s_1^2}{n_1} + \dfrac{s_2^2}{n_2}}} \tag{10.25}$$

其中，t 是学生的统计性检验分数；$\bar{x}_1$ 是第一个种群或样本的均值（在我们的例子中是三目标 MOGA 的均值）；$\bar{x}_2$ 是第二个种群或样本的均值（在我们的例子中分别是 MOGA 和 MOGA_MEAN）；S_1^2 是种群或第一个种群样本的标准差；S_2^2 是种群或第二个种群样本的标准差；n_1 是第一个种群的数量；n_2 是第二个种群的数量。

为了检验关于比例的假设，我们需要知道，在给定的置信水平下，MOGA3O 的结果是否能比 MOGA 和 MOGA_MEAN 更频繁地产生更好的结果。如果 MOGA3O 的结果在大多数情况下都不是更好，那么 MOGA3O 优于 MOGA 或 MOGA_MEAN 的样本比例将小于 50∶50 或 0.5 左右，否则这个比例将明显大于 0.5。这些测试不关注投资组合夏普比率值的均值，而是关注 MOGA3O 的结果优于 MOGA 和 MOGA_MEAN 的周期数。显著性检验如下：

$$H_0 : p\,''\,p_0$$

$$H_1 : p > p_0$$

$$z = \frac{\overline{p} - p_0}{\sqrt{\dfrac{p_0(1-p_0)}{n}}} \tag{10.26}$$

其中，z 是统计检验的分数；$\overline{p}$ 是种群比例的样本估计值（在我们的例子中是 MOGA3O 的抽样估计）；P_0 是要检测的假设值（在我们的例子中是 0.5）；n 是第二个种群的数量。

表 10–3 总结了根据等式（10.15）和等式（10.16）进行检验的重要统计数据。我们可以看到，MOGA3O 的结果相对好于 MOGA 和 MOGA_MEAN 的结果。MOGA3O 的夏普比率的平均值为 19.7846981，MOGA 和 MOGA_MEAN 的平均值分别为 18.0573914 和 2.62723092。

表 10–3　检验两种方法之间的差异和检验假设的比例的重要统计值描述

算法	n	x	s^2	> MOGA3O	> MOGA	> MOGA_MEAN
MOGA3O	720	19.7846981	258.202959	0 (0.0 %)	545 (75.69 %)	717 (99.58 %)
MOGA	720	18.0573914	291.832071	175 (24.3 %)	0 (0.0 %)	702 (97.50 %)
MOGA_MEAN	720	2.62723092	137.342731	3 (0.42 %)	18 (2.50 %)	0 (0.0 %)

表 10–4 总结了两个比较 MOGA3O 和 MOGA 结果的等式（10.15）和等式

（10.16）的结果。对于第一行所述比例的假设检验，计算出的 z 分数为 13.7867。参考正态分布表，在 0.1% 的置信水平下，否定了关于 MOGA3O 的结果比例比 MOGA 结果更差或相等的零假设（我们错误地拒绝假设的概率小于 1/1000）。因此，我们可以有把握地得出结论，MOGA3O 的结果确实优于 MOGA。对于两个均值的差异检验，t 值为 1.97624。参考具有 719 个自由度（N−1）的 t 分数概率表，在 5% 的置信度水平下，否定了 MOGA3O 结果的夏普比率均值小于或等于 MOGA 结果的零假设。例如，我们可以在 100 次中有 5 次错误地否定零假设。因此，我们有信心认为，平均而言，MOGA3O 结果的夏普比率优于 MOGA。

表 10–4　　两次检验 MOGA3O 是否优于 MOGA 的实证结果

MOGA3O > MOGA	t/z	自由度	单边概率	否定原假设（按照 % 置信水平）
H_0: $P \leqslant P_0$	$z = 13.7867$	N/A	1.53229E-43	是
H_1: $P > P_0$				(0.1 % 置信度水平）
H_0: $\mu_1 \leqslant \mu_2$	$t = 1.97624$	719	0.02425	是
H_1: $\mu_1 > \mu_2$				(5 % 置信度水平）

表 10–5 显示了等式（10.15）和等式（10.16）的两次检验结果，并比较了 MOGA3O 和 MOGA_MEAN 的结果。对于第一行所述比例的检验假设，计算出 z 分数为 26.60903。参照正态分布表，在 0.1% 的置信度水平下，否定了 MOGA3O 结果比 MOGA_MEAN 差或相等的零假设。因此，我们可以有把握地得出结论，无论在牛市，还是在熊市，MOGA3O 的结果确实优于 MOGA_MEAN。在 MOGA_MEAN 的夏普比率优于 MOGA3O 的 720 个样本中，只有 3 个样本对两个均值的差异进行了检验，t 分数为 23.14841。参考自由度为 719（N-1）的 t 分数概率表，在 0.1% 的置信度水平下，否定了 MOGA3O 结果的夏普比率均值小于或等于 MOGA 的零假设，也就是说，我们可以在 1000 次中有一次错误地否定零假设。因此，我们可以说，在 1000 个例子中，有 999 个例子的 MOGA3O 结果的夏普比例优于 MOGA_MEAN 的。

表 10–5　　两次检验 MOGA3O 是否优于 MOGA_MEAN 的实证结果

MOGA3O > MOGA_MEAN	t/z	自由度	单边概率	否定原假设（按照 % 置信水平）
H_0：$P \leqslant P_0$	$z = 26.60903$	N/A	2.6683E-156	Yes
H_1：$P > P_0$				(0.1 % level)
H_0：$\mu_1 \leqslant \mu_2$	$t = 23.14841$	719	2.55154E-89	Yes
H_1：$\mu_1 > \mu_2$				(0.1 % level)

表 10–6 总结比较 MOGA 和 MOGA_MEAN 的两种检验的结果。对于第一行所述比例的检验假设，计算出的 z 分数为 25.4912。参照正态分布表，在 0.1% 的置信度水平下，否定了 MOGA 结果比例较差或等于 MOGA_MEAN 结果的比例的零假设。因此，我们可以有把握得出结论，MOGA 的结果确实优于 MOGA_MEAN。为了检验两种均值的差异，t 得分为 20.1982。参考自由度为 719（N-1）的 t 分数概率表，在 0.1% 的置信度水平下，否定了 MOGA 结果的夏普比率均值小于或等于 MOGA_MEAN 结果的夏普比率均值的零假设。因此，我们可以肯定地说，平均而言，MOGA 结果的夏普比率优于 MOGA_MEAN。

表 10–6　　两次检验 MOGA 是否优于 MOGA_MEAN 的实证结果

MOGA3O > MOGA_MEAN	t/z	自由度	单边概率	否定原假设（按照 % 置信水平）
H_0：$P \leqslant P_0$	$z = 25.4912$	N/A	2.6683E-156	Yes
H_1：$P > P_0$				(0.1 % level)
H_0：$\mu_1 \leqslant \mu_2$	$t = 20.1982$	719	1.67465E-89	Yes
H_1：$\mu_1 > \mu_2$				(0.1 % level)

结　论

本章提出了一个改进的 MOGA 来处理现实约束下的投资组合优化问题中的模型风险。利用美国股市 72 个短期投资周期的真实数据，我们对该算法进行了实验和相关统计检验，并将该算法（即 MOGA3O）的结果与 MOGA 和 MOGA_MEAN 的结果进行了比较。

实验结果表明，MOGA3O 对三种算法的效果都较好，统计检验也证实了这一结论。结合第三个目标，投资组合夏普比率误差的近似有助于降低预测过程中固有的模型风险。MOGA3O 通过倾向于选择那些在回报率和波动率相同的情况下预测更准确的股票，优化了投资组合的选择。第三个目标是捕捉预测模型的不确定性。当新信息出现时，它还具有动态和自适应的特征，从而降低了预测模型的模型风险。通过根据当前的经济、金融和市场环境改变集中预测模型的权重，我们能够更好地预测未来。然而，预测未来是极其困难的，因为它在很大程度上是不可预见的。在呈现未来事件时涉及很多因素和变量。预测未来往往会令人失望。此外，我们预测未来的方法是基于对特定预测模型误差的预测，它也有与预测模型相同的局限性，即需要根据过去的值预测未来的值，而过去的价值是基于相关性而不是因果关系。这些预测几乎是不准确的。任何输入不准确的模型的输出都是不准确的。第三个目标只是对预测模型的误差的测量。当且仅当误差显示出可学习并基于这些模式预测的模式时，误差才可以测量。如果错误没有表现出可理解的模式，它们就无法被预测，第三个目标也无助于改善投资组合选择。

虽然我们认为所提出的算法可以适用于任何一组可选股票，但我们的集合很小（18 只股票），这主要是因为我们的实验局限于有足够历史数据的股票，以及包含了更多数据而增加了计算的复杂性。在未来的工作中，这也可能对使用 MOGA 平台来探索其他优化目标有利，如分布的第三阶矩（偏度）、第四阶矩（峰度），甚至包括风险价值、条件风险价值和预期缺口等其他风险度量。将这里的结果与使用这些额外目标的算法的结果进行实证比较是有趣的，并将使我们能够看到是否可以改进事后或样本外的性能。为了了解该算法是否也适用于更多的可选资产，在未来的研究中，我们应该扩大股票的数量。未来研究的直接目标是包括第三阶矩（偏度）和第四阶矩（峰度），因为它们可能有助于预测未来股票收益的实现。多目标优化平台理论上可以包含任意数量的目标，只要它们有助于解决帕累托优化问题。在此，我们试图以非歧视性的方式平衡所有目标。

第 11 章

线性回归与模糊线性回归：在共同基金经理绩效评估中有何区别

康斯坦蒂娜 · N. 潘达拉基（Konstantina N.Pendaraki）

康斯坦丁诺斯 · P. 扎加拉基斯（Konstantinos P.Tsagarakis）

引　言

政治家和研究人员感兴趣的是，那些能够收集和解释有助于预测证券收益的信息的积极管理者是否能产生更高的回报。然而，机构投资组合经理在全球范围内进行的日益增长的交易量，突显出了解这些职业经理人作为一个群体是否为其管理的投资组合增加了价值，或者他们是否通过主动管理创造了过高的交易成本是多么重要。

研究人员可以利用有关卓越预测技能的重要证据的信息（如果可以找到的话），以获得违反有效市场假说的更高回报。一旦发现这种违规行为，它将对金融理论产生深远的影响，涉及投资者的最优投资组合持有量、证券的均衡估价和公司融资中的其他决策。

因此，投资经理人的绩效评估是投资者和研究人员都非常感兴趣的一个领域。法玛（Fama）认为，基金经理的能力是通过其微观预测能力和宏观预测能力来进行区分的。关键的预测技巧包括分析个股相对于股票市场的价格波动（这通常被称为证券分析，即能够选择正确的股票以获得较高的投资组合回报），以及一般股票市场相对于固定收益证券的价格波动（所谓的市场择时，即把握市场时机的能力）。前者是对股票收益的非系统部分的预测，后者是对无风险资产系统部分和绩效的预测。

在评价共同基金经理绩效的实证文献中，研究人员已经建立了几个模型来研究共同基金的业绩是由于偶然事件，还是由于卓越的投资管理。这些模型包括资本资产定价模型（capital asset pricing model，CAPM）、Treynor-Mazuy 模型、Jesen 模型、Henriksson-Merton 模型、Grinblatt-Titman 模型、Fama-French 三因子模型、Garhart 模型和其他优化模型。

有关市场择时和共同基金经理选股能力的文献非常多且饱受争议，由此产生的证据也是五花八门的。大部分实证研究似乎都表明对重要时机的把控能力非常稀缺，而且有更多的证据，这些时机是消极而不是积极的。

更准确地说，陈（Chen）和科金（Coggin）等人发现一些基金经理的选股能力较强，而时机把握能力较弱。赛加尔（Sehgal）和詹瓦尔（Jhanwar）认为，基金经理似乎不具备重要的市场择时能力，却展现出非常明显的选股能力。同样地，威斯拉蒂（Oueslati）等人发现，基金经理的出色业绩来自他们的选股能力，而不是判断好的市场时机的能力。亨里克森（Henriksson）、张（Chang）和卢埃林（Lewellen）、辛克莱尔（Sinclair）、康纳（Connor）和克拉奇维克（Korajczyk）、拉比昂（Lhabitant）、切萨里（Cesari）和帕内塔（Panetta）、江（Jiang）、罗马乔（Romacho）和科特斯等人都认为，并没有证据证明共同基金回报的时机和选择性。另一方面，费尔森（Ferson）和沙特（Schadt）发现了相关基金经理能力发挥作用的证据。莱曼（Lehmann）和莫德斯特（Modest）、坎比（Cumby）和格伦（Glen）、李和拉曼（Rahman）也找到了一些证明共同基金经理能力的证据。显然，这些结论在很大程度上取决于所选择的方法、所使用的不同参数和所考虑的观察期。

研究人员基于传统的基金业绩评价方法对希腊共同基金绩效评价进行了大量研究，可参考菲力帕斯（Philippas）、索罗斯（Sorros）和阿提基斯（Artikis）等人的研究。另外，潘达拉基等人和巴巴洛斯（Babalos）等人通过多标准分析评估了希腊共同基金的业绩，潘达拉基和斯潘诺达基斯（Spanoudakis）使用了基于论证的决策理论，亚历克萨基斯（Alexakis）和托拉斯（Tsolas）、巴巴洛斯等人和潘达拉基使用了数据包络分析。关于希腊基金经理的市场择时能力的文献非常少，且大多是传统模型。潘达拉基和佐庞尼迪斯的早期文章概述了共同基金绩效评估领域的文献。

目前的研究提出了两种不同的方法，即最小二乘法和模糊线性回归（fuzzy linear regression，FLR）来深入分析共同基金经理的业绩。我们论证了当我们使用模糊线性回归而不是最小二乘法时，如何修改与选股能力和市场择时能力相关的业绩结果。这两种方法都适用于 Treynor-Mazuy 模型和 Henriksson-Merton 模型。

使用模糊线性回归评估拟使用的共同基金评估测算方法，以及使用最小二乘法对获得的结果进行比较是一个值得研究的领域，据我们所知，文献中是缺少这部分内容的，而且也从未在共同基金行业中使用过。模糊逻辑架构已被应用于共同基金评估的其他领域，如共同基金投资组合选择、共同基金战略评估和共同基金管理公司核心竞争力评估。

接下来，我们将概述本文拟使用的方法论体系的主要特点，简要介绍使用的数据集，描述并讨论实证结果，总结本文的主要发现并提出未来的研究方向。

方法论

本文通过最小二乘法和模糊线性回归，使用了两种最常用的模型，即 Treynor-Mazuy 模型和 Henriksson-Merton 模型，并使用两个拟合测量度——均方根误差和平均绝对误差，研究了共同基金经理的业绩。

Treynor-Mazuy 模型

大部分关于共同基金业绩的研究都使用了詹森（Jenson）提出的收益生成模型。他使用 α 系数来考察基金经理在给定所管理投资组合的风险水平下，通过成功预测证券价格来获得高于预期的回报能力。

1966 年，特雷诺（Treynor）和玛佐（Mazuy）第一次对共同基金经理的市场择时和选股能力进行了考察。为了检验一位共同基金经理是否真的猜透了市场走势，特雷诺和马佐实际提出了这样一个问题："有没有证据表明，在市场行情好的年份，基金的波动性要高于市场行情不好的年份？"

他们在詹森的公式中添加了一个二次项来检验市场择时能力，并指出投资组合收益率是市场收益率的非线性函数。Treynor-Mazuy 模型为：

$$\left(R_{\mathrm{pt}}-R_{\mathrm{ft}}\right)=\alpha_{\mathrm{p}}+\beta_{\mathrm{p}}\left(R_{\mathrm{Mt}}-\mathrm{R}_{\mathrm{ft}}\right)+\gamma_{\mathrm{p}}\left(R_{\mathrm{Mt}}-R_{\mathrm{ft}}\right)^{2}+\varepsilon_{\mathrm{p}} \tag{11.1}$$

其中，R_{pt}是t时刻基金投资组合的日收益率；R_{ft}是短期国库券的日收益率（日无风险利率）；R_{Mt}是投资组合市场的日收益率；α_{p}是截距项（预期选择性业绩参数）；β_{p}是预期风险参数；γ_{p}是第二斜率系数（预期市场择时业绩参数）；ε_{p}是误差项〔$E(\varepsilon_{\mathrm{p}})=0$的独立正态分布随机变量〕。

对投资组合经理的业绩进行的评估使用的是α_{p}和γ_{p}这两个预期参数。参数α_{p}表示投资组合经理的择股能力，参数β_{p}表示基金的系统性风险；参数γ_{p}表示投资组合经理的市场择时能力。这些参数的正值表示投资组合经理具备预测能力，负值表示他们缺乏预测能力。当这些参数的数值接近或等于 0 时，这意味着这些人根本不具备预测能力。

特雷诺和马佐从实证角度检验了 1953—1962 年间 57 只开放式共同基金的市场择时能力。结果显示，没有统计数据表明跟踪的这些基金经理成功地猜透了市场走势。

Henriksson-Merton 模型

亨里克森根据他本人与默顿一起提出的以及默顿个人提出的参数与非参数技术，考察了共同基金经理的预测能力。参数检验需要利用资本资产定价模型或多因素收益结构的假设。在这种情况下，严格依据可观察到的回报率，参数测试允许识别市场择时能力和微观预测得到暗渡贡献。另一方面，非参数检验需要了解实际的预测或其他可替代的能力。

在非参数方法条件下，检验了市场时机预测与市场投资组合收益是否大于无风险证券收益之间的独立性。对这个零假设进行的非参数检验利用了正确预测的条件概率足以衡量预测能力的情况。如果基金经理的预测是可观察的，那么可以使用非参数检验，且无须进一步假设市场上证券收益的分布或证券价格估值的任何特定模型。

在某些条件下，仅从投资组合收益序列就可以得出基金经理的预测是什么；这样的结论通常会对预测结构产生干扰。假设基金经理的投资组合仓位受其对个别证券的预测影响，那么预测值将非常嘈杂。

使用 Henriksson-Merton 模型对投资组合经理的选股能力和择时能力的评估由以下等式给出：

$$\left(R_{pt}-R_{ft}\right)=\alpha_p+\beta_p\left(R_{Mt}-R_{ft}\right)+\gamma_p Z_{Mt}+\varepsilon_p \tag{11.2}$$

其中，Z_{Mt}= 最大值 [0，（$R_{Mt}-R_{ft}$）]

与之前的模型相似，参数 α_p 表示选股能力，而参数 γ_p 表示投资组合经理的市场择时能力。当参数 γ_p 取值大于或等于零时，这意味着基金经理改变了其投资组合的结构，从而在上行市场中形成了风险较高的投资组合，在下行市场中形成了风险较低的投资组合。另一方面，当参数 γ_p 取值小于或等于零时，这意味着基金经理没有考虑市场的变动，其投资组合结构没有发生变化，或者与市场的方向相反。

根据这个模型，投资经理试图预测市场投资组合收益何时超过无风险利率。如果预测市场会上涨，投资经理就会将投资组合调整到更高的目标 β，而如果市场预测悲观，投资经理就会使用较低的目标 β。

亨里克森考察了 1968—1980 年间 116 只开放式基金的市场择时能力。所得结果不支持共同基金经理能够遵循某种可以成功地使市场投资组合的回报率翻倍的投资策略这一假说。此外，他发现，只有三只基金的估值明显展示为正的市场择时能力。亨里克森发现了动态异方差的证据，但纠正它之后并没有改变他的结论。

模糊线性回归

与最小二乘法回归相比，模糊回归没有干扰项，因此，观测值与估计值之间的差异体现在参数的模糊性上。参数的范围越大，我们就越不了解变量对模型的作用，但我们仍然允许模型中包含这个不完整的知识。因此，模糊回归为分析大规模和复杂系统（如经济和金融系统）提供了工具。本文提供了模糊线性回归理论的要素。模糊线性回归模型如下：

$$Y = A_0 + A_1 X_1 + A_2 X_2 + \cdots + A_n X_n \tag{11.3}$$

其中，A_i 的 i=（0,1，…），n 是对称三角模糊数。

根据田中等人的研究，我们假设输入数据是一个非模糊数的向量，输出数据是一个模糊数，并且偏差是由系统结构的“不确定性”或模糊性引起的。于是，我们有以下模型：

$$Y = XA \tag{11.4}$$

其中，A 和 Y 是模糊数的向量；X 是自变量矩阵。

特别是，对于参数向量 A，我们假设它由具有隶属函数的对称模糊三角数组成：

$$\mu_{A_i}(a_i) = L_1\left(\frac{a_i - r_i}{c_i}\right), \quad c_i > 0 \tag{11.5}$$

其中，r_i 是三角形数的中心；c_i 是三角形的宽度。如图 11–1 所示。

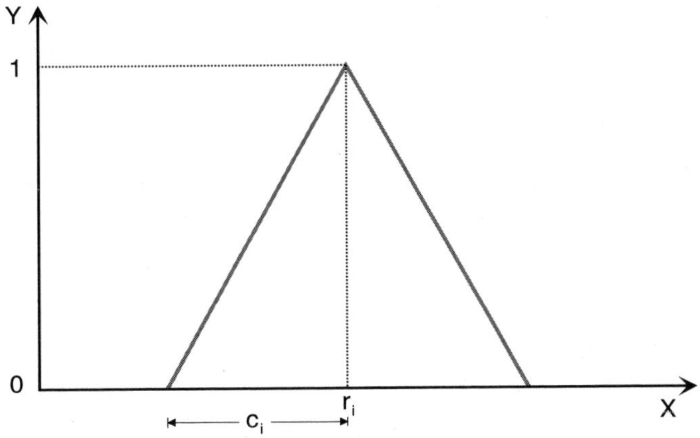

图 11–1　对称模糊三角数

参考函数 L1（x）=max（0，1−| x |），满足以下条件：

$L_1(x)=L_1(-x)$, $L_1(0)=1$ and $L_1(x)$ 被严格限制在 [0,1) 区间。

当模糊线性回归模型的参数为对称模糊三角数时，利用可拓原理证明了系统（11.4）的输出 Yj 也是具有隶属函数的对称模糊三角数：

$$\mu_{Y_j}\left(y_j\right)=L_1\left[\frac{y_j-\left(r_0+\sum_{i=1}^{n} r_i x_{ij}\right)}{c_0+\sum_{i=1}^{n} c_i\left|x_{ij}\right|}\right] \tag{11.6}$$

我们可以将线性可能性系统参数求解问题转化为帕帕多普洛斯（Papadopoulos）和希皮（Sirpi）所描述的线性规划问题。

首先，我们考虑上述模型为：

$$Y_j=A_0+A_1 x_{1j}+A_2 x_{2j}+\cdots+A_n x_{nj}, \quad j=1,2,\cdots,N$$

其中，$A_i=(r_i,c_i)\,L_1$ 是对称三角模糊数。

然后，我们确定我们希望给定数据［(x_{1j}，x_{2j}，…，x_{nj})，y_j］的程度 h 包含在推断数 Yj 中，即对于 j =1,2，…，N，$\mu_{Y_j}(y_j \geqslant h)$，这是因为等式（11.6）采用以

下形式：

$$\mu_{Y_j}\left(y_j\right)=L_1\left[\frac{y_j-\left(r_0\sum_{i=1}^{n}r_i x_{ij}\right)}{c_0+\sum_{i=1}^{n}c_i\left|x_{ij}\right|}\right]\geqslant h \tag{11.7}$$

求出模糊系数，这样，通过以下目标函数使所有数据集的模糊输出的总扩散最小：

$$J=\min\left(Nc_0+\sum_{j=1}^{N}\sum_{i=1}^{n}c_i\left|x_{ij}\right|\right) \tag{11.8}$$

最后，通过组合等式（11.7）和等式（11.8），我们得到以下的线性规划问题：

$$J=\min\left(Nc_0+\sum_{j=1}^{N}\sum_{i=1}^{n}c_i\left|x_{ij}\right|\right) \tag{11.9}$$

$$y_j\geqslant r_0+\sum_{i=1}^{n}r_i x_{ij}-(1-h)\left(c_0+\sum_{i=1}^{n}c_i\left|x_{ij}\right|\right) \tag{11.10}$$

$$\mathrm{y_j}\leqslant r_0+\sum_{i=1}^{n}r_i x_{ij}-(1-h)\left(c_0+\sum_{i=1}^{n}c_i\left|x_{ij}\right|\right) \tag{11.11}$$

$$c_i\geqslant 0,\ \ i=1,2,\cdots\cdots,n \tag{11.12}$$

如果我们有一个模糊线性回归系统 $Y=A_0+A_1X_1+A_2X_2+\cdots+A_nX_n$，其中，$A_i=$（$r_i$，$c_i$），那么以下正数就被定义为 Y 的模糊性度量：

$$m(Y)=\sqrt{\sum_{i=0}^{n}(c_i)^2} \tag{11.13}$$

从给定的两个数据集 d 和 d'，我们提取了具有相同变量的模糊线性回归模型。这两个模型的相似比定义如下：

$$\lambda\left(d,d'\right)=\min\left[\left(\frac{\sum_{i=0}^{n}\left(c_i\right)_d^2}{\sum_{i=0}^{n}\left(c_i\right)_{d'}^2}\right)^{\frac{1}{2}},\left(\frac{\sum_{i=0}^{n}\left(c_i\right)_{d'}^2}{\sum_{i=0}^{n}\left(c_i\right)_d^2}\right)^{\frac{1}{2}}\right] \tag{11.14}$$

可以看出，λ 与模糊性的度量有关，而且很明显，$0<\lambda\leqslant 1$。

对于模糊数的计算，我们使用了模糊回归分析软件，而最小二乘法回归则用 EViews 7 进行测算。

数据集描述

本研究的目的是分析最小二乘法和模糊线性回归这两种不同的方法所得出的估值。针对金融市场所具有的各种风险水平，我们从希腊国内的股票型共同基金的总数中捕捉基金收益的不确定性变化，我们根据其系统风险选择了少量不同风险水平的基金。我们从高贝塔系数和低贝塔系数分类中选择了六只基金。共同基金分组的特定阈值是由每个被检查的子周期和 β 系数确定的。这一选择的目的是确定共同基金行为的差异（β 的变化），并研究这些差异如何影响两种方法中模型的结果。

在三个为期四个月的时间段内，我们对希腊国内的股票型共同基金进行了实证研究。第一个子周期（t1）有 79 个观测值，第二个子周期（t2）和第三个子周期各有 85 个观测值。

希腊机构投资者协会提供了国内股票共同基金的每日记录。雅典证券交易所和希腊银行分别提供了市场投资组合收益［雅典证券交易所综合指数（Athens Stock Exchange-General Index，ASE-GI）］和三个月期国库券（无风险利息）的收益。ASE-GI 中收益的变动通过股票价格的变化来表示，同时也考虑了金融环境的波动和风险。

实证应用

我们用最小二乘法和模糊线性回归对 36 个等式进行了估计（共 72 个等式）：18 个等式使用 Treynor-Mazuy 模型和 18 个等式使用 Henriksson-Merton 模型。

结果与讨论

Treynor-Mazuy 模型和 Henriksson-Merton 模型分别通过表 11–1 和表 11–2 所示的回归进行了估计。

这些估计是使用 Newey-West 方法进行异方差校正，而且回归结果似乎没有存在这样的 缺陷。在必要时，我们会继续进行自相关校正。我们运用 Durbin-Watson 检验统计量来检验最小二乘回归的残差与正一阶自相关的替代方法不是自相关的，因为正自相关在实践中比负自相关更常见。我们考虑的假设是：

$$H_o : \rho = 0$$
$$H_1 : \rho > 0$$

检验统计量为：

$$DW = \frac{\sum_{i=2}^{n}(e_i - e_{i-1})^2}{\sum_{i=1}^{n} e_i^2}$$

其中，$e_i = \hat{y}_i - y_i$，y_i 和 $\hat{y}_i$ 分别是个体 i 的响应变量的观察值和预测值。Durbin-Watson 统计量的取值范围为 0 到 4。接近 2 的值表示非自相关；接近 0 的值表示正自相关；接近 4 的值表示负自相关。由于任何计算出的 Durbin-Watson 值都依赖于相关的数据矩阵，因此，我们没有列出所有可能情况下 Durbin-Watson 统计量的精确临界值。相反，德宾（Durbin）和瓦特逊（Watson）建立了临界值的上下限。从形式上看，决策规则为：如果 $DW < dL$，拒绝 H_0；如果 $DW > dU$，无法拒绝 H_0；如果 $dL < DW < dU$，检验没有结果。

表 11-1　　Treynor-Mazuy 模型结果

变量		最小二乘法					模糊线性回归				
		Coef.	p	R^2	RMSE	MAE	r	c	$m(Y)$	RMSE	MAE
MF1t1	α	−0.0160	0.6000	0.9601	0.2118	0.1675	0.0408	0.3876	0.4170	0.2845	0.2389
	β	1.0559	0.0000				0.8669	0.1539			
	γ	0.0206	0.2583				0.0066	0.0000			
MF1t2	α	0.0001	0.9957	0.9640	0.1567	0.1191	−0.0140	0.3591	0.3664	0.1923	0.1518
	β	1.0279	0.0000				1.1412	0.0726			
	γ	0.0175	0.3757				0.0648	0.0000			
MF1t3	α	−0.0092	0.6126	0.9616	0.1345	0.1092	−0.0056	0.2889	0.2895	0.1506	0.1237
	β	0.9935	0.0000				1.0899	0.0195			
	γ	−0.0180	0.3900				−0.0463	0.0000			
MF2t1	α	0.0132	0.2895	0.9918	0.0867	0.0639	0.0759	0.1816	0.1909	0.1117	0.0906
	β	0.9552	0.0000				0.9240	0.0589			
	γ	−0.0080	0.2791				−0.0081	0.0000			
MF2t2	α	0.0187	0.0897	0.9890	0.0810	0.0483	0.1981	0.2561	0.2561	0.1700	0.1587
	β	0.9809	0.0000				0.9814	0.0000			
	γ	0.0027	0.7856				−0.0676	0.0000			
MF2t3	α	−0.0024	0.5359	0.9975	0.0340	0.0205	0.0381	0.0627	0.0967	0.0709	0.0604
	β	0.9938	0.0000				1.0611	0.0736			

续前表

变量		最小二乘法					模糊线性回归				
		Coef.	p	R^2	RMSE	MAE	r	c	$m(Y)$	RMSE	MAE
	γ	0.0006	0.9127				−0.0184	0.0009			
MF3t1	α	0.0613	0.0788	0.8597	0.2403	0.1937	0.1809	0.5941	0.5941	0.2866	0.2275
	β	0.5607	0.0000				0.6676	0.0000			
	γ	−0.0693	0.0011				−0.1044	0.0000			
MF3t2	α	0.0396	0.2041	0.8262	0.2309	0.1824	0.0861	0.6187	0.6187	0.3093	0.2470
	β	0.6506	0.0000				0.8949	0.0000			
	γ	−0.0236	0.4076				−0.0263	0.0000			
MF3t3	α	0.0954	0.0011	0.8256	0.2101	0.1663	0.1114	0.5969	0.5969	0.2705	0.2171
	β	0.6772	0.0000				0.4295	0.0000			
	γ	−0.0434	0.1864				−0.0067	0.0000			
MF4t1	α	0.0438	0.3041	0.7664	0.2959	0.2405	0.0604	0.6372	0.6372	0.3078	0.2495
	β	0.5162	0.0000				0.5571	0.0000			
	γ	−0.0473	0.0645				−0.0876	0.0000			
MF4t2	α	0.0076	0.8657	0.6773	0.3328	0.2672	−0.0229	0.7596	0.7596	0.3427	0.2723
	β	0.6065	0.0000				0.5968	0.0000			
	γ	0.0359	0.3823				−0.0156	0.0000			
MF4t3	α	0.0139	0.6835	0.7497	0.2544	0.2052	0.0204	0.5107	0.5155	0.2575	0.2073

续前表

变量		最小二乘法					模糊线性回归				
		Coef.	p	R^2	RMSE	MAE	r	c	$m(Y)$	RMSE	MAE
	β	0.6527	0.0000				0.6719	0.0698			
	γ	−0.0179	0.6514				−0.0676	0.0000			
MF5t1	α	0.1266	0.0372	0.7405	0.4169	0.3332	0.1785	0.8674	0.8683	0.4268	0.3440
	β	0.6310	0.0000				0.5425	0.0404			
	γ	−0.1292	0.0005				−0.1747	0.0000			
MF5t2	α	0.0607	0.3161	0.6036	0.3889	0.3150	0.0471	0.7790	0.8030	0.3961	0.3187
	β	0.6280	0.0000				0.5420	0.1950			
	γ	−0.0477	0.3370				−0.0610	0.0000			
MF5t3	α	0.0319	0.6098	0.5117	0.3992	0.2900	−0.2950	1.3607	1.3607	0.6069	0.5050
	β	0.6084	0.0000				0.1155	0.0000			
	γ	−0.0083	0.8922				0.1799	0.0000			
MF6t1	α	0.1065	0.0198	0.7118	0.3123	0.2626	0.0630	0.6127	0.6127	0.3342	0.2877
	β	0.4370	0.0000				0.5447	0.0000			
	γ	−0.0939	0.0007				−0.0961	0.0000			
MF6t2	α	0.0563	0.2860	0.5781	0.3912	0.3095	0.0095	0.8164	0.8167	0.4103	0.3236
	β	0.5830	0.0000				0.7114	0.0215			
	γ	0.0197	0.6828				−0.0381	0.0000			

续前表

变量		最小二乘法					模糊线性回归				
		Coef.	p	R^2	RMSE	MAE	r	c	$m(Y)$	RMSE	MAE
MF6t3	α	0.0545	0.1513	0.7463	0.2807	0.2176	0.2055	0.6507	0.6507	0.3348	0.2733
	β	0.7117	0.0000				0.8259	0.0000			
	γ	0.0095	0.8274				0.0114	0.0000			

表 11-2　Henriksson-Merton 模型结果

变量		最小二乘法					模糊线性回归				
		Coef.	p	R^2	RMSE	MAE	r	c	$m(Y)$	RMSE	MAE
MF1t1	α	−0.0421	0.3121	0.9604	0.2109	0.1663	−0.0207	0.4487	0.4654	0.2555	0.2120
	β	1.1122	0.0000				1.0291	0.0000			
	γ	0.1160	0.1672				0.1983	0.1240			
MF1t2	α	−0.0013	0.9673	0.9637	0.1571	0.1203	−0.0156	0.3562	0.3666	0.1619	0.1247
	β	1.0502	0.0000				1.0424	0.0000			
	γ	0.0371	0.6308				−0.0375	0.0866			
MF1t3	α	−0.0027	0.9109	0.9615	0.1345	0.1087	−0.0106	0.1985	0.2597	0.1466	0.1160
	β	0.9664	0.0000				1.0518	0.1099			
	γ	−0.0560	0.4227				−0.0551	0.1262			
MF2t1	α	0.0274	0.1076	0.9919	0.0858	0.0636	0.0793	0.1825	0.1920	0.1130	0.0904

续前表

变量		最小二乘法					模糊线性回归				
		Coef.	p	R^2	RMSE	MAE	r	c	$m(Y)$	RMSE	MAE
	β	0.9276	0.0000				0.8457	0.0000			
	γ	−0.0552	0.1071				−0.0910	0.0598			
MF2t2	α	0.0227	0.1466	0.9890	0.0810	0.0487	0.2073	0.2584	0.2584	0.1756	0.1665
	β	0.9784	0.0000				0.9219	0.0000			
	γ	−0.0074	0.8503				−0.0979	0.0000			
MF2t3	α	−0.0024	0.6638	0.9975	0.0340	0.0205	0.0409	0.0620	0.1014	0.0730	0.0618
	β	0.9943	0.0000				1.0398	0.0803			
	γ	0.0010	0.9552				−0.0634	0.0000			
MF3t1	α	0.1121	0.0212	0.8568	0.2427	0.1978	0.2314	0.6031	0.6031	0.2916	0.2332
	β	0.4235	0.0000				0.4745	0.0000			
	γ	−0.2985	0.0026				−0.2003	0.0000			
MF3t2	α	0.0560	0.2077	0.8263	0.2308	0.1812	0.0884	0.6186	0.6186	0.2786	0.2157
	β	0.6002	0.0000				0.3817	0.0000			
	γ	−0.0956	0.3939				−0.5522	0.0000			
MF3t3	α	0.1138	0.0032	0.8256	0.2101	0.1656	0.1125	0.5971	0.5971	0.2691	0.2159
	β	0.6072	0.0000				0.4232	0.0000			
	γ	−0.1453	0.1842				−0.0198	0.0000			

续前表

变量		最小二乘法					模糊线性回归				
		Coef.	p	R^2	RMSE	MAE	r	c	$m(Y)$	RMSE	MAE
MF4t1	α	0.0866	0.1396	0.7668	0.2956	0.2404	0.1171	0.6377	0.6377	0.3112	0.2512
	β	0.4111	0.0000				0.4142	0.0000			
	γ	−0.2238	0.0587				−0.1198	0.0000			
MF4t2	α	0.0108	0.8658	0.6748	0.3341	0.2668	−0.0117	0.7502	0.7502	0.3431	0.2727
	β	0.6435	0.0000				0.5556	0.0015			
	γ	0.0577	0.7214				−0.0757	0.0000			
MF4t3	α	0.0052	0.9091	0.7491	0.2547	0.2047	−0.0452	0.4235	0.4664	0.2610	0.2094
	β	0.6518	0.0000				0.6300	0.1403			
	γ	0.0009	0.9945				0.0853	0.1360			
MF5t1	α	0.1895	0.0276	0.7242	0.4298	0.3417	0.2721	0.8831	0.8844	0.4495	0.3648
	β	0.4200	0.0002				0.2347	0.0000			
	γ	−0.4775	0.0062				−0.5912	0.0469			
MF5t2	α	0.0778	0.3410	0.6016	0.3894	0.3138	0.0671	0.7620	0.7958	0.3970	0.3235
	β	0.5488	0.0000				0.6859	0.0000			
	γ	−0.1426	0.4679				0.0548	0.2293			
MF5t3	α	0.0299	0.6989	0.5116	0.3990	0.2903	−0.5986	1.1256	1.2247	0.6824	0.5603
	β	0.6053	0.0000				0.7628	0.0000			

续前表

变量		最小二乘法					模糊线性回归				
		Coef.	p	R^2	RMSE	MAE	r	c	$m(Y)$	RMSE	MAE
	γ	−0.0066	0.9741				1.5172	0.4826			
MF6t1	α	0.1498	0.0264	0.7046	0.3212	0.2709	0.0935	0.6323	0.6323	0.3309	0.2781
	β	0.2930	0.0003				0.3791	0.0000			
	γ	−0.3358	0.0070				−0.3070	0.0000			
MF6t2	α	0.0711	0.3446	0.5773	0.3916	0.3111	0.0223	0.8111	0.8116	0.4127	0.3246
	β	0.5850	0.0000				0.6666	0.0295			
	γ	−0.0088	0.9631				−0.1234	0.0000			
MF6t3	α	0.0246	0.6227	0.7486	0.2794	0.2144	0.1945	0.6487	0.6488	0.3334	0.2721
	β	0.7713	0.0000				0.8527	0.0000			
	γ	0.1282	0.3770				0.0560	0.0083			

Durbin-Watson 检验是以以下假设为条件的：解释变量为非随机变量，误差项假设为正态分布，回归模型不包括回归的滞后值。该检验仅衡量一阶序列相关性。

共同基金 2 的第三个子周期、共同基金 5 的第二个和第三个子周期以及共同基金 6 的第一个子周期均存在自相关，均存在 dL 和 dU 的 5% 显著性点。

系数估计之后是最小二乘法的 p 值和模糊线性回归的 R^2（模糊数参数估计）、c（参数估计的宽度）和 m（Y）（模糊度度量）。在 Treynor-Mazuy 和 Henriksson-Merton 模型中，常数项是 α（估计的选择性业绩参数），第一个斜率是 β（估计风险参数），γ 是最小二乘法估值中的第二个斜率系数（估计的市场择时业绩参数），而 a_i 是模糊线性回归估计中 $\alpha=(r_{ao},\ c_{ao})$、$\beta=(r_{a1},\ c_{a1})$ 和 $\gamma=(r_{a2},\ c_{a2})$ 的模糊三角数。

为了比较最小二乘法和模糊线性回归，我们使用了两种拟合方法，即均方根误差和平均绝对误差。如表 11–1 和表 11–2 所示，这些是最小二乘法和模糊线性回归的均方根误差和平均绝对误差。虽然这些拟合方法适用于整个模型，但估计系数可以作为该模型的复合物而得到明确的解释。此外，表 11–3 和表 11–4 分别给出了 Treynor-Mazuy 模型和 Henriksson-Merton 模型对最小二乘法估计的显著性汇总结果。

表 11–3　　使用 OLS 的 Treynor–Mazuy 模型汇总结果

参数	正向	负向	统计上显著的 *		统计上不显著的	
			正向	负向	正向	负向
选择性（α）	15	3	3	0	12	3
市场择时（γ）	7	11	0	3	7	8

* 在 5% 的水平线。

表 11–4　　使用 OLS 的 Henriksson–Merton 模型汇总结果

参数	正向	负向	统计上显著的 *		统计上不显著的	
			正向	负向	正向	负向
选择性（α）	14	4	4	0	10	4
市场择时（γ）	6	12	0	3	6	9

* 在 5% 的水平线。

共同基金经理的业绩

根据表 11–1 和 11-2 中的模型，最小二乘法对 β 系数的估计在任何情况下均具有统计学意义，即 p 值几乎为零。这一事实与模糊线性回归的估计是一致的，这导致了估计的模糊数没有宽度或宽度很小，但这并不意味着共同基金经理表现出任何显著的预测能力。

表 11–1 和表 11–3 的 Treynor-Mazuy 模型以及表 11–2 和表 11–4 的 Henriksson-Merton 模型的最小二乘法实证结果显示，15 位 Treynor-Mazuy 基金经理和 14 位 Henriksson-Merton 基金经理的选择性系数（α）为正，而在三个 Treynor-Mazuy 例子和四个 Henriksson-Merton 例子中，基金经理的选择性系数为负。在 15 个 Treynor-Mazuy 和 14 个 Henriksson-Merton 的正相关系数中，12 个 Treynor-Mazuy 和四个 Henriksson-Merton 在 5% 的水平上不显著，而负相关系数均不显著。就 Treynor-Mazuy 模型和 Henriksson-Merton 模型的市场时机系数（γ）而言，在七个 Treynor-Mazuy 模型和六个 Henriksson-Merton 模型的例子中，γ 均为正值，且无统计学意义，其余三个例子均为负值，有统计学意义。因此，对于这两种模型，只有在少数情况下，基金经理才有能力选择正确的证券，以获得较高的投资组合回报。这意味着，平均而言，被研究的基金经理比市场择时者更善于选股。更准确地说，平均选择性测量值为正和平均择时性测量值为负只在少数情况下具有统计学意义。这意味着，被审查的共同基金的市场择时和选择性表现普遍较差。

关于 Henriksson-Merton 模型，这一事实与模糊线性回归估计的市场择时系数（如表 11–2 所示）一致，其中，c 取大于零的值，这表明我们的估计值存在不确定性，可能是由于市场环境的特点是股票价格的波动性和不稳定性。

图 11–2 和图 11–3 分别展示了最小二乘法和模糊线性回归计算的所有模型的选择性和市场择时系数。用模糊线性回归计算的系数后面跟着其宽度，用误差线表示。在图 11–2 和图 11–3 中，模糊计算系数对最小二乘法计算系数更具可验证性，因为在所有情况下，模糊宽度包括最小二乘法系数。

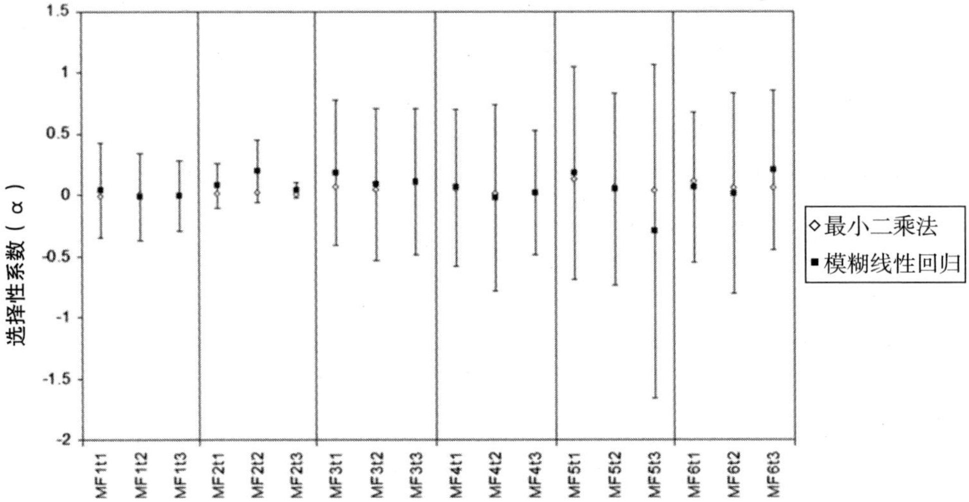

图 11–2　基于 Treynor–Mazuy 模型的选择性系数

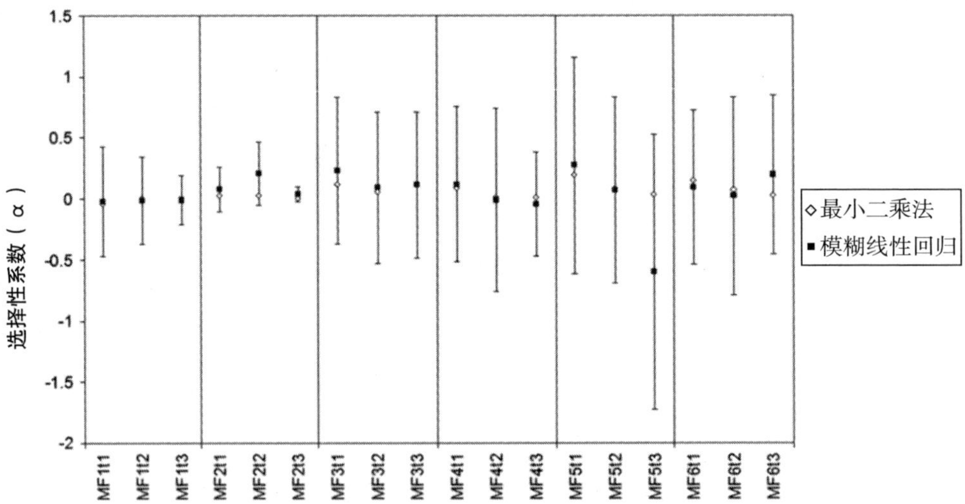

图 11–3　基于 Henriksson–Merton 模型的选择性系数

Treynor-Mazuy 模型对几乎所有的时间系数 (γ) 的模糊线性回归估计（如表 11–1 所示），在我们的估计中都没有扩散（$c = 0$）。然而，Henriksson-Merton 模型在一半情况下市场择时系数 c 等于零，这导致了不同的结论（如图 11–3 所示）。

根据模糊线性回归的估计，在这些情况下，特定基金经理的市场择时能力并不存在不确定性。

当模糊数具有非零宽度时，在最小二乘法模型不具有统计学意义的情况下，可以提出额外的信息。

此外，基于最小二乘法估计的结果，三只共同基金（共同基金 1、共同基金 2 和共同基金 4）的选择性系数和择时系数在被检测的子周期内发生了变化，并且在所有三个子周期内都不具有统计学意义。共同基金 3 和共同基金 5 的选择性系数和择时系数在所检查的子周期内没有改变，但是它们的显著性有变化。最后，共同基金 6 的选择性系数和择时系数在所检测的子周期内既改变了符号，也改变了显著性。模糊线性回归估计的结果表明，共同基金 1、共同基金 4、共同基金 5 和共同基金 6 的选择性系数和择时系数在所检查的子周期之间改变了符号，而共同基金 2 和共同基金 3 的符号没有改变。最小二乘法和模糊线性回归估计值的这些变化主要是由于在所检查的周期内，共同基金的业绩和风险特征也发生了变化。Treynor Mazuy 模型和 Henriksson Merton 模型的结果是相同的。

对于 Treynor-Mazuy 模型和 Henriksson-Merton 模型而言，几乎在所有情况下，最小二乘法和模糊线性回归估计值之间的选择系数（α）都没有改变符号。对于 Treynor-Mazuy 模型而言，在五种情况下，α 改变了符号，即第一子周期和第二子周期中的共同基金 1，第三子周期中的共同基金 2 和共同基金 5，以及第二子周期中的共同基金 4。对于 Henriksson-Merton 模型而言，在四种情况下，α 改变了符号，即第一个子周期的共同基金 2，第二子周期和第三子周期的共同基金 4 和第二子周期的共同基金 5。

对于 Treynor-Mazuy 模型而言，市场系数 (γ) 符号发生变化的五种情况分别为：第二子周期和第三子周期的共同基金 2，第三子周期中为共同基金 5 和共同基金 4 以及第二子周期的共同基金 6。对于 Henriksson-Merton 模型而言，市场系数 (γ) 符号发生变化的五种情况分别为：第三子周期的共同基金 2，第二子周期的共同基金 4 以及第二子周期和第三子周期中的共同基金 5。对于这两个模型，在选择性系数和市场系数没有改变最小二乘法和模糊线性回归估计之间的符号的情况下，他们的规模几乎相同。

对于 Treynor-Mazuy 模型和 Henriksson-Merton 模型而言，最小二乘法估计，R^2 在所有情况下都有较高的值（我们的模型拟合良好），除了三种情况（第二子周期和第三子周期中的共同基金 5 以及第二子周期中的共同基金 6）。当模糊度度量值 $m(Y)$ 最高时，这三个例外与模糊线性回归的估计一致。

此外，对于 Treyor-Mazuy 模型和 Henriksson-Merton 模型而言，在所有三个子周期中，最小二乘法估计中的 R^2 最大值都与共同基金 2 的模糊度度量的最低值保持一致【$m(Y)$ 的值最低】。R^2 和 $m(Y)$ 的皮尔逊相关系数已被证明有统计学意义，r=0.911（$p<0.001$）。

在所有情况下，均方根误差和平均绝对误差度量的相似性都是显而易见的。我们在所有例子中均发现，最小二乘法的均方根误差和平均绝对误差均低于模糊线性回归的均方根误差和平均绝对误差。因此，我们的模型用最小二乘法方法的预测值要高于模糊线性回归法。

模糊相似比

Treynor-Mazuy 模型与 Henriksson-Merton 模型的模糊线性回归模型的相似比分别如表 11–5 和表 11–6 所示。此处的相似比显示了估计值在模糊性方面的相似性。因此，具有高相似比的两个模型都具有或高或低的模糊性，即用模糊数的宽度表示或高或低的不确定性。另一方面，具有低相似比的模型将具有一高和一低的模糊性。

在 Treynor-Mazuy 模型中，第三子周期的共同基金 5 和共同基金 2 的相似度最低，相似比为 0.07；其次是同一子周期的共同基金 6 和共同基金 2（相似比为 0.15）以及共同基金 3 和共同基金 2（相似比为 0.16）。这些基金属于不同的风险群体（高系统性风险和低系统性风险）。正如我们所预料的，最相似的基金是第二子周期的共同基金 6 和共同基金 5，其相似比为 0.98；其次是第一子周期的共同基金 6 和共同基金 4（相似比为 0.96）以及共同基金 6 和共同基金 3（相似比为 0.95）。这些基金属于同一风险群体（高系统性风险）。

表 11-5　Treynor-Mazuy 模型的相似比

»	MF1t1	MF1t2	MF1t3	MF2t1	MF2t2	MF2t3	MF3t1	MF3t2	MF3t3	MF4t1	MF4t2	MF4t3	MF5t1	MF5t2	MF5t3	MF6t1	MF6t2	MF6t3
MF1t1	1																	
MF1t2	0.88	1																
MF1t3	0.69	0.79	1															
MF2t1	0.46			1														
MF2t2		0.70		0.75	1													
MF2t3			0.33	0.51	0.38	1												
MF3t1	0.70			0.32			1											
MF3t2		0.59			0.41		0.96	1										
MF3t3			0.49			0.16	1.00	0.96	1									
MF4t1	0.65			0.30			0.93			1								
MF4t2		0.48			0.34			0.81		0.84	1							
MF4t3			0.56			0.19			0.86	0.81	0.68	1						
MF5t1	0.48			0.22			0.68			0.73			1					
MF5t2		0.46			0.32			0.77			0.95		0.92	1				
MF5t3			0.21			0.07			0.44			0.38	0.64	0.59	1			
MF6t1	0.68			0.31			0.97			0.96			0.71			1		
MF6t2		0.45			0.31			0.76			0.93			0.98		0.75	1	
MF6t3			0.44			0.15			0.92			0.79			0.48	0.94	0.80	1

表 11-6　Henriksson-Merton 模型的相似比

»	MF1t1	MF1t2	MF1t3	MF2t1	MF2t2	MF2t3	MF3t1	MF3t2	MF3t3	MF4t1	MF4t2	MF4t3	MF5t1	MF5t2	MF5t3	MF6t1	MF6t2	MF6t3
MF1t1	1																	
MF1t2	0.79	1																
MF1t3	0.56	0.71	1															
MF2t1	0.41			1														
MF2t2		0.70		0.74	1													
MF2t3			0.39	0.53	0.39	1												
MF3t1	0.77			0.32			1											
MF3t2		0.59			0.42		0.97	1										
MF3t3			0.43			0.17	0.99	0.97	1									
MF4t1	0.73			0.30			0.95			1								
MF4t2		0.49			0.34			0.82		0.85	1							
MF4t3			0.56			0.22			0.78	0.73	0.62	1						
MF5t1	0.53			0.22			0.68			0.72			1					
MF5t2		0.46			0.32			0.78			0.94		0.90	1				
MF5t3			0.21			0.08			0.49			0.38	0.72	0.65	1			
MF6t1	0.74			0.30			0.95			0.99			0.71			1		
MF6t2		0.45			0.32			0.76			0.92			0.98		0.78	1	
MF6t3			0.40			0.16			0.92			0.72			0.53	0.97	0.80	1

最后，在 Henriksson-Merton 模型中，第三子周期的共同基金 5 和共同基金 2 最不相似，相似比为 0.08；其次是同一子周期的共同基金 6 和共同基金 2（相似比为 0.16）以及共同基金 3 和共同基金 2（相似比为 0.17）。最相似的基金是第一子周期的共同基金 6 和共同基金 4，相似比为 0.99；其次是第二子周期的共同基金 6 和共同基金 5（相似比为 0.98）以及第一子周期共同基金 4 和共同基金 3（相似比为 0.95）。

结论与未来展望

利用股票型共同基金的数据，我们使用了最小二乘法的传统分析，并引入了模糊线性回归方法，以了解共同基金业绩衡量方法的相似之处和新颖之处。此外，将两种方法结合起来可以区分金融市场的不同风险水平，从而更清晰地反映出基金经理的实际行为。我们将我们的研究成果视为朝着这个方向迈出的一小步。我们研究的主要结论总结如下。

1. 最小二乘法模型和模糊线性回归模型显示出很大的相似性，这可以从分析数据的估计模型中看出。我们使用均方根误差和平均绝对误差这两种拟合方法证明了这一点。在被检验的模型中，这些方法在大多数情况下都得出了非常相似的值。然而，我们发现，所有最小二乘法模型均得到了较好（较低）的值。
2. 总体结果表明，希腊基金经理的特点是，他们的市场择时能力和选股能力都较差（至少在考察期内是这样）。
3. 对于模糊线性回归估计，被调查的基金经理的市场择时能力没有宽度。这一结果表明，这种方法比最小二乘法更具优势，但最小二乘法的系数不具有统计学意义。
4. 我们注意到，在有些情况下可以使用模糊线性回归估计：（1）确定的，当模糊数范围包括最小二乘法统计计算的系数时；（2）当没有最小二乘法统计计算的系数，并且模糊宽度明显时；（3）当模糊线性回归和最小二乘法得出不同结论，需要进行额外的调查时。然而，还需要进一步的实证分析来支持这类信息的有效性。
5. 我们引入了 $m(Y)$ 作为 R^2 的模糊相关拟合。结果表明，R^2 与模糊度度量以同样的方式表现。当 R^2 在最小二乘法模型中较高时，模糊度较低，反之亦然。
6. 模糊度的相似比是一种基于预测值的不确定性相似度的测量。这可能成为共同基金财务分析中的一种新方法，用于评估比较一只共同基金与另一只共同基金，以及某只共同基金在另一个周期与其自身的差异。

未来的研究应在这种模糊应用的基础上进一步优化这种方法和新的措施，以提供可供选择的评估方案。研究共同基金经理的业绩、比较最小二乘法和模糊线性回归在不同投资选择（如股票、债券和衍生品）上的表现，或通过纳入基金年龄、基金规模等更丰富的信息将是一项非常有意义的工作。

Artificial Intelligence in Financial Markets: Cutting Edge Applications for Risk Management, Portfolio Optimization and Economics.

ISBN: 978-1-137-48879-4

First published in English by Palgrave Macmillan, a division of Macmillan Publishers Limited under the title Artificial Intelligence in Financial Markets by Christian L. Dunis, Peter Middleton, Konstantinos A. Theofilatos, and Andreas Karathanasopoulos. This edition has been translated and published under licence from Palgrave Macmillan. The authors have asserted their right to be identified as the authors of this Work.

北京阅想时代文化发展有限责任公司为中国人民大学出版社有限公司下属的商业新知事业部，致力于经管类优秀出版物（外版书为主）的策划及出版，主要涉及经济管理、金融、投资理财、心理学、成功励志、生活等出版领域，下设“阅想·商业”“阅想·财富”“阅想·新知”“阅想·心理”“阅想·生活”以及“阅想·人文”等多条产品线。致力于为国内商业人士提供涵盖先进、前沿的管理理念和思想的专业类图书和趋势类图书，同时也为满足商业人士的内心诉求，打造一系列提倡心理和生活健康的心理学图书和生活管理类图书。

《Fintech：全球金融科技权威指南》

- 科技正在颠覆与重塑金融业，Fintech 或将成为互联网商业的下一个风口。
- 汇集全球 86 位金融科技前沿实践者的前沿洞见与实战经验之大成，全面透视金融技术风暴、深刻解析金融科技行业颠覆、创新与机遇的专业权威著作。

《InsurTech：保险科技权威指南》

- 汇集全球保险科技行业 75 位领袖和观察家的前瞻性预测与真知灼见，为保险行业面临的困境、未来的转型机遇和发展路径进行全方位的答疑解惑。
- 为保险行业创业者、创新者、保险人、投资者、分析师和投资顾问提供关于保险生态圈的重要认识、批判性思维和敏锐的洞察力。

《财富科技：财富管理数字化转型权威指南》

- 汇集全球 83 位财富管理和数字领域思想领袖和先行者的前沿洞见和实践经验。
- 全面透视颠覆财富管理行业的核心问题、创新机遇和未来发展趋势，帮助财富管理从业者融入金融服务行业数字化转型的滚滚洪流，全面了解新的竞争范式。

《实体店逆袭：零售业的 AI 转型之道》

- 后疫情时代，实体店如何逆袭电子商务必读之作。
- 日本多位商界奇才首次披露如何实现实体店如何结合 AI 技术，发挥自身优势，实现 AI 变现，提升整体销量与效率，在与电商大佬的市场争夺战中成功逆袭。
- 着眼于零售业、生产制造业、批发业等诸多环节面临的实际困境，帮助企业应用 AI 技术解决运营中的各种问题。

《AI 应用落地之道》

- 从 AI 核心技术、样本数据提取到业务流程构建、人才培养机制，MIT 人工智能研究所客座研究员、日本人工智能专家全流程指导，帮助企业实现 AI 技术的落实应用，指导个人从知识劳动人才向智能劳动人才转变。
- 只有立足于 AI 供应商和用户企业双方的立场，才能使企业通过运用 AI 获得较高的投资回报率，提升生产效率，从而解放人类工作者，进一步提升社会整体的幸福感。

《成为变革领导者》

- 帮助企业管理者提升重要能力，实现从变革管理者到变革领导者的成功转型，以拥抱技术快速迭代、充满不确定性和变数的未来。
- 只有当企业中的每个人都成为变革的推动者，不断提升企业领导者的变革领导力，并根据不同世代员工的特点，激发他们自身变革的意愿，从而自下而上、自发地推动变革，才能实现企业的成功转型。

《逆势而动：安东尼·波顿成功投资法》

- 叱咤投资界 28 年，总投资回报超 140 倍，曾被《泰晤士报》评选为史上十大投资大师之一的“欧洲股神”教你以逆向进取的方法寻求资本成长的机会。
- 彼得·林奇倾情作序推荐。

《至关重要的投资战略：专业投资一站式指南》

- 投资战略决定投资成败。制定投资战略、确立正确投资方向与目标的必读书。
- 优良的投资战略不仅能够切中市场的本质规律和人性的本质，还能在不同的市场、不同的时期长期有效，帮助投资者有效避险。
- 只有意识到制定最佳战略的重要性，对新想法持开放态度，不受狭隘的监管的阻碍，并且拥有最高效的沟通和最快速的决策过程的投资者，才能在投资领域立于不败之地。

《大产品思维：从产品布局到营销创新的指数级增长之道》

- 国内第一本专门针对实体经济企业如何使用互联网思维进行产品战略级创新的实战手册。
- 构建企业产品与营销新形态，打破价值创造的认知误区，帮助企业快速掌握产品创新的实战方法，完成产品驱动下的企业升维创新，实现企业价值的指数级增长。

《灯火之下：写给青少年抑郁症患者及家长的自救书》

- 12 个情绪自查小测试，帮助青少年正确识别自身的情绪状态，评估自身的抑郁程度，及时规避来自生活事件中的抑郁陷阱，从而调节心情状态，回归正常生活。
- 25 个缓解自助小练习，帮助青少年摆脱消极情绪、建立社交信心、找回做事的动力并养成健康的生活习惯，从而有效缓解自身可能具有的抑郁情绪、抑郁症状，最终达到回归正常生活的目的。

《消失的父亲、焦虑的母亲和失控的孩子：家庭功能失调与家庭治疗（第 2 版）》

- 结构派家庭治疗开山鼻祖和系统家庭理论奠基人的真传弟子、家庭治疗领域权威专家的经典著作。
- 清华大学心理发展指导中心副主任、德中心理治疗研究院副主席刘丹，华中师范大学心理学院教授任志洪，壹心理创始人黄伟强，实用心理学主编吴冕联袂推荐。